Georges Didi-Huberman
phasmes

Georges Didi-Huberman
phasmes

Essays über Erscheinungen

von Photographien,

Spielzeug, mystischen

Texten, Bildausschnitten,

Insekten, Tintenflecken,

Traumerzählungen,

Alltäglichkeiten,

Skulpturen, Filmbildern

Aus dem Französischen
von Christoph Hollender

Die Deutsche Bibliothek - CIP-Einheitsaufnahme

Didi-Huberman, Georges:
Phasmes : Essays über Erscheinungen von Photographien, Spielzeug, mystischen
Texten, Bildausschnitten, Insekten, Tintenflecken, Traumerzählungen,
Alltäglichkeiten, Skulpturen, Filmbildern ... / Georges Didi-Huberman. [Aus dem
Franz. von Christoph Hollender]. - Köln : DuMont, 2001
  Einheitssacht.: Phasmes <dt.>
  ISBN 3-7701-5315-4

Veröffentlicht mit Unterstützung des französischen Ministeriums für Kultur – Centre
national du livre und der Maison des sciences de l'homme, Paris

© 1998 LES EDITIONS DE MINUIT
© 2001 DuMont Buchverlag Köln
Alle deutschsprachigen Rechte vorbehalten
Umschlaggestaltung: Groothuis + Consorten, Hamburg
Druck und buchbinderische Verarbeitung: B.o.s.s. Druck und Medien GmbH, Kleve

Printed in Germany   ISBN 3-7701-5315-4

Inhalt

Erscheinungen, disparat 9

I. ÄHNLICHSEIN 13
1. Das Paradox der Phasmiden 15
2. Gleichartig und gleichzeitig 22
3. Die geteilte Einsamkeit 24
4. Kontaktbilder 30
5. Wiederkehr einer Form 39

II. ERSCHEINEN 53
6. Der Erfinder des Wortes »photographieren« 55
7. »Superstition« 64
8. Das Blut der Spitzenklöpplerin 72
9. Ein entzückendes Weiß 87
10. Lob des Diaphanen 113

III. SEHEN 127
11. Die Parabel der drei Blicke 129
12. Die Paradoxien des Seins zum Sehen 139
13. Der Schrank des Gedächtnisses 158
14. Ein Blatt der Tränen, ein Spiegel der Qualen 171
15. Geschenk des Papiers, Geschenk des Gesichts 174

IV. VERSCHWINDEN 191
16. Eine Heuristik der Unersättlichkeit 193
17. In den Falten des Offenen 211
18. Im Leuchten der Schwelle 233
19. Über die dreizehn Seiten des *Kubus* 248
20. Der Ort trotz allem 262

Nachweis der Erstveröffentlichungen 280

»Sähest du feiner, so würdest du alles *bewegt* sehen:
wie das brennende Papier sich krümmt, so vergeht
alles fortwährend und krümmt sich dabei.«

>   Friedrich Nietzsche, *Nachgelassene
>   Fragmente,* Herbst 1881 (M III 4a, § 48).

»Das emanierende Objekt ist eine *Apparition.*«

>   Marcel Duchamp, »Im Infinitiv« (1966).

ERSCHEINUNGEN, DISPARAT

Der Forscher ist definitionsgemäß jemand, der etwas *sucht*, das er nicht in der Hand hat, das sich ihm entzieht, nach dem er strebt. Aber was? »Eine Art *Ding an sich,* verführerisch und mysteriös, das höchste Residuum, das man sowohl mit dem idealsten als auch mit dem schäbigst materiellen Wert belegen kann«, wie Michel Leiris es in einem anderen Zusammenhang umschrieb.[1] Dessen der Forscher freilich nie habhaft werden, das er nie beherrschen wird. Denn sonst wäre das, worauf es eigentlich ankommt, am Ende: die suchende Bewegung des Forschens. Daher verfolgt der Forscher unablässig seine fixe Idee – die keiner Formulierung bedarf –, läßt er sich von seiner grundsätzlichen Leidenschaft hinreißen in einem endlosen Lauf, den er vielleicht zu Recht eine Methode nennt.

Manchmal hält er verblüfft in seinem Lauf ein: Etwas *anderes* ist plötzlich vor seinen Augen erschienen, mit dem er nicht rechnete. Nicht das *Ding an sich* seiner ursprünglichen Suche, sondern ein *zufälliges Ding,* das vielleicht brisant oder vielleicht unauffällig sein mag – etwas Unerwartetes, beiläufig Gefundenes. Trotzdem verspürt der Forscher vor diesem Ding vage, daß er ... »etwas gefunden« hat. Doch was nützt ihm der Fund bei seiner Suche? Unterbricht ihn dieser Zufall nicht im Durcharbeiten des »Programms«, das er als seriöser Forscher sich gesetzt hat? Gewiß. Riskiert er nicht, falls er diesem unvorhergesehenen Ereignis nachgeht, sich zu verzetteln, bringt er nicht seine Methode in Gefahr? Gewiß. Doch wenn man sich einige Zeit mit diesem Fund aufhält, erweist er sich als überraschend ergiebig und fruchtbar. Das, was sein unerwartetes Eintreffen nicht bieten kann – eine Antwort auf die Grundfragen der Forschung als Suche nach einem *bestimmten* Wissen –, gibt er anderswo und in anderer Weise: in einer heuristischen Öffnung, einer Erfahrung der Forschung, die darin beginnt, daß man auf *etwas trifft.* Eine andere Art der Erkenntnis.

★

Das ist die Doppelexistenz aller Forschung, ihre doppelte Lust oder ihre doppelte Mühe: die Geduld der Methode nicht zu verlieren, die Dauerhaftigkeit der fixen Idee, die Beharrlichkeit des vordringlichen Bemühens, die Strenge der relevanten Dinge; doch ebensowenig die Ungeduld und das Drängen der zufälligen Ereignisse zu übergehen, den kurzen Moment des Funds, das Unvorhergesehene dessen, auf das man beiläufig trifft. Eine paradoxe Aufgabe, die sich nur schwer an ihren beiden gegensätzlichen Enden zugleich – ihren unterschiedlichen Zeitlichkeiten – anpacken läßt: eine Zeit, um den Königsweg zu erkunden; eine Zeit, um die Seitenwege zu sondieren. Die intensivsten sind aber wohl die Zeiten, in denen der Sog der Seitenwege uns dazu bewegt, den Königsweg zu wechseln oder vielmehr ihn dort zu entdecken, wo wir ihn zuvor nicht erkannt hatten. In diesem Moment läßt die Desorientierung des Zufälligen die wirkliche Substanz des Weges, seine grundlegende Orientierung in Erscheinung treten.

Angesichts dieser zufälligen Dinge – dieser beiläufigen Dinge, die aber *in Erscheinung treten* – ergreift uns plötzlich der unbändige Wunsch, alles andere fallenzulassen und uns, ohne eine Minute zu verlieren, ganz ihrer Faszination anheimzugeben. Ein wenig befürchtend, wir könnten die ihnen eigene Poesie zu rasch vergessen, ihre Fähigkeit zu provozieren, einen Gedanken zu *eröffnen,* zu rasch durchkreuzen. Und umgekehrt ein wenig befürchtend, wir könnten die Kohärenz des methodischen Ablaufs gefährden, in den dieser Zufall eingedrungen ist.

Die zwangsläufig ungenügende Lösung ist es, dieser zufälligen Erkenntnis einige Stunden, einige Seiten zu widmen, um so seine Schuld gegenüber der Generosität der Dinge, die da erscheinen, einzugestehen. Auch, um so seinen eigenen Standpunkt gegenüber einer solchen Generosität – etwas erfassen und seinen Halt verlieren – zu erfahren. Schließlich, um sich so der Frage nach einem Schreiben zu stellen, das sich jedesmal auf den eigenen *Stil* einer Erscheinung einlassen können muß. Dabei empfinden wir diese Seiten immer als zu kurz, zu flüchtig, zu lückenhaft, was letztlich zeigt, daß jedes Ding, das erscheint, und mag es noch so winzig sein, seine eigene Monographie, sein eigenes Buch verdiente.[2] Doch geben sie zumindest das Gefühl, nicht alles vergessen zu haben.

*

Die Phasmiden – nach dem griechischen Wort *phasma,* das Gestalt, Erscheinung, Vision, Phantom und in diesem Sinne auch Vorzeichen bedeutet – sind höchst merkwürdige Tiere, deren Existenz und deren Aussehen mir (obwohl ich Caillois gelesen hatte) unbekannt war, bis ich sie eines Tages im Vivarium des Jardin des Plantes entdeckte. Eine Entdeckung, die ich als eine ziemlich paradoxe und markante, wenn auch harmlose visuelle Erfahrung empfand – und als emblematisch für ein weitreichenderes Problem im Zusammenhang von Ähnlichkeit und Unähnlichkeit, Figur und Defiguration, Form und Formlosigkeit.

In der Folgezeit begann ich, kleine Erzählungen von »Erscheinungen« – die ich mit den verschiedensten Objekten erlebte, mit alltäglichen Dingen, Fotografien, Spielzeug, mystischen Texten, Bildausschnitten, Insekten, Tintenflecken, Traumerzählungen, ethnographischen Berichten, Skulpturen, Filmbildern, die Liste ließe sich beliebig fortsetzen – spontan in die Rubrik »*Phasmen*« einzuordnen. Als könnten die Phasmiden, diese Tiere ohne Kopf noch Schwanz, der unbestimmbaren Klasse dieser kleinen *erscheinenden Dinge,* die offensichtlich der Souveränität des Phantasmas unterstehen, ihren Namen verleihen. Als könnten diese Tiere ohne Kopf noch Schwanz einer *zufallsbedingten* Form der Erkenntnis und des Schreibens ihren Namen verleihen. Die ihren Platz vielleicht zwischen der fixierenden Bewegung des *Dokuments* (als Symptom des Objekts, ausgehend vom Realen) und der eher erratischen und zentrifugalen Bewegung des *Disparaten* (als Symptom des Blicks, ausgehend vom Imaginären) findet.

Das Risiko ist offensichtlich (doch sich ihm zu verweigern hieße nur, den Grundbestand der akademischen Form zu bewahren): Es betrifft nicht nur die Einheit der Forschung, sondern auch die der Sprache selbst. Sich auf das Disparate, jedesmal Einzigartige der Erscheinung einzulassen heißt, jedesmal von neuem die Frage nach dem Stil zu stellen, den ebendiese Erscheinung verlangt. Dieses Buch schuldet seine Disparatheit nicht allein den sehr verschiedenen »Zeiten« oder »Anlässen« des Schreibens. Es schuldet sie auch seinem Versuch einer Erkenntnis, seiner jedesmal neu gestellten heuristischen Herausforderung: Daß das Denken sich zu dem erscheinenden Objekt so verhalte wie die Insektenart der Phasmiden zu dem Wald, in den sie eindringt.

---

1 Michel Leiris, »Das *caput mortuum* oder die Frau des Alchemisten« (1930), in: ders., *Das Auge des Ethnographen. Ethnologische Schriften II,* hrsg. von Hans-Jürgen Heinrichs, Frankfurt a. M. 1978, S. 262.
2 Nur einer der in diesem Band versammelten kurzen Texte (»Über die dreizehn Seiten des *Kubus*«, siehe S. 248) ist einige Jahre später zum Ausgangspunkt einer Monographie geworden. Vgl. Georges Didi-Huberman,
Le Cube et le visage. Autour d'une sculpture d'Alberto Giacometti, Paris 1991.

I
ÄHNLICHSEIN

1

DAS PARADOX DER PHASMIDEN

Nur das erscheint, was sich zuvor verbergen konnte. Was schon auf den ersten Blick ersichtlich ist, was sich ungestört erkennen läßt, kann nie erscheinen. Wohl ist ein solches Ding sichtbar – aber eben nur sichtbar: nie sehen wir es im Moment seines *Erscheinens*. Was macht also die Erscheinung aus, das Ereignis des Erscheinens? Was macht diesen Moment aus, den Moment gerade bevor das, was in Erscheinung tritt, sein vermutlich dauerhaftes, sein hoffentlich definitives Aussehen annimmt? Es ist eine *Offenheit*, eine einmalige, nur in diesem Moment gegebene Offenheit, die das Erscheinen auszeichnet. In diesem Moment bricht eine Paradoxie auf, weil das, was in Erscheinung tritt, während es sich der sichtbaren Welt öffnet, sich zugleich in gewisser Weise zu verbergen beginnt. Eine Paradoxie, weil das, was in Erscheinung tritt, in diesem einzigen Moment etwas von der Kehrseite der sichtbaren Welt, fast möchte ich sagen: von ihrer Unterwelt, erkennen läßt – von der Region der Unähnlichkeit.

*

Ich möchte dir von meinem Lieblingstier erzählen, oder vielmehr von dem, das mir eines Tages den ausgesuchtesten Schrecken bereitet hat: den Schrecken der Unähnlichkeit. Erinnerst du dich an das »Vivarium« im Jardin des Plantes? Das Vivarium ist eine Enklave von Lebewesen und Gefahren, wo man in alten Zeiten Muränen und Schlangen hielt, Tiere mit scharfen Zähnen oder mit giftigen Stacheln, gewiß um sie eines Tages gegen irgendeinen Feind loszulassen ... An solchen Orten herrschte früher eine Totenstille – wer weiß, ob die bösartigsten Tiere nicht auch die stillsten sind? Heute dagegen schallt das Vivarium von fröhlichen Kinderstimmen. Ein Kind klopft zum Spaß mit den Fingernägeln oder mit den Fäusten an eine Glasscheibe, die schmale Barriere zwischen ihm und einem großen schwarzen Skorpion. Diese Glasscheibe, diese unsichtbare, aber sichere Grenze verleiht eine wirkliche Macht: Das Kind jubelt vor der scheinbaren Gefahr. Seine Hand vor dem Glas streichelt den tödlichen Stachel, eine theoretische und faszinierende Liebkosung, die ihm die wenige Millimeter starke, harte, durchsichtige Scheibe möglich macht. Doch plötzlich hält das Kind ein, weil es bemerkt, daß das Glas gesprungen ist: Auch das feindliche Tier streichelt dieselbe Grenze, allerdings um den Sprung in die Gegenrichtung zu durchqueren und sich an dir zu rächen, schuldbewußtes Kind, geängstigtes Kind.

Überall im Vivarium sind *Szenerien* aus Mineralien oder Pflanzen aufgebaut. Vor diesen Vitrinen besteht das Spiel vor allem darin, die Eingefangenen zu finden, *das Tier zu entdecken*. Warum klopfen wir an die Glasscheibe? Um zu sehen, daß sich etwas bewegt. Das Wort »Vivarium« (vom lateinischen *vivere,* »leben«) sagt uns, daß hier *das Leben* zu sehen ist. Doch zunächst regt sich nichts. Nicht nur, daß vielleicht ein unbekanntes Tier – ich lese auf dem Schild: »Glanzspitznatter« – sich völlig bewegungslos zeigt, so wie die drei Krokodile, die gleich nebenan unerträglich reglos lauern. Sondern es kommt auch vor, sehr häufig sogar, daß *nichts* sich zeigt. Dann heißt das Spiel: *die Form suchen,* die lebendige Form, die dort vor meinen Augen sein soll, in diesem einförmigen Hintergrund aus Sand, Steinen oder Pflanzen, die ausgesucht wurden, um, wie kühn behauptet wird, die »natürliche Umwelt« der Tiere »nachzubilden«.

So sah ich vor zwei großen, dunklen Steinen einen dritten, der sich kaum von ihnen unterschied; die Glasscheibe verriet mir nicht, wie er sich anfühlte. Doch er atmete, kaum wahrnehmbar: Sah ich in dieser stumpf kauernden Masse den »Japanischen Riesensalamander«, wie das Schild behauptete? Ich mußte zugeben, ja. Vor einer anderen Vitrine, wo ich nur mit Mühe einige Grüntöne von einigen anderen Grüntönen unterscheiden konnte, sah ich mich plötzlich einer Grünen Baumviper gegenüber, die sich inmitten des Gewirrs der exotischen Pflanzen eingerollt hatte. Die Vogelspinne wiederum versteckte sich hinter einem Baumstamm, vermutete ich jedenfalls – denn man muß auch vermuten, daß manche Vitrinen wirklich leerstehen, weil sie repariert werden, ein neues Tier erwartet wird oder dergleichen.

Dieses Spiel der hintertriebenen Mimesis amüsiert uns nur, solange seine Lösung von vornherein feststeht. Wo nicht, treibt die Welt der sichtbaren Dinge ihr Spiel mit uns, und wir sind ihre schreckhaften Opfer. Im Vivarium gibt es immerhin die Schilder, die uns den Schrecken nehmen und uns ungefähr sagen, wonach wir suchen sollen. Doch in der Vitrine der *Phasmiden* – was sind Phasmiden? schon das Wort selbst klingt beunruhigend – erschien wirklich nichts (Abb. 1). Der Wunsch nach einer schnellen Lösung des mimetischen Rätsels hätte mich gezwungen, diese Vitrine für leer zu erklären. Aber auch die nächste – wieder *Phasmiden* –, in der die

Abb. 1: Phasmiden. Vivarium im Jardin des Plantes, Paris. Fotografie G. D.-H.

Hälfte der Blätter schon braun und vermodert war (ein Zeichen der Vernachlässigung), auch sie barg weder den Kopf einer Schlange noch den Schwanz eines Skorpions ... Keine lebende Seele, sofern eine Seele sich in einem Kopf oder einem Schwanz zeigen kann.

Im Vorwort zu seinem »Mysterium« der Herodiade spricht Mallarmé von einer *Erscheinung,* wo das abgeschlagene Haupt Johannes' des Täufers in der »stummen Vertiefung einer Schüssel« herbeigebracht wird und sein Spuk den Leser zu erfassen beginnt.[1] Könnte man sich das Erlebnis eines umgekehrten Spuks vorstellen, den Spuk einer Erscheinung, die gerade darin besteht, daß kein Kopf zu sehen ist? Ich meine eine Erscheinung, in der sich zeigt, daß das, was erscheint, eigentlich kein Körper ist?

Eine solche Erscheinung sind die Phasmiden, die trotzdem keine Gespenster sind. Als ich diese Szenerie, den leeren Hintergrund ohne Tiere ansah, begriff ich mit einem Mal – und in diesem Moment verschwand die Unsicherheit, doch mit ihr zugleich auch jede Sicherheit –, daß das Leben dieser Tiere, der Phasmiden, *diese Szenerie, dieser Hintergrund selbst war.* Ich weiß nicht, wie ich es ausdrücken soll. Wenn man dir sagt, daß es etwas zu sehen gibt, und du nichts siehst, gehst du normalerweise näher heran: Du stellst dir vor, daß das, was du sehen sollst, ein unbemerktes Detail deiner visuellen Umgebung sei. Um die Phasmiden erscheinen zu sehen, muß man genau umgekehrt den Blick nicht konzentrieren, sich ein wenig entfernen, ihn planlos schweben lassen – so wie ich es mehr oder weniger zufällig tat, oder vielleicht in einer vorwegnehmenden Bewegung der Angst. Doch die zwei Schritte, die ich zurückging, stellten mich mit einem Mal vor die erschreckende Evidenz, daß der kleine Wald in dem Vivarium selbst das Tier war, das sich dort verstecken mußte (Abb. 2).

Was sind also Phasmiden? Offensichtlich eine Insektenart. Woher kommt ihr Name? Offensichtlich von dem griechischen Wort *phasma,* das zugleich die Erscheinung, das göttliche Zeichen und das wunderbare oder gespenstische Phänomen bedeutet, aber auch das

Abb. 2: Phasmiden. Vivarium im Jardin des Plantes, Paris. Fotografie G. D.-H.

Trugbild und das Vorzeichen des Zukünftigen. Wovon leben sie? Offensichtlich von diesem Wald, dessen Form sie sich vollständig angeeignet haben und dessen Materie bald auch. Denn die Phasmiden beschränken sich nicht darauf, wie viele andere Tiere es tun, eine bestimmte Eigenschaft ihrer Umgebung, zum Beispiel die Farbe, zu imitieren. Die Phasmiden machen ihren Körper zu der Umgebung, in der sie sich verbergen, indem sie sich die Umgebung, in die sie geboren wurden, einverleiben. Die Phasmiden *sind das, was sie fressen und worin sie leben.* Sie *sind* der Zweig, das Geäst, der Strauch. Sie *sind* die Rinde und der Baum. Die Dornen, der Stamm und die Wurzeln. Ich brauchte nicht lange, um festzustellen, daß die modrigen braunen Blätter in der zweiten Vitrine ebenfalls lebende Phasmiden waren. Denn ich sah, daß sich hier alles, wie in einem bösen Traum, langsam bewegte.

*

Die Phasmiden – mythische Tiere, wie du gewiß begriffen hast, bei allem Antiplatonismus – zeigen ihre Macht in einer Paradoxie: Indem sie die Imitation bis zur Perfektion treiben, zerstören sie zugleich die Hierarchie, der jede Imitation unterworfen ist. Hier gibt es nicht mehr das Urbild und seine Kopie, sondern eine Kopie, die ihr Urbild verschlingt; und das Urbild existiert nicht mehr, aufgrund eines merkwürdigen Naturgesetzes genießt die Kopie allein das Privileg der Existenz. Das imitierte Urbild wird also zu einem Akzidens seiner Kopie – ein unsicheres Akzidens, stets in Gefahr, verschlungen zu werden – und nicht umgekehrt. Das minder Seiende hat sich das Sein einverleibt, es besitzt das Sein, *es ist* an dessen Stelle. (Könnte man nicht auch sagen, daß wir hier im Gegenteil das mythische Tier eines jeden Platonismus haben, in dem das buchstäblich aufgenommene, *einverleibte* Urbild die vollkommenste Veranschaulichung von der Macht der Idee bietet? Aber lassen wir das.)

Diese Paradoxie gebiert eine zweite, in dem Moment – dem beinahe unheimlichen Moment – ihres Erscheinens: Wenn die Phasmiden Unruhe erwecken und wie ein Omen wirken können, dann nur in dem Maße, wie sie zutiefst *unähnlich sind*. Aber warum sollte man dies von einem solchen Wunder, oder besser gesagt einem solchen Extrem der Mimesis behaupten? Nun, gerade weil die Dinge sich an ihrem Extrem ins Gegenteil verkehren. Die Phasmiden sind zunächst aus dem (zweifellos hyperbolischen) Grund unähnlich, daß sie dasjenige zerstören, nämlich es zerfressen, das sie imitieren. Kann eine Ähnlichkeit zwischen zwei Objekten noch bestehen, wenn eines der beiden verschwunden ist? Vor allem aber sind die Phasmiden deswegen unähnlich, weil, sobald wir sie einmal als Tiere erkannt haben – als etwas, das sich bewegt, sich festhält, sich paart –, wir die Tiere nicht mehr recht als solche erkennen. Die erschreckende Macht der Phasmiden liegt darin begründet, daß sie einer biologischen Ordnung angehören, ohne auch nur deren elementarste Orientierungsformen zu besitzen: Tiere ohne Kopf und Schwanz, unähnliche Tiere, denen man nie im eigentlichen Sinn des

Wortes ins Gesicht schauen kann wie einem Lebewesen, dessen Art der Bewegung man vorhersehen kann und dessen Mund man erkennen kann, um sich ihm gegenüberzustellen ... Was schließlich die Frage betrifft, aus welcher Substanz die Phasmiden, diese lebenden Blätter bestehen, so übersteigt dies definitiv meine Vorstellung.

Dies ist also der Dämon der Unähnlichkeit. Noch eine dritte Paradoxie führt er in seinem Gefolge, in der der unabweisbare Eindruck des Alptraumhaften sich vollendet. Es genügt, die Glasscheibe des Vivarium wegzudenken oder zu zerschlagen: Dann wirst du erkennen, daß dieser tropische Wald, in dem du bis hierher der Vogelspinne und der Baumviper entgangen bist, daß dieser Wald, in dem du spazierst, selbst das wilde Tier ist, das dich bald verschlingen wird. Verstehst du nun, schuldbewußtes Kind? Alles, was dir erscheint, erweist sich als eine Macht der Unähnlichkeit, und alles Unähnliche erweist sich letzten Endes als eine bedrohliche Eigenschaft des *Ortes* – eines Ortes, den du an diesem Tag wahrlich nicht hättest betreten sollen.

(1989)

---

1 Vgl. Stéphane Mallarmé, *Les Noces d'Hérodiade, mystère,* hrsg. von Gardner Davies, Paris 1959, S. 56.

2

GLEICHARTIG UND GLEICHZEITIG

für A. F.

Similaire (»gleichartig«) und *simultané* (»gleichzeitig«) haben dieselbe Wurzel, *simul*, ein Wort, das so etwas wie Rivalität im Zufall bezeichnet: Drei Würfel werden geworfen, drei absolut gleiche Würfel, die im selben Moment fallen, wie der Zufall es bestimmt. Eine Geste, die mit einem Mal drei verschiedene Zahlen ergibt, drei verschiedene Schicksale zeichnet – Rivalen in einem gewissen Sinn, dem Zufall und der Grausamkeit des Zufalls ausgeliefert. Alles geschieht im gleichen Augenblick, in gleicher Weise. Doch in dem Moment, wo alles geschieht, werden sie voneinander geschieden, Gräben klaffen auf, unendlich tief und grausam: Dem einen fällt das Leben zu, dem zweiten die Verletzung, dem dritten der Tod. Dem einen das Sehen, dem zweiten das Flehen, dem dritten nichts.

*

Das Bild von einem Zusammenstoß, einem blinden, aber alles entscheidenden Zusammenstoß. Das Geräusch der ineinanderkrachenden Autos, im Nebel, im unaufhörlich fortrauschenden Straßenlärm, drei Männer. Der eine ist da, er weiß nicht wie. Er ist aus den Trümmern geklettert, er hat vergessen wie. Er ist unverletzt, heil, kann nicht sagen warum. Das einzige, was er tun kann in diesem Moment der Benommenheit – der Stumpfsinn seines Glücks an diesem Tag –, ist zu sehen. Er sieht hin, und was er sieht, zeigt ihm, *wo er sein müßte*.

Der zweite erscheint im Weiß des Nebels. Erschreckend anzusehen, blutend, verletzt, verwirrt. Trotzdem steht er noch, absurd aufrecht. Er läuft umher, ruft: »Jo, wo bist du, Jo, wo bist du?« Er sucht seinen Begleiter, der vor wenigen Sekunden noch neben ihm saß. Er sucht, ohne zu sehen. Unwissend, daß sein eigenes Leben an einem dünnen Faden hängt und daß er bald zusammenbrechen wird. Er ruft, er fleht, er möchte Jo sehen; das ist alles, was ihm vom Leben geblieben ist.

Der dritte ist nicht zu sehen. Die Rufe verhallen im Umkreis der rauchenden Trümmer. Doch wonach der zweite fleht, sieht der erste plötzlich. Eine Blutlache, die geräuschlos unter dem Lieferwagen hervorquillt, im weißen Nebel.

*

Das ist die Bedeutung des Würfelwurfs – drei gleiche Würfel gleichzeitig geworfen: Dem dritten, nur noch ein Flecken zu sein, verströmt von der Macht des Todes. Dem zweiten der Wahn und der unendliche physische Schmerz, vielleicht bis zum Tod. Dem ersten das vergiftete Geschenk des Sehens, für sein ganzes Leben.

(1986)

3

DIE GETEILTE EINSAMKEIT

Wir glauben uns allein mit den Bildern und Szenen unserer Träume, die wir mit keinem anderen teilen. Allein gelassen in ihnen, allein gelassen von ihnen. Einerseits isolieren sie uns in dem Unvermögen, anderen zu erzählen, begreiflich zu machen, welche Wichtigkeit sie für uns haben – eine Wichtigkeit, die wir selbst nicht ganz verstehen; andererseits lassen sie uns im Stich, wo sie uns zumeist nur Bruchstücke von Bildern hinterlassen, von denen wir wohl spüren, daß sie uns angehen, daß sie uns in unserem Innersten berühren, deren Umstände und Zusammenhänge wir aber nicht kennen und nie kennen werden. Die Szenen unserer Träume lassen uns manchmal bis zur Verzweiflung allein, wenn es uns nicht gelingt, sie dem Schlaf und dem bleiernen Vergessen zu entreißen, obgleich wir spüren, daß unser ganzes waches Leben und unsere Gedanken von ihnen durchwebt sind.

Nur Bruchstücke, nur Reste, die uns bleiben: Der aufgedunsene Körper eines Ertrunkenen, der kopfüber in den Zweigen eines exotischen Baumes schwebt. Ein Boot, das kieloben auf dem Dach eines Hauses liegt. Ein Mensch, der ohne Kopf umherläuft. Ein übergroßer einzelner Buchstabe in einer nächtlichen Stadtlandschaft. Ein analer Koitus mit einer jungen Jägerin aus dem Niger; ihre Haut ist vollkommen dicht und sanft; am Fußgelenk trägt sie eine Kette aus Muscheln, die Augenlidern oder halb geöffneten Mündern gleichen und mit denen man einst die Schädel der Ahnen schmückte; als ich sie verlasse, bin ich so abgemagert wie ein Deportierter. Oder meine Hand streicht zerstreut über eine weißliche, beschmierte Mauer; jemand beobachtet mich aus einem Fenster, das abgewandte Gesicht einer Frau hinter einem Vorhang; bald darauf werde ich gefangengenommen; der Prozeß, den man mir macht, dauert eine Ewigkeit; ich gestehe eine Ungeheuerlichkeit, die ich nie begangen habe; alle Freunde, die ich zu meiner Verteidigung aufbiete, werden selbst angeklagt; wir werden grausam gefoltert und sterben schließlich im Feuer, werden auf einem öffentlichen Platz in Mailand bei lebendigem Leibe verbrannt.

*

Fragmente, Zusammenfügungen, Verquickungen, Entstellungen. Die Szenen unserer Träume lassen uns nicht nur allein, verwaist, sondern sie selbst in ihrer ganzen Vielzahl erscheinen wie eine wimmelnde Masse von absolut verwaisten, zusammenhanglosen Bildern. Tatsächlich jedoch verhält es sich anders. Denn diese Bilder formen eine *Gemeinschaft,* wenn auch eine verworrene und lückenhafte, eine Gemeinschaft, deren Sinn derselbe ist wie der aller Verwirrungen und all dessen, was uns das Leben vorenthält. Freud forderte, solche Szenen keineswegs, wie allgemein üblich, als im trivialen Sinn »symbolische« Geschichten zu interpretieren und in ihnen auch nicht, wie man es von Bildern spontan erwartet, eine figürlich darstellende »zeichnerische Komposition« zu sehen. Für dieses große Rätsel aus unverbundenen Bildern erfand er – mit einem brillanten Wortspiel – das Paradigma des *Bilderrätsels:*

>»Ich habe etwa ein Bilderrätsel (Rebus) vor mir: ein Haus, auf dessen Dach ein Boot zu sehen ist, dann ein einzelner Buchstabe, dann eine laufende Figur, deren Kopf wegapostrophiert ist u. dgl. Ich könnte nun in die Kritik verfallen, diese Zusammenstellung für unsinnig zu erklären. Ein Boot gehört nicht auf das Dach eines Hauses, und eine Person ohne Kopf kann nicht laufen; auch ist die Person größer als das Haus, und wenn das Ganze eine Landschaft darstellen soll, so fügen sich die einzelnen Buchstaben nicht ein, die ja in freier Natur nicht vorkommen. Die richtige Beurteilung des Rebus ergibt sich offenbar erst dann, wenn ich gegen das Ganze und die Einzelheiten desselben keine solchen Einsprüche erhebe, sondern mich bemühe, jedes Bild durch eine Silbe oder ein Wort zu ersetzen, das nach

irgendwelcher Beziehung durch das Bild darstellbar ist. Die Worte, die sich so zusammenfinden, sind nicht mehr sinnlos, sondern können den schönsten und sinnreichsten Dichterspruch ergeben. Ein solches Bilderrätsel ist nun der Traum, und unsere Vorgänger auf dem Gebiet der Traumdeutung haben den Fehler begangen, den Rebus als zeichnerische Komposition zu beurteilen.«[1]

Doch bei genauerer Betrachtung sind die Dinge noch verwickelter. Das einsame Bilderrätsel unserer Träume mit seinem Anschein des Chaos, seinem Paroxysmus von bruchstückhaften Bildern, es *existiert* auf eine gewisse – radikale – Weise, es hat existiert und es wird existieren, irgendwo, zu irgendeiner Zeit, in der zwangsläufig gemeinsamen Welt der Menschen, die den Wirrungen und dem Paroxysmus ihrer Geschichte ausgeliefert sind. Ein Boot gehört nicht auf das Dach eines Hauses, doch es kann dort stranden, wenn eine sintflutartige Überschwemmung das Land unter Wasser gesetzt hat. Und der Besitzer des Boots könnte vom Wirbelsturm mitgerissen, ertrunken, sein Körper vom Wasser aufgeschwemmt, von den Fluten fortgespült und schließlich, als das Hochwasser zurückging, kopfüber und mit ausgestreckten Gliedern in den Ästen eines exotischen Baums hängengeblieben sein (Abb. 3). Ein Mensch ohne Kopf kann unter normalen Umständen (wenn dieses Wort in einer solchen Situation noch einen Sinn hat) nicht laufen, doch es ist hundertmal vorgekommen, in hundert Schlachten oder Völkermorden, daß Menschen noch gerannt sind, und sei es nur drei Sekunden lang – eine Ewigkeit für die, die dies ansahen –, nachdem ihnen der Kopf abgeschlagen worden war. Einzelne, überdimensional große Buchstaben fügen sich nicht in eine natürliche Landschaft ein, und doch sehen wir sie vielerorts in unseren überdimensionalen Stadtlandschaften. Der Sodomit, der das Glück vergißt, das er empfand, glaubt vielleicht aufgrund eines engherzigen religiösen Schuldgefühls, daß er bald den Verdammten einer imaginären Welt oder der historischen Realität gleichen wird, doch eine Krankheit, die sich wie ein Schwelbrand ausbreitet, kann sehr

Abb. 3: Zyklon in Bangladesh, 1991. Fotografie M. Munir, AFP

wohl mit der Zeit seinen Körper mit den unwahrscheinlichen Malen dieses Schicksals zeichnen. Und auch die Szenen von der Mauer, der Folter und dem Prozeß in Mailand erzählten die wahre Geschichte einer Epidemie.[2]

*

Was bedeutet all dies? Daß gerade die äußerste Einsamkeit unserer Traumbilder das Organ ist, mit dem wir die Gemeinschaft im Größten, im Tiefsten und im Äußersten berühren: zum Beispiel die Gemeinschaft der Dinge, die man zu verhindern versucht, die aber dennoch geschehen und uns aneinanderbinden im Unglück, in der Katastrophe, in unendlichen Sorgen. Es bedeutet vielleicht, daß die wahre Einsamkeit immer eine mit anderen geteilte Einsamkeit ist. Daß sie mit ihren Szenen, Bruchstücken und Resten sich an den Wirrungen, den Wandlungen und den Ruinen der Geschichte stößt. Der äußerste Grad unserer imaginären Einsamkeit wäre demnach nicht mehr und nicht weniger als der äußerste Grad unserer gemeinsamen Situation in dem, was sich uns als Schicksal darstellt.

Jedenfalls ist die *Szene* ebensowenig wie die Welt selbst als eine Geschichte zu begreifen, auch nicht als eine im trivialen Sinn »symbolische«. Noch ist sie als eine figürlich darstellende zeichnerische Komposition anzusehen (und deshalb wäre ein ausschließlich realistisches Theater von diesem Standpunkt her betrachtet völlig nutzlos). Zwischen dem Traum und der Welt wird die Szene zu dem *Bilderrätsel* par excellence, wo die Einsamkeit eines jeden Bilds auf ein anderes trifft und auf all das, was selbst kein Bild ist. Aus den Häusern des Traums sind unsere Städte erbaut; seine Parallelwelten beschreiben die Struktur dieser Welt, die nicht eine ist, die sich nicht totalisieren läßt, sondern wenigstens eine doppelte ist, gespalten, mehrschichtig, fantastisch. Die Alpträume sind keine schlechten Träume, sondern berechtigte Beschreibungen eines Zustands in der

Welt, der uns alle heimsucht und uns unglücklicherweise letzten Endes fast immer einholt. Und so teilt auch die dramatisierte Welt der Szenen auf einer Theaterbühne ihre Einsamkeit mit den historischen Szenen, in denen sich die Dramen der Welt abspielen. Denken wir an Shakespeare: *All the world is a stage* ... Und denken wir daran, daß auch das Umgekehrte wahr ist, wenn die Szene die Welt nicht wie eine figürliche Zeichnung zur Darstellung bringt, sondern wie ein Bilderrätsel aus Handlungen, Intensitäten, Kalkülen, Paradoxien und Verwandlungen. Rigorose Fragmente und souveräne Spuren.

(1992)

---

1 Sigmund Freud, *Die Traumdeutung* (1900), *Gesammelte Werke*, Bd. 2/3, Frankfurt a. M. 1976, S. 284.
2 Es handelt sich um das bedrückende historische und juristische Dossier, das Manzoni – wohl in der Absicht, es für eine Fiktion zu verwenden – über den Prozeß gegen die *untori* während der Pest in Mailand 1630 zusammenstellte. Vgl. Alessandro Manzoni, *Die Schandsäule* (1843), Berlin 1988; vgl. auch Georges Didi-Huberman, *Mémorandum de la peste. Le fléau d'imaginer*, Paris 1983.

4

KONTAKTBILDER

Kontaktbilder? Bilder, die etwas berühren, dann jemanden berühren. Bilder, um zum Kern der Fragen zu kommen: *berühren, um zu sehen,* oder im Gegenteil *berühren, um nicht mehr zu sehen; sehen, um nicht mehr anzurühren,* oder im Gegenteil *sehen, um zu berühren.* Bilder, die zu nahe gehen. Bilder, die haften bleiben. Hindernisbilder, in denen aber das Hindernis etwas in *Erscheinung* treten läßt. Bilder, die aneinanderhängen oder an dem, was sie abbilden. Bilder, die an etwas anstoßen, Bilder, die sich an etwas lehnen. Bilder mit Gewicht. Oder aber die sehr leicht sind, aber uns sacht und flüchtig streifen, so daß sie uns doch berühren. Streichelnde Bilder. Tastende oder schon fühlbare Bilder. Bilder vom Entwicklerbad geformt, vom Schatten modelliert, vom Licht gemalt, von der Belichtungszeit gezeichnet. Bilder, die uns gefangennehmen, uns möglicherweise manipulieren. Bilder, die uns weh tun, verletzen können. Bilder, um uns zu packen. Durchdringende Bilder, verzehrende Bilder.

Bilder, damit unsere Hand sich bewegt.

*

Die klassische Tradition ist bekanntlich voller Anekdoten – mehr oder weniger berühmte, mehr oder weniger glaubwürdige, mehr oder weniger apokryphe – über die Macht der bildlichen Illusion: Eine so starke Macht, heißt es, daß die Täuschung den Körper eines Betrachters in Bewegung versetzt, seiner visuellen Wahrnehmung eine motorische, fast schon taktile Umsetzung abverlangt. Doch zumeist ist es eine negative Taktilität, in dem Sinne, daß sie darauf abzielt, Dinge wieder in Ordnung zu bringen, Störendes wegzuwischen, das Bild zu bereinigen. Sie versucht spontan, etwas zu beseitigen, das vor allem als Hindernis oder Fremdkörper erscheint. Was forderte Zeuxis von Parrhasios? Den (in Trompe-l'œil-Manier gemalten) Vorhang *wegzuziehen*, den er für ein Hindernis vor dem eigentlichen Objekt seines Blicks hielt.[1] Was versuchte Cimabue angesichts der Fliege, die sein Schüler Giotto auf die Nase einer gemalten Figur gesetzt hatte? Sie mit der Hand zu *verscheuchen*, bevor er seinen Irrtum erkannte.[2]

Die Rhetorik des Trompe-l'œil hat die *musca depicta* zu einem bedeutsamen Element ihrer Didaktik der Bilder erhoben. Insofern manifestiert die gemalte Fliege die Macht der *Mimesis* und des sogenannten »Fortschritts« des realistischen Details.[3] Doch sie ist es nur, wo sie leichthin auf den Rand des Bildes gesetzt ist und uns glauben macht, wir könnten sie mit einer bloßen Handbewegung fortscheuchen. Eine Fliege, die man nicht verscheucht, die zurückkehrt, die bleibt, die ihre Artgenossinnen herbeiholt und mit ihnen herumschwärmt, eine solche Fliege verbreitet einen ganz anderen Geruch, einen *Geruch des Realen* (und nicht des naturgetreuen Anscheins): nämlich einen Geruch des Verfaulenden. Was sie angerührt hat, gilt, als wäre es schon in Fäulnis übergegangen. Das Tastgefühl identifiziert sich hier nicht mehr mit der vorübergehenden Illusion. Es bleibt beharrlich und stürzt uns in eine weitaus schmutzigere Unruhe.

Diese Unruhe verbreitet sich zum Beispiel in *Ein andalusischer Hund*, in Gestalt der Insekten, die kein »schwarzer Punkt« sind, sondern eine wimmelnde Masse, nicht unbeweglich am Rand des Bildes sitzen, sondern in seinem Zentrum umherlaufen, kein simples optisches Spiel, sondern eine taktile Verletzung, ein offenes Stigma mitten auf einer verkrampften Hand.[4] Sie steigert sich in Batailles Kritik der Repräsentation, lesbar und sichtbar am Werk in den exzentrischen Montagen in der Zeitschrift *Documents*.[5] Bataille, der immer wieder *schockierende Erscheinungen* – wie er selbst sagte – erdacht und in Szene gesetzt hat, so schockierend »in der Ordnung des Konkreten wie eine Fliege auf der Nase eines Redners«.[6]

Batailles Fliege – die André Breton selbstverständlich voller Abscheu verurteilte[7] – war nicht gemacht, um die Augen der Ästheten zu täuschen, sondern um die beunruhigten Blicke von uns altgewordenen Kindern auf sich zu ziehen, zu durchdringen und zu verschlingen. Batailles Fliege war da, um an uns kleben zu bleiben: ihre Erscheinung kommt zu nahe, läßt fast unseren eigenen Körper ins Bild aufgehen. Im letzten Heft von *Documents* ließ der Autor der *Geschichte des Auges* seinen Text mit überdimensional vergrößerten Fliegenfüßen illustrieren, die auf der Zeitschriftenseite ebenso groß erscheinen wie unsere Finger, mit denen wir das Blatt halten. Und die Skelette in der Gruft von Santa Maria della Concezione in Rom finden ihr Echo in Boiffards berühmter Fotografie eines Fliegenfängerstreifens: die flachgedrückten Körper in der Falle – dem taktilen Ort, der sie gefangenhält, sie fixiert und entstellt –, ein Gewirr von aneinanderhängenden Kadavern, an denen unser Blick kleben bleibt (Abb. 4).

Bataille hält sie seinen Lesern vor, damit sie ermessen können, wie weit die Abkehr von der hergebrachten ästhetischen Haltung geht, die auf diesen Seiten verlangt wird: Damit diese Bilder uns wirklich *berühren* können, müssen sie etwas anderes sein als das Beruhigungsmittel, das das Ideal der Schönheit uns trügerisch verspricht. Damit diese Bilder uns *verzehren,* müssen wir sie anschauen wie einen Fliegenschwarm im Anflug auf uns selbst: ein visuelles Gesumm um unsere eigene zukünftige Verwesung herum.

>»Das Spiel vom Menschen und seiner Verwesung setzt sich unter den trostlosesten Umständen fort, ohne daß er je den Mut faßt, sich ihr offen zu stellen. Allem Anschein nach können wir es nicht ertragen, dem grandiosen Bild des Zerfalls ins Auge zu blicken, obwohl die Gefahr, daß er mit jedem Atemzug einsetzen könnte, der eigentliche Sinn eines Lebens ist, das wir, ohne zu wissen warum, einem anderen vorziehen, dem ein weit längerer Atem beschieden sein könnte. Von diesem Bild kennen wir nichts als seine negative Gestalt: all die Seifen, Zahnbürsten und pharmazeutischen Produkte, die uns Tag für Tag erlauben, dem Schmutz und dem Tod mühsam zu entfliehen. Tag für Tag machen wir uns zu gefügigen Knech-

Abb 4: Jacques-André Boiffard, *Papier collant et mouches*, 1930. Illustration zu Georges Batailles Artikel »L'esprit moderne et le jeu des transpositions«, in: *Documents*, Nr. 8, 1930, S. 488.

ten dieser Pülverchen und Wässerchen, die die einzigen Götter des modernen Menschen sind. Diese Knechtschaft hat heute alle Orte erfaßt, die ein normaler Mensch noch aufsuchen kann. Man betritt die Galerie eines Kunsthändlers wie eine Apotheke, auf der Suche nach hübsch präsentierten Arzneien gegen ein Leiden, dessen sich niemand schämt.«[8]

*

Bataille hoffte, daß ein Blick fähig wäre, den Körper so anzurühren wie eine Krankheit, das heißt, ihn verfallen zu lassen. Eine paradoxe und zudem (ausgenommen vielleicht im Falle einer langanhaltenden psychischen Arbeit der Selbsterniedrigung) unhaltbare Hoffnung: Boiffards Fliegen halten mehr Distanz von unserem Gesicht, wie auch eine Distanz, mag sie auch noch so gering gewesen sein, zwischen ihnen und dem Fotoobjektiv geblieben war. Ihr Geruch des Realen ist letztlich nur der Geruch von sauberem Papier und Druckerschwärze.

Es erstaunt, daß es einem Künstler, dem diese düsteren Zielsetzungen völlig fernstehen, gelungen ist, das reale Insekt unserer Hand und unserem Blick noch ein wenig näherzubringen (Abb. 5). Patrick Bailly-Maître-Grand steigt dafür in den Keller. Er geht in die staubigen Winkel und fängt Fliegen oder Spinnen, die er nicht tötet, sondern sanft mit Chloroform einschläfert. Das klebrige Papier des Fliegenfängers ersetzt er durch eine gläserne Falle – zwei flache Scheiben mit wenigen Millimetern Zwischenraum –, in der die Insekten dann erwachen, ohne zu verstehen, wie ihnen geschehen ist.

Die Vorrichtung ist sorgfältig konstruiert, das Prinzip einfach, die Realisierung äußerst subtil: Die Glasscheiben werden im Schein einer Dunkelkammerlampe auf ein lichtempfindliches Papier gelegt; dann wird ein weißer Blitz ausgelöst, der die Position der Insekten in diesem Augenblick auf dem Papier festhält (zumeist eine Position nah am Rand, nicht aufgrund einer vorgefaßten ästhetischen Entscheidung, sondern einfach weil die Tiere einen Ausweg aus ihrem Gefängnis suchen). Das Blitzlicht erzeugt auf dem licht-

Abb. 5: Patrick Bailly-Maître-Grand, *Les Mouches,* 1987. Solarisiertes Rayogramm. Mit freundlicher Genehmigung der Galerie Michèle Chomette, Paris.

empfindlichen Papier eine erste Art Abdruck: einen weißen Schatten, eine *negative* Spur des Insekts auf dem geschwärzten Hintergrund. Man muß das Bild also *umkehren*, es solarisieren, damit die Silhouette als solche erscheint. Es danach *bleichen,* indem man mit dem Schwamm eine Lösung aufträgt, die das Silberpigment – durch *Abrieb,* wie der Künstler sagt – herauslöst, und es *fixieren.* Es schließlich mit Schwefelsalzen *tonen,* denn Patrick Bailly-Maître-Grand möchte seinen Bildern paradoxerweise einen *sonnenhaften* Anschein verleihen.

So entsteht eine eigenartige Ambiguität: einerseits deutet das Bild auf eine pikturale Tradition der kalkulierten Distanzen, der Details und der *optischen* Feinheiten. Die Glasscheiben sind mit Fett eingeschmiert, um eine Art materiellen Bildhintergrund zu erhalten; die aus Karton gebastelte Einfassung der Scheiben erinnert auf dem fertigen Bild an das Aussehen eines alten Holzrahmens. Andererseits betont die fotografische Monotypie den *taktilen* Körper dessen, was sie zeigt: Die Perspektive ist aufgehoben (oder, besser gesagt, verflacht); die Silhouette der Insekten ist in dieser paradoxen Visualität kein projizierter Schatten, sondern ein – beinahe – unmittelbarer Kontakt (ein *Kontaktschatten,* wenn man so sagen kann); die verwirrende Evidenz der natürlichen Größe; das Fehlen eines jeglichen optischen Apparats, der das Objekt durch ein dazwischengeschaltetes Objektiv einfinge. Das Bild entsteht aus den Körpern von Insekten, einem chemisch behandelten Trägermaterial, einer Trennschicht aus Glas, dem Licht sowie einigen von Hand aufgetragenen Flüssigkeiten.

*

Kontaktbilder? Komplexe Bilder. Zwischen *etwas berühren* (der Abdruck als solcher) und *jemanden berühren* (in dem hervorgerufenen Blick) gibt es immer eine Komplexität, eine Vermittlung, ein eingeschobenes Supplement. Das Fotopapier – das Sie, wenn Sie die

Galeristin fragen, selbstverständlich nicht berühren sollten – hat die Fliege nicht wirklich berührt. Dazwischen war die Glasscheibe, so wie an anderer Stelle das Filmmaterial dazwischenkam, das Fixierbad, eine chemische Zwischenstufe, das Abriebmaterial, irgendeine Maschinerie, die Montage, eine Faltung, in der *der Kontakt sich aufspreizt* ... Die Kontaktbilder sind also keine absolut unmittelbaren Bilder (eine Kategorie, die vermutlich überhaupt nicht existiert). Eher schon sind sie Bilder, die der optischen Distanz ein wie auch immer geartetes Symptom der Berührung zufügen, so daß wir spüren, daß *unser Blick etwas berührt*. Oder die dem physischen Kontakt eine – einschneidende oder infradünne – Distanzierung zufügen, so daß wir spüren, daß *unser Tastsinn sieht*.

Kontaktbilder? Ein leichtes Zurückzittern. Ein dialektisches Tasten der Hand, die zu sehen versucht, und des Auges, das zu berühren versucht.

(1997)

---

1   Vgl. Plinius, *Naturkunde, Buch XXXV*, hrsg. von Roderich König und Gerhard Winkler, Düsseldorf und Zürich 1997, S. 57–59.
2   Vgl. Giorgio Vasari, *Leben der ausgezeichnetsten Maler, Bildhauer und Baumeister von Cimabue bis zum Jahr 1567*, hrsg. von Ludwig Schorn und Ernst Förster, neu hrsg. von Julian Kliemann, Worms 1983, Bd. 1, S. 172.
3   Vgl. insbesondere Andreas Pigler, »La mouche peinte: un talisman«, in: *Bulletin du musée hongrois des Beaux-Arts*, 24 (1964), S. 47–64; André Chastel, *Musca depicta*, Mailand 1984.
4   Luis Buñuel / Salvador Dalí, »Un chien andalou«, in: *La révolution surréaliste*, 12 (1929), S. 35–36: »Das Mädchen kommt ins Bild und schaut ebenfalls, was denn da in der Hand sei. Großaufnahme der Hand, mit einem schwarzen Loch in der Mitte, in dem es von Ameisen wimmelt. [...] Als er das Mädchen fast erreicht hat, weicht sie ihm plötzlich aus und flieht. Der Mann läßt das Seil los und verfolgt sie. Das Mädchen schlüpft durch die Verbindungstür ins Nebenzimmer, jedoch nicht schnell genug, um die Tür hinter sich ganz zu schließen. Die Hand des Mannes, die durch den Spalt greift, wird eingeklemmt. Im Zimmer preßt das Mädchen die Tür immer fester zu. Sie schaut erneut auf die Hand, die sich im Schmerz verkrampft (Zeitlupe), und die Ameisen, die wieder hervorkommen und sich auf dem Türpfosten ausbreiten.«

5 Vgl. Georges Didi-Huberman, *La Ressemblance informe ou le gai savoir visuel selon Georges Bataille,* Paris 1995.
6 Georges Bataille, »Figure humaine«, in: *Documents,* Nr. 4 (1929), S. 196.
7 André Breton, *Die Manifeste des Surrealismus* (»Zweites Manifest«, 1930), Reinbek 1968, S. 96: »Wir reden nur so ausführlich über Fliegen, weil Monsieur Bataille Fliegen mag. Wir nicht: wir lieben die Mitra alter Geisterbeschwörer, die Mitra aus reinem Leinen, an deren Vorderteil eine goldene Klinge geheftet war und auf die die Fliegen sich nicht setzten, denn man hatte Waschungen vorgenommen, um sie fernzuhalten.«
8 Georges Bataille, »L'esprit moderne et le jeu des transpositions«, in: *Documents,* Nr. 8 (1930), S. 490.

5

WIEDERKEHR EINER FORM

»Wird aber, möchten Sie längst schon versucht gewesen sein mir entgegenzusetzen, wird nicht das Schöne dadurch, daß man es zum bloßen Spiel macht, erniedrigt und den frivolen Gegenständen gleichgestellt, die von jeher im Besitz dieses Namens waren? Widerspricht es nicht dem Vernunftbegriff und der Würde der Schönheit, die doch als ein Instrument der Kultur betrachtet wird, sie auf ein bloßes Spiel einzuschränken, und widerspricht es nicht dem Erfahrungsbegriffe des Spiels, das mit Ausschließung alles Geschmackes zusammen bestehen kann, es bloß auf Schönheit einzuschränken?

Aber was heißt denn ein ›bloßes‹ Spiel, nachdem wir wissen, daß unter allen Zuständen des Menschen gerade das Spiel und nur das Spiel es ist, was ihn vollständig macht und *seine doppelte Natur auf einmal entfaltet?* Was Sie, nach Ihrer Vorstellung der Sache, Einschränkung nennen, das nenne ich, nach der meinen, die ich durch Beweise gerechtfertigt habe, Erweiterung. [...] Denn, um es endlich auf einmal herauszusagen, der Mensch spielt nur, wo er in voller Bedeutung des Worts Mensch ist, und er ist nur da ganz Mensch, wo er spielt.«[1]

Jedes Jahr in den Tagen vor dem Dreikönigsfest verwandelt sich die Piazza Navona in einen sonderbaren Markt. Das Schmuckstück des römischen Barock mit seinen prächtigen Fassaden, seinem rechteckigen, noch aus der Antike stammenden Grundriß und seinen berühmten Brunnen verschwindet für einige Tage unter einer unglaublichen Anhäufung so zahlreicher Dinge, daß das Auge sie in ihrer Gesamtheit oder vielmehr ihrer vielfarbigen, lebhaft bewegten Masse zunächst gar nicht zu unterscheiden vermag. Dies ist der *Mercato di figurine,* wie die Römer ihn nennen. Hier gibt es alles, was man braucht, um die Geburt des Jesuskinds und die Freigebigkeit der Heiligen Drei Könige zu feiern; alles, was man braucht, um sich mit harmlosem Unsinn zu amüsieren und sein Geld zu verschwenden.

Die Fontana del Moro – was nützt es jetzt, zu wissen, daß sie 1654 von Giovanni Antonio Mari nach einem Entwurf von Bernini geschaffen wurde? – verschwindet in dem lauten Getümmel von rosa Karussell-Schweinchen, Cinderella-Märchenkutschen, prunkvoll aufgezäumten Pferden, Feuerwehrautos, Hubschraubern und Pseudo-Ferraris und den schrillen Geräuschen all dieser »Figuren«. Klein und Groß, sogar dionysische neapolitanische Großmütter (wie ich sie vor fünf Minuten noch mit eigenen Augen gesehen habe) lachen und lärmen und vergnügen sich in diesem Reigen des prallen Lebens. Von einem anderen Standpunkt her gesehen – doch nur, wenn man den Kopf hoch über die Menge hebt – überragt Berninis Meisterwerk, die Fontana dei Fiumi, so gerade noch eine lebensgroße Krippe mit echtem Stroh und falschen Ruinen, eine Art Hühnerhof voller Pappmaché-Figuren, in den das Publikum spöttisch Münzen wirft. Natürlich sieht man noch den zentralen Obelisken des Brunnens, die hochgehaltene Hand des »Rio de la Plata«, die er gegen Borrominis Kirche ausstreckt, den Wipfel der Palme und das päpstliche Wappen. Doch darunter wogt ein Gewirr von bunten Leuchten und elektrischen Kabeln, und eine *porchetta* verströmt fettigen Bratenduft.

Ein Jahrmarkt. Eine visuelle Masse, die von fern an das Sublime eines *poïkilon,* eines antiken oder mittelalterlichen Farbenspiels grenzt, in der aber fast jedes Einzelding sich bei näherer Betrachtung als Produkt eines abgrundtiefen und sehr heutigen schlechten Geschmacks erweist. Dieser lebhafte Trubel macht natürlich jede Klassifikation unmöglich. Allenfalls könnte man bemerken, daß bei den sichtbaren Dingen die schreienden Farben überwiegen und bei den eßbaren das Zuckerzeug. Der Historiker mag von einem Schwindelgefühl erfaßt werden – vor Erschrecken oder Erstaunen, je nachdem – angesichts eines solchen Durcheinanders der Gestalten und der Zeiten, angesichts eines solchen *lärmenden Reichs des*

Anachronismus: antike Glücksräder neben Monstern aus dem neuesten Disney-Film, Engel von Raffael neben Gummispinnen, *Befana*-Hexen neben Batman-Figuren aus schwarzem Plastik, sizilianische Oliven neben Popcorn-Maschinen, traditionelle *pizza bianca* neben Bergen von »Mars« und »Twix«, Pinocchios in allen Größen neben Transformer-Robotern, Gladiatorenkostüme neben elektrischen Autos, *carbone dolce* – diese wunderbaren Zuckerbrocken in Form schwarzer Lavaklumpen – neben Fußbällen, Zuckerwatte neben Wasserpistolen, Hexenbesen neben »Star Wars«-Masken, Strohblumen neben Flugzeugmodellen, neapolitanische Marionetten neben ferngesteuerten Spielzeugautos ... Und dazu die riesigen Socken voller Süßigkeiten, die Wurfpfeil-Spiele, die Stapel von Zuckerstangen, die Plastikschweinchen, die Miniatur-Gitarren und die langen Lakritzschlangen, die von den Dächern der Marktbuden herabhängen. Und natürlich die Internationale der Spielzeugpistolen, der Plüschtiere und der Barbiepuppen.

Das ist der *Mercato di figurine:* ein fröhliches und figuratives Durcheinander, ein Rummelplatz, wo die Kinder König sind, ein Jahrmarkt der Bilder. Und was macht es, wenn diese Bilder, einmal gekauft, sich von nahem besehen als eher »schäbig« herausstellen (die plumpen Imitationen, das dünne Plastik, die häßlichen Farben): Ihre Großzügigkeit liegt in ihrer Masse, ihrer unzähligen Vielfalt, ihrer Anhäufung, ihrem zur Schau gestellten Überfluß, die sie unter den bunten Girlanden, Christbaumkugeln und goldenen Glöckchen barocken Altären gleichen lassen. Selbst die Süßigkeiten sind hier figurativ: Schokolade in der Form von nachgemachten Sesterzen, Zuckerstangen in der Form von antiken Säulen, Fruchtgummi in der Form von Babyschnullern. An anderen Ständen gibt es traditionelle Marzipanfiguren, die Obst und Gemüse mit dem gleichen Geschick imitieren – das heißt, mit der gleichen unmerklichen Abweichung, der gleichen Marge des »Unheimlichen« – wie die Wachsfiguren im Musée Grévin.

*

Auf diesem Jahrmarkt der Bilder kommt mir der Gedanke, daß Aby Warburg all dies gewiß mit wachem Geist – mit seinem Geist des nietzscheanischen Historikers und Anthropologen – und offenen Augen beobachtet hätte. Wie sollte man zwischen all den hölzernen Pferden und zahllosen Figuren nicht an jenen anderen *Mercato di figure* denken, den zur Zeit der Renaissance die Ansammlung der vielfältigen Votivfiguren vor dem wundertätigen Gnadenbild der *Santissima Annunziata* darstellte?[2] Wie sollte man in der römischen Art, die *Befana* zu feiern, keine »feierliche und barbarische Sitte« sehen, vergleichbar mit der florentinischen Art, die *Annunziata* zu verherrlichen, wie Warburg sie beschrieb?[3] Wie nicht an denselben Prozeß der Verweltlichung denken, denselben »Tummelplatz der Weltlichkeit« für Dinge, die dennoch ihre religiöse Bedeutung nicht verlieren?[4] Wie in diesem Jahrmarkt der »Gelegenheitskunst« nicht dieselbe Vermischung von philologischer Bildung und volkstümlichen Wurzeln erkennen? Wie nicht dieselbe Verflechtung von »Kindlich-Volkstümlichem und Romantisch-Künstlerischem«, denselben »fetischistischen Bildzauber«, den Warburg nicht nur in der »volkstümlichen« Florentiner Kunst vorfand, sondern selbst in den anspruchsvollsten Werken aus der Umgebung von Lorenzo de' Medici?[5]

Gibt es in diesem Sinne eine geheime Verbindung zwischen dem Jahrmarkt und dem Museum? Zwischen dem *Mercato di figurine* auf der Piazza Navona, wohin ich durch Zufall geraten bin und wo ich nun ziellos umherstreife, und den Vatikanischen Sammlungen, diesem klassischen Ziel, diesem künstlerischen *tesoro delle figure,* den ich am selben Morgen besucht hatte? Doch woran will man eine solche Verbindung erkennen? Und wie will man inmitten eines solchen Lärms einer so theoretischen Frage nachgehen? Dennoch bahnt die Frage sich ihren Weg: Erscheint nicht die Kunstgeschichte selbst auch wie eine bunte Masse von Dingen und Ereignissen, Zuständen und Veränderungen, Bewegungen und Geräuschen? Doch wie will man in dieser Masse die Entwicklung der Formen beobachten? Es geht ja nicht nur um die Frage, *was* die Formen werden, sondern auch, *wie sie werden.* Es geht nicht nur um die Frage, wie sie sich im Raum und in der Zeit verteilen, sondern auch, wie sie bei ihrer unablässigen Umverteilung zugleich ihren anthropologischen Status, ihre Beziehung zum praktischen Gebrauch, zum Wert und zum Blick des Betrachters verändern. Es geht nicht nur um die Frage, wie die Formen erscheinen, sondern auch, wie sie wieder verschwinden – und zugleich auch, inwiefern ihr Verschwinden vielleicht nur eine Täuschung oder einen Verdrängungseffekt darstellt, kurz: eine Möglichkeit der ewigen Wiederkehr.

So taucht die Frage auf, die eigentliche Frage: *Wie kehren die Formen wieder?* – das »Wiederkehren« verstanden im Sinne von Wiedergängern, Gespenstern, aus vergangenen Zeiten wiedergekehrten Gestalten. Eine nietzscheanische Frage, eine freudianische Frage, doch auch eine warburgische Frage par excellence: die Frage des »Nachlebens« der visuellen Formen oder »Formeln«,[6] die sich hier plötzlich erhebt, zwischen dekorativen Marzipanfiguren und Popcorn, das von seiner Brownschen Bewegung aufgeworfen wird. Der faszinierte Blick der Kinder vor der Krippe nimmt mir das akademisch-schuldbewußte Gefühl, mit diesen Gedanken am falschen Ort zu sein. Haben nicht die schönsten kunsthistorischen Werke immer von Bildern gehandelt, die die traditionelle Wissenschaft nicht mehr als ihren Gegenstand ansah, nicht etwa weil dieser Gegenstand verschwunden war, sondern weil er im Zustand der *Wiederkehr* existierte, an einem etwas anderen, etwas verschobenen Ort der Kultur, wie dieser römische Dreikönigsmarkt einer ist? Hat Julius von Schlosser nicht eine ganze Kunstgeschichte – die des Wachsporträts – ausgehend von einer solchen anthropologischen Verschiebung geschrieben?

>»Es handelt sich um einen Kunstzweig, der heute fast nur mehr auf einem Gebiete anzutreffen ist, das der ›Kunst‹, wie wir sie auffassen, als formal bestimmtem und wertvollem Ausdruck der Persönlichkeit in ihrem technischen Können, nahezu ganz entrückt ist, in Jahrmarktsbuden, Friseur- und Schneiderläden, das aber mehr als zwei Jahrtausende, bis an die

Schwelle unserer Zeit selbst, geblüht hat und eine merkwürdige Vergangenheit aufweist. An sich ist ja die Erscheinung nicht selten, daß ein altes Kulturprodukt in tieferen Regionen der sozialen Schichtung als ›survival‹ eines abgelaufenen Entwicklungsprozesses weiterlebt. Manches Gerät, das seinen Ursprung im harten Daseinskampf uralter Menschheit hat, wie Schleuder, Bogen oder Klapper, ist heute in unserer Kultursphäre zum Kindertand geworden. Die alte Romanliteratur, einst Lektüre der ritterlichen Höfe des Mittelalters, lebt nur mehr in den niedersten Volksschichten der deutschen und romanischen Länder, in löschpapierenen Volksbüchlein mit grellen, bunten Umschlägen, die in Jahrmarktsbuden verkauft werden [...].«[7]

*

Hier regt sich plötzlich wieder der Dämon der Analogie. Die Figuren auf dem *Mercato di figurine* sind zunächst einmal – wie sollte es anders sein – Krippenfiguren. Römische und neapolitanische Handwerker schlagen hier ihre Stände auf und bieten die biblischen Personen im Miniaturformat in unterschiedlicher Gestalt und Größe zum Verkauf, nebst allem, was im heimischen Wohnzimmer als Beiwerk oder Dekoration dienen kann: orientalische Ruinen, Palmen, Kamele, Schafherden, Hühner, Truthähne, Melonen, barocke Engel ... Alles in Terrakotta – manchmal auch in Plastik – und in lebhaften Farben. Die Tradition, auch die alten handwerklichen Berufe des städtischen und des bäuerlichen Lebens und die Erzeugnisse des Markts darzustellen, ist hier bis heute lebendig.

Mitten auf diesem Markt im Markt – diesem Miniaturmarkt inmitten des großen Markts der Piazza Navona – erscheint plötzlich eine Form, die in diesem Kontext der heiligen Familie und des Kults des neugeborenen Jesusknaben absolut befremdlich wirkt (Abb. 6). Eine schon an und für sich merkwürdige Form, die eigentlich nicht mal eine richtige Form zu sein scheint. Eher ein unförmer Haufen. Eine längliche, undefinierbare, zugleich unbewegliche und bewegte, bizarr gekrümmte, ein wenig teigige Masse. Formlosigkeit in Miniatur, könnte man sagen: Ihre Höhe beträgt weniger als fünf Zentimeter. Sie ist aus hellroter Terrakotta, mit einem kräftigeren

Abb. 6: Neapolitanische Krippenfigur vom *Mercato di figurine*, Rom, Piazza Navona, 1996. Bemalte Terrakotta, Höhe 47 mm. Fotografie G. D.-H.

Abb. 7: Etruskische Eingeweide-Votivfigur, 3. Jh. von Chr. Bemalte Terrakotta, Höhe 39 cm. Paris, Musée du Louvre. Fotografie M. Chuzeville.

Rot bemalt und lackiert. Auf den ersten Blick scheint sie äußerst geschmacklos.

Doch diese kleine formale Abgeschmacktheit ist mir bestens bekannt. Ich erkenne sie sofort wieder – hier, mitten im Trubel der Menschenmenge, die das baldige Fest der »Erscheinung des Herrn« feiert – mit dem gewissen Gefühl des »Nachlebens«, der Wiederkehr, der Verschiebung, des Anachronismus. Tatsächlich kenne ich diese Form *von anderen Orten* und *aus anderen Zeiten* (ohne daß sie mir je vertraut erschienen wäre). Ich sehe sie seit vielen Jahren in den hinteren Winkeln einiger archäologischer Museen. Hätte ich sie gesucht, dann hätte ich sie wohl auch an diesem Morgen in den Schätzen der Vatikanischen Sammlungen finden können. Es handelt sich um eine eigentümliche Gattung unter den etruskischen Votivfiguren: eine *Figur der Eingeweide,* die der Realismus der Etrusker – und später der Römer – sich nicht scheute, so darzustellen, wie sie wirklich sind: obszön und abstoßend (Abb. 7).[8]

Die Analogien sind frappant: dasselbe Material (hellroter Ton oder Terrakotta), die Polychromie, die Serienproduktion, vor allem aber diese *amorphe Form,* die, so möchte man behaupten, sich nicht ohne weiteres erfinden – oder vielmehr: zum zweiten Mal erfinden – läßt. Die Analogien sind so frappant, daß es wirklich *dieselbe Form* zu sein scheint, die von den etruskischen Votivgaben des dritten Jahrhunderts vor unserer Zeitrechnung bis zum heutigen *Mercato di figurine* fortbestanden hat und vor meinen verblüfften Augen »wiedergekehrt« ist. Doch wie soll man die *Identität* dieser Form verstehen? Wie die *Zeitspanne* dieser Wiederkehr? Derartige Fragen zu stellen heißt, sich auf unbewußte, schicksalshafte, *anadyomenische* (das heißt, durch ihr Untergehen und Wiederauftauchen charakterisierte) Prozesse einzulassen, Prozesse voller »Nachträglichkeiten« und »fehlender Glieder«, Prozesse, in denen das Nichtwissen unabweislich überwiegt. Der positivistische Historiker – der Historiker der Gewißheiten und der Dinge, die ihren bestimmten Ort im Ablauf einnehmen, der Vergangenes zu Vergangenem ordnet und Gegenwärtiges zu Gegenwärtigem, der die Kunst im Museum läßt und das Spielzeug auf dem Jahrmarkt – dieser Historiker würde gewiß wünschen, daß es derartige Prozesse nicht gebe: Denn wie ließe ein »Phantom« sich datieren, etwas, das erscheint, aber sich kaum verorten läßt? Wie seine Genealogie sich erstellen? Wie begreifen, was die Laune seines Wiedererscheinens bestimmt hat?

Die »Wiederkehr der Formen« ließe sich auf einer allgemeinen Ebene beschreiben als eine Form der generellen Fähigkeit aller Formen, sich zu *verschieben*. Und der Wunsch, diese Fähigkeit zu verstehen, hat unweigerlich zur Folge, daß auch *das historische Wissen sich verschiebt*. Wir haben es hier mit einem exemplarischen Fall zu tun, denn zwischen der etruskischen Votivfigur und der heutigen Krippenfigur hat die Arbeit der Verschiebung sich schwindelerregend abrupt manifestiert. Zwingt sie uns nicht, die kontinuierliche Erzählung der historischen Metamorphosen und stilistischen Fortentwicklungen zu durchbrechen? Fordert sie nicht, die christliche Ikonographie – die Ikonographie der Krippe – für unvordenklich alte heidnische Dämonen zu öffnen? Verlangt sie nicht, daß man begreift, was dieses Bild des blutigen Fleischs in einem Kontext des Jesuskinds und des jungfräulichen Leibes macht? Reklamiert sie nicht, daß wir das Verhältnis zwischen Spielzeug und Religion (denken wir an Baudelaire) und zwischen Ästhetik und Warenwelt (denken wir an Benjamin, an Kracauer) überdenken sollten?[9] Verpflichtet sie uns nicht, die Kunst und die Geschichte auch in anthropologischer Sicht zu denken, das heißt in einer Sichtweise, die die ästhetische Tradition meistenteils ignoriert?

*

Als ich glücklich zwei oder drei Exemplare der kleinen Eingeweidefigur erstanden habe, weiß ich wohl, daß das Rätsel in meiner Tasche noch lange fortbestehen wird. Doch zugleich durchfahren mich zwei oder drei flüchtige Gedanken, die mich von dem Lärm forttreiben. Der erste entstand aus einer Assoziation von Ideen rund um die *Jahrmarktsbude* (wo man die kleine Figur ungehindert in die Hand nehmen konnte) und die *Museumsvitrine* (wo die Objekte so rar sind, daß es ein Verbrechen wäre, sie zu berühren). Zwischen diesen beiden Räumen besteht eine völlige Umkehr der Perspektive, die sich auch auf den Begriff der Ausstellung auswirkt, den *Ausstellungswert*, wie man sagt. Was ist auf dieser Ebene in der Distanz von zweitausenddreihundert Jahren geschehen? Die lebensgroße Eingeweide-Votivfigur ist »verschwunden«, um in so bescheidenen Ausmaßen »wiederzukehren«, daß die organische Obszönität ihrer Form leicht unbemerkt bleibt und sie sich selbst unter einem Weihnachtsbaum, zwischen dem Josef und der Maria einer Krippenszene ausstellen läßt. Claude Lévi-Strauss' anregende Ausführungen über die Miniatur[10] verdienten vielleicht eine metapsychologische Ergänzung über die Möglichkeiten, die der verkleinerte Maßstab bietet, um eine Form selbst in der Vergessenheit, der Verleugnung oder der *Verdrängung* ihrer Genealogie und ihrer unbehaglichen Präsentation physisch, symbolisch und sozial *fortbestehen zu lassen*.

Um diesem Vergessen eine minimale semantische oder ikonographische Kohärenz zu verleihen, bedurfte es zudem einer weiteren Verschiebung, nicht des Maßstabs, sondern der Referenz. Die etruskischen Votivfiguren stellen menschliche Eingeweide dar. In diesen Terrakotten haben Menschen eine Form für ihre eigenen körperlichen Leiden modelliert, denn das Votivbild bezieht sich definitionsgemäß auf den Ort der gewünschten Heilung: Die Form – so paradox, amorph, obszön sie auch sein mag – wurde hergestellt, um zur Erscheinung zu bringen, wo in jemandes Körper »es weh tut«. Und der Gott, zu dessen Füßen das Bild niedergelegt wurde, wurde gebeten, etwas dagegen zu tun, zu *heilen*. In der christlichen Figur ist dagegen die Heilung sehr moralisiert und sehr metaphorisch geworden: Die Geburt Christi bedeutet die Erlösung der ganzen Menschheit. Somit bleibt von der Eingeweidefigur nur das rein Animalische – ihr fundamentaler Nicht-Sinn, ihre Symptomhaftigkeit, ihre einfache Beschaffenheit des *zur Schau gestellten Körpers*. Es ist nur folgerichtig, wenn nun Erzeugnisse der Metzgerei – Würste, Schinken, Bratenscheiben, Schmalztöpfchen – den Kontext bilden, in dem die kleine Figur heute in Erscheinung tritt und zur Schau gestellt wird. Mit einemmal wird mir klar, daß ein wirklich ernsthafter Kunsthistoriker angesichts dieses Problems eine Felduntersuchung über den »Ausstellungswert« der Fleischstücke in den Theken der italienischen Metzgereien in Angriff nehmen müßte, um die Beständigkeit der handwerklichen Formen von den Etruskern bis in die heutige Zeit zu erschließen.

Letztere Hypothese – hier muß meine zweite Ideenassoziation eingesetzt haben – erscheint mir wie ein Stachel in der Wunde, nämlich in einem typischen Alptraum der traditionellen Kunstgeschichte. Ich meine den Alptraum vom grundlegenden, essentiellen *Anteil der visuellen Formen am Ekel*. Wenn man von einer »Wirksamkeit des Visuellen« sprechen kann – so wie Lévi-Strauss von der »Wirksamkeit der Symbole« im allgemeinen sprach[11] –, dann müssen wir beginnen, nicht nur das visuell Attraktive, sondern auch das Abstoßende zu untersuchen, nicht nur die Bilder, die anlocken sollen, sondern auch die, die fernhalten sollen. Die Frage des Formlosen oder des »Abjekten« ist nichts exklusiv »Zeitgenössisches«, wie manche Kunstkritiker naiv glauben, die sie bei einigen heutigen Künstlern entdeckt haben. Schon Bataille hatte erkannt, daß es sich um eine essentiell anthropologische Frage handelt – so in seinen Anmerkungen[12] zu dem brillanten Aufsatz Aurel Kolnais über die Phänomenologie des Ekels.[13]

Bei der Lektüre von Kolnais Aufsatz gewinnt man den Eindruck, daß das Problem des Ekels für die Frage der *Kunst,* die Frage der Ästhetik dieselbe Rolle spielt wie das Problem der Angst – nach Heidegger und nach Binswanger – für die Frage des *Seins,* die ontologische Frage überhaupt: nämlich die einer »Grundbefindlichkeit«, einer »ausgezeichneten Erschlossenheit des Daseins«.[14] Nicht zufällig widmete Kolnai ein eigenes Kapitel seines Aufsatzes dem Vergleich von Angst und Ekel.[15] Und in seinen phänomenologischen und psychoanalytischen Analysen finden sich zahllose Formulierungen, die, wie ich glaube, auch als Beschreibungen der kleinen Eingeweidefigur vom *Mercato di figurine* gelesen werden könnten: »ein abstrakter, irgendwie demonstrativer Lebenstanz ohne Lebenswärme«, das »ungeordnete Zutageliegen von Lebenserscheinungen« ...[16] Besteht die Wiederkehr der Form hier nicht darin, daß sie uns erlaubt, das Bild unserer eigenen Eingeweide in den

Händen zu halten und dabei den Ekel – und die körperliche Verletzung – zu vergessen, den diese Berührung bei der etruskischen Votivfigur explizit und ursprünglich zugrunde legte?

Noch eine letzte Assoziation geht mir durch den Kopf: der Gedanke an Frazer, an die monumentale Verflechtung ethnographischer Fakten in seinem Werk *Der goldene Zweig*.[17] Ich erinnere mich an die Begründung seiner Methode, die er seinem Unternehmen voranstellte: Es habe sich ursprünglich darum gehandelt, eine sehr eingeschränkte, streng lokal begrenzte Besonderheit zu verstehen – die »merkwürdige Regelung der Nachfolge in das Priesteramt beim Dianatempel in Aricia«.[18] Doch um diese eine Besonderheit zu verstehen, das heißt, um die Beziehungen, in denen sie sich konstituierte, ans Licht zu bringen, bedurfte es der unermüdlichen Arbeit von fünfundzwanzig Jahren, an deren Ende ein viertausendseitiges Werk stand. Um nur eine Einzelheit zu erklären, mußte die Substanz aller Fakten dieser Welt aufgeboten werden. Kurz: Um das *Symptom* zu interpretieren, mußte die gesamte *Struktur* dargelegt werden.

So stelle ich mir vor, daß ich, wenn ich ernsthaft die Wege ausfindig machen wollte, die von der etruskischen Votivfigur zu der christlichen Krippenfigur führen, *alle anderen Formen* heranziehen müßte, die gesamte Geschichte der Formen: Es bedürfte eines *Goldenen Zweigs* der organischen Formen. Und ich sage mir auch, daß vermutlich *jede Form* – jedes Spielzeug, jede Süßigkeit auf dem Jahrmarkt der Piazza Navona – virtuell über dieses Potential des Anachronismus, der Genealogie, der wiederkehrenden Erinnerung verfügt. Um es zu erkennen, braucht man nur die Augen ein wenig zu öffnen.

(1996–1997)

1 Friedrich Schiller, *Über die ästhetische Erziehung des Menschen* (1795), Stuttgart 1965, S. 61–63.
2 Vgl. Aby Warburg, »Bildniskunst und florentinisches Bürgertum. Domenico Ghirlandajo in Santa Trinitá. Die Bildnisse des Lorenzo de' Medici und seiner Angehörigen« (1902), in: ders., *Ausgewählte Schriften und Würdigungen*, hrsg. von Dieter Wuttke, Baden-Baden 1980, S. 73–74 u. 89–92; Georges Didi-Huberman, »Ressemblance mythifiée et ressemblance oubliée chez Vasari: la légende du portrait ›sur le vif‹«, in: *Mélanges de l'École française de Rome – Italie et Méditerranée*, 106 (1994), Nr. 2, S. 405–432.
3 Vgl. Aby Warburg, »Bildniskunst und florentinisches Bürgertum«, S. 73.
4 Ebd., S. 71, 87.
5 Ebd., S. 73, 83–85.
6 Vgl. Ernst H. Gombrich, »The Ambivalence of the Classical Tradition. The Cultural Psychology of Aby Warburg« (1966), in: *Tributes. Interpreters of Our Cultural Tradition*, Ithaca 1984, S.117–137; ders., *Aby Warburg. Eine intellektuelle Biographie*, Hamburg 1992, wo jedoch das Konzept des »Nachlebens« nicht in seiner ganzen methodologischen Zentralität und Komplexität ausgeschöpft wird.
7 Julius von Schlosser, *Tote Blicke. Geschichte der Porträtbildnerei in Wachs* (1911), Berlin 1993, S. 10.
8 Vgl. insbesondere Mario Tabanelli, *Gli ex voto poliviscerali etruschi e romani. Storia, ritrovamenti, interpretazioni*, Florenz 1962; Pierre Decouflé, *La notion d'ex-voto anatomique chez les Étrusco-Romains. Analyse et synthèse*, Brüssel 1964.
9 Vgl. Charles Baudelaire, »Die Moral des Spielzeugs« (1853), in: ders., *Sämtliche Werke/Briefe*, hrsg. von Friedhelm Kemp und Claude Pichois, Bd. 2, München 1983, S. 194–204; Walter Benjamin, *Das Passagen-Werk. Gesammelte Schriften*, Bd. V, Frankfurt a. M. 1982, S. 83–109, 847–851, etc.; Siegfried Kracauer, »Das Ornament der Masse« (1927), in: ders., *Das Ornament der Masse*, Frankfurt a. M. 1963, S. 50–63.
10 Vgl. Claude Lévi-Strauss, *Das wilde Denken*, Frankfurt a. M. 1968, S. 36–39.
11 Ders., *Strukturale Anthropologie*, Frankfurt a. M. 1967, S. 204–225.
12 Georges Bataille, Anmerkungen zu »L'abjection et les formes misérables«, in: ders., *Œuvres complètes*, Bd. 2, Paris 1970, S. 438–439.
13 Aurel Kolnai, »Der Ekel«, in: *Jahrbuch für Philosophie und phänomenologische Forschung* 10 (1929), S. 515–569.
14 Martin Heidegger, *Sein und Zeit*, Tübingen [12]1972, S. 184–191; Ludwig Binswanger, »Traum und Existenz«, in: ders., *Ausgewählte Vorträge und Aufsätze I*, Bern 1947, S. 74–97.
15 Aurel Kolnai, »Der Ekel«, S. 520–531.
16 Ebd., S. 540 u. 544: »Allgemein gültig ist der Ekel gegen das – wahrnehmbar gewordene – Innere des Leibes, das Blut mitinbegriffen. Darin aber mischt sich Grausen, Angst, Bewegtheit usw. Die Beziehung des ›geöffneten‹ Körperinneren – wie überhaupt jeder auffallenden Hüllenlosigkeit – zu Verwesung, Fäulnis, ungeordnetem ›Zutageliegen‹ von Lebenserscheinungen, Lebens-›Gewirre‹, bedarf keiner besonderen Erläuterung.«
17 James George Frazer, *Der goldene Zweig. Eine Studie über Magie und Religion* (1890–1915), Frankfurt a. M. 1977.
18 Ebd., Bd. 1, S. XXV.

II
ERSCHEINEN

6

DER ERFINDER DES WORTES
»PHOTOGRAPHIEREN«

Der Erfinder des Wortes »photographieren« lebte in einer unerträglichen Hitze an einem Berghang des Sinai. Er sprach griechisch – so vermutet man jedenfalls, denn nie ist es jemandem gelungen, ihm auch nur die mindesten Worte aus seinem Mund zu entlocken. Man möchte meinen, daß die drückende Hitze des Lichts in dieser Berggegend – an einem Ort namens Batos, angeblich genau dort, wo der brennende Dornbusch gestanden hatte –, man möchte meinen, daß die glühende und heilige Luft dieses Ortes ihn zu seinem absoluten Schweigen zwang.

Er lebte zurückgezogen in der Einsamkeit. Doch er war keiner jener großen Gelehrten der Wüste, die uns mit Tausenden von tiefgründigen Wahrheiten und Maßregeln überschüttet haben. Er suchte keine Moral und keine Erkenntnis. Er begnügte sich damit, nur *zu sein* – in dem unmenschlichen Licht zu sein. Oft hockte er sich an einen Dornstrauch, befeuchtete dessen Zweige mit seinem Speichel und verbrachte den ganzen Tag damit, sie zusammenzuflechten, wobei er beständig einen unverständlichen Satz murmelte. Er versuchte, sich mit der unendlichen Wiederholung derselben Wörter zu *inspirieren,* was seinem ganzen Körper einen merkwürdigen, fast bedrückend anzusehenden Rhythmus gab. Vielleicht stellte er sich vor, daß er mit der glühenden Luft auch die Substanz dessen einsog, was er murmelte. Vielleicht stellte er sich vor, daß er das Licht des Ortes aß. Er haßte den Moment beim Atmen, in dem man die Luft ausstößt, denn dies gab ihm das Gefühl, sich zu zerstreuen, zu zerfallen, seine Besinnung und seine große Liebe zur Luft zu verschleudern. Er sehnte sich danach, wie sollte es anders sein, in die Sonne zu schauen. Manchmal jedoch legte er, um die Inspiration zu befördern, sein Kinn auf die Brust, und sein Blick verharrte lange Zeit – ganze Tage lang – auf seinem eigenen Nabel. Ein gewisser Barlaam von Kalabrien, ein boshafter wiewohl gelehrter Mann, verbreitete im Abendland den Spottnamen »Omphalopsychos«, darauf anspielend, daß er »seine Seele in seinen Nabel versenken« wolle.

Sein wirklicher Name war Philotheos der Sinait oder Philotheos von Batos. Er lebte irgendwann zwischen dem 9. und dem 12. Jahrhundert unserer Zeitrechnung, wann genau, ist nicht bekannt. Die Wissenschaftler beklagen, daß keine Begebenheiten aus seinem Leben überliefert sind, doch dies zeigt nur, wie schlecht sie ihn verstehen, ihn, der ohne eine eigene Geschichte leben wollte, ohne Ereignisse und Begebenheiten, außer nur der Entfaltung seines Körpers im Licht des Berges Horeb. Dennoch findet man die Spur seiner Worte – seiner vielleicht nie gesprochenen, doch einmal von ihm aufgeschriebenen und später von anderen hundertfach abgeschriebenen Worte – selbst in den Nebeln von Venedig, wo dreiunddreißig handgeschriebene Folioblätter verborgen über den grünen Wassern ruhen.[1] Die ältesten Kompilationen, in die seine wichtigste Schrift, die *Kapitel über die Nüchternheit* oder *Kapitel über das Wachen,* Eingang gefunden hat, durchqueren Zeit und Raum (man findet sie bis ins hinterste Rußland) unter dem Namen der *Philokalie,* der »Liebe zur Schönheit«. Philotheos – »der Gott Liebende« – nimmt dort einen bescheidenen Platz ein, denn die vierzig Kapitel (eigentlich nur Absätze) seiner Schrift umfassen nur wenige Seiten, inmitten einer Vielzahl fremder Namen, Namen von Männern, die uns ebenso fremd sind wie er: Evagrios, Cassianus, Hesychios, Nilus, Diadochos, Johannes von Karpathos, Theodoros von Edessa, Maximus Confessor, Thalassios, Johannes Damascenus, Philemon, Theognostos, Elias Ekdikos, Theophanes von der Himmelsleiter, Petrus Damascenus, Makarios, Symeon der Neue Theologe, Niketas Stethatos, Theoleptos von Philadelphia, Nikephoros der Hesychast, Gregor der Sinait, Gregor Palamas, Kallistos II., Ignatius Xanthopulus, Kallistos Kataphygiotes, Symeon von Thessalonike, Markus von Ephesus, Maximus der Kavsokalybit ...

*

Der Erfinder des Wortes »photographieren« war eines Tages, irgendwo in Konstantinopel, Damaskus oder Alexandrien, in ein großes Becken aus rotem Marmor getaucht und war aus diesem Taufbad mit einem neuen Namen entstiegen, seinem wahren, bescheidenen Namen »Philotheos«, und mit der immerwährenden Gewißheit, daß ihm im Wasser *offenbart* worden war, was er selbst in seinem innersten Wesen sei. Es nennt es in seinen Schriften *to kat'eikona,* das heißt: nach dem Bilde sein ... So schien seine ganze Existenz von dem höchsten Wunsch geleitet, sich selbst in ein Bild zu verwandeln. Doch dies war nicht die einzige Eigentümlichkeit dieses Mannes. Eigentümlich war auch der Weg, den er wählte, um seine langsame Verwandlung zu vollziehen: in der ockerfarbenen Wüste am Hang des Horeb vollendete er unablässig das reinigende Taufbad durch ein Bad im Feuer, wiederholte er die Atemlosigkeit während des einstigen Untertauchens im kalten Wasser durch die glühenden Exzesse seines Atems. Er versuchte von nun an, seine Augen in der gleißenden Flut des Sonnenlichts zu ertränken. Stellte sich vor, ein Bild zu werden, indem er sich dem Licht aussetzte. Der einzige Weg, so dachte er, um zu sehen und selbst gesehen zu werden von dem, was er »Gott« nannte.

Daher verzichtete er für sein ganzes Leben auf jede sinnliche Flüssigkeit, jeden Wasserguß, als wolle er sich die Erinnerung an jenes Taufbad, in dem er neu geboren war, absolut rein, unverfälscht und einzigartig bewahren. Nie mehr wollte er trinken, nachdem er den Rausch dieses einzigen Eintauchens erlebt hatte. Ein Wort, das in seinen wenigen Schriften immer wieder vorkommt, ist das Wort *nepsis,* das die Nüchternheit bezeichnet, oder mehr noch, eine Art absolutes Fasten, ein Fasten des Körpers und der Seele. Sein Ziel war eine vollkommene *Wachsamkeit:* das reine, stets geöffnete Auge. Alles andere nach und nach abgeschieden, abgeworfen, abgestreift wie tote Haut. Im dritten *Kapitel über die Nüchternheit* mahnt Philotheos der Sinait seinen Leser – aber an wen richtet er sich, er, der bei seinem Tod seine Pergamente vom Sand bedeckt hinterließ? –, mahnt er uns, »auf jede übermäßige Speise zu verzichten und uns im Essen und Trinken so weit wie möglich einzuschränken«.²

Selbst ernährte er sich nur von bestimmten harten Krumen, deren Form an Tränen erinnert und die das Licht zu brechen vermögen – die hartgewordenen Tropfen eines Baumharzes. Sie sind von derselben Farbe und Transparenz wie Bernstein; im Mund zerschmelzen sie nicht, sondern zerbröckeln, und man muß sie lange und geduldig kauen und dann aus den Brocken einen zähen Teig formen, der noch lange einen bitteren Saft ausdünstet. Die lateinischen Autoren nennen sie *gutta,* nach den Tränen der Gottesmutter über dem Grab ihres Sohnes und den Salben, die für seinen Leichnam bereitet worden waren. Dieses *gutta* wurde auch in den Synagogen und den alten Basiliken des Orient als Weihrauch verbrannt. Hatte Philotheos ein Gelübde getan, nur noch das zu essen, was man verbrannte? Vielleicht aß er dennoch manchmal ein oder zwei rohe Zwiebeln, die ihm von Zeit zu Zeit ein alter ägyptischer Karawanenführer brachte, der sich gewiß war, etwas daraus zu lernen, wenn er ihm zusah, wie er langsam eine Haut nach der anderen abschälte, bis nichts mehr übrig blieb, und dabei stumm weinte, ein Lächeln auf den Lippen und sein Gesicht dem Berghang zugewandt, bis seine Tränen trockneten.

*

Der Erfinder des Wortes »photographieren« wünschte also, sich in ein Bild zu verwandeln, ein durchscheinendes Bild. Er hätte am liebsten nie getrunken und nie ein Auge geschlossen. Im Grunde wartete er darauf, »seinen Leib zu verlassen«, wie er selbst schrieb. Das reine Auge, das »immer offene Auge«, die Enthaltsamkeit und »das kluge Schweigen der Lippen«[3] – dies alles bedeutete für ihn einen großen Akt der *Mneme,* der Erinnerung, dessen Faden sich spannte zwischen dem Wasser seiner Geburt (in dem seine Lider sich im Untertauchen für einen Moment geschlossen hatten) und dem Licht seines Todes, an den er, wie er schreibt, eine Erinnerung erlangen möchte (und in dem er nie mehr vor der brennenden Sonne die Augen verschließen würde). Philotheos der Sinait verfluchte das Vergessen, so wie man den Teufel verflucht; tatsächlich hielt er das Vergessen für eine Machenschaft des Satans. Es wäre ein großer Irrtum, wollte man in seinen *Kapiteln über die Nüchternheit* eine Literatur des Seelenfriedens suchen. Im Gegenteil, alles zeugt dort vom erbarmungslosen Kampf der Erinnerung gegen das »verfluchte Vergessen«:

> »In unserm Innern spielt sich ein Kampf ab, der grimmiger tobt als jeder sichtbare Krieg. [...] Es gibt einen geheimen Krieg, in dem die bösen Geister mittels der Gedanken gegen die Seele kämpfen. Da die Seele unstofflich ist, greifen die Mächte des Bösen gemäß ihrer eigenen Natur auf unstoffliche Weise an. Man gewahrt Waffen und Heerhaufen, die sich gegenüberstehen, Hinterhalte und furchtbare Scharmützel, Gefechte entbrennen [...].«[4]

Die in diesem phantastischen Getümmel ins Gefecht ziehen, sind Bilder. Bilder gegen Bilder! Bilder der Erinnerung gegen Bilder des Vergessens: die einen unablässig bemüht, die anderen zu verjagen, und jene umgekehrt, die ersten in Versuchung zu führen. So stellte Philotheos sich das ganze Leben des Körpers und des Geistes vor. Auf der einen Seite stehen die *Schattenbilder,* wie er sie nennt, die über immense Macht verfügen, deren »Verkettung« – im doppelten Sinn des Wortes, die Ketten der aneinandergereihten Bilder ebenso wie die Ketten der Gefangenschaft – uns bedroht und deren Konsequenzen pervers und satanisch sind:

»Es beginnt mit einer Einflüsterung, geht weiter mit der Bindung, der Zustimmung, der Gefangenschaft und endet mit der Leidenschaft, charakterisiert durch die fortgesetzte Gewohnheit. Und schon hat die Lüge ihren Sieg davongetragen.«[5]

Philotheos träumte auch davon, die Träume zu töten. Er träumte in seinem Herzen, ein »Bilderjäger« sein – keiner, der imaginäre Trophäen sucht, um sie heimzutragen, sondern ein Zerstörer der Bilder, bei dem, wie er schreibt, »erfühlter Zorn und wohltuende Bitterkeit fähig ist, den Bann der Gedanken, die Vielfalt der Einflüsterungen, Worte, Träume der finsteren Vorstellungen, kurz alle Waffen und jede Taktik, welche der Urheber des Todes [d.h. der Teufel] schamlos zum Schaden unserer Seele ins Werk setzt, in jedem Augenblick gänzlich zu vernichten.«[6]

Er, der sich Stück um Stück der Erfindung des Wortes »photographieren« annäherte, haßte also die Bilder, die aus dem Schatten und dem Bann der Nacht hervorgingen. Wo in seinen Schriften das Wort »Wahrheit« vorkommt, ist das Wort »Sonne« zumeist nicht weit, steht es kurz zuvor oder folgt bald danach. Philotheos erlebte auf seinem Berghang den höchsten Genuß im Zenit der Sonne, in jenem Moment ohne Schatten, in dem alle Träume zerschmelzen und verdampfen vor dem leeren, nackten Bild – *phôs,* das unermeßliche, formlose Licht.

*

Eines Tages – vielleicht eines glühend heißen Mittags, an dem er auf seinem Berghang zu lange in die Sonne geschaut hatte – erfand er das Wort »photographieren«. Er spürte seinen Körper und das Innere seines Körpers, als wäre es ein Tropfen blutroten Wachses, in den sich ein Siegel eindrückte. Dort in mir, dachte er, schreibt Gott durch das Licht sich ein, *phôteinographeistai,* »photographiert« sich.[7] Und es ist dort, dachte er zugleich, daß *ich ihn sehe.* Und er öffnete seine Augen so weit, daß er sich vorstellte, alle Schleier für immer durchbrochen zu haben – die Augenlider, die Schleier der Sinne, die Trugspiegelungen, die Nacht selbst. In diesem Moment schien ihm unter der Gewalt des Lichts Rauch aus seinem Körper auszuströmen, weil er von diesem Licht »photographiert« war, das Siegel des Lichts sich in seinem tiefsten Inneren eingedrückt hatte, und *er selbst das Licht wurde,* das er von Angesicht zu Angesicht geschaut hatte.

All das folgt einem sehr alten Glauben, der lehrt, daß nur das Gleichartige ein Gleichartiges wirklich sieht, wirklich liebt und erkennt. Du weißt das Licht nicht zu sehen, weil du selbst nicht aus Licht bist. Aber wenn eines Tages das Licht dich im Innersten trifft, dich »photographiert«, so daß du es sehen kannst, dann wisse, daß du selbst das Element und der Gegenstand deines Blicks geworden bist, wisse, daß du das Licht geworden bist, in das du schaust.

Die Erfindung des Wortes »photographieren« bezog sich, wie wir sehen, keineswegs auf die Idee der Herstellung irgendwelcher sichtbarer Gegenstände, sondern auf das Verlangen nach einer einzigartigen und nicht reproduzierbaren Erfahrung. Es war die Anrufung einer Askese des Sehens, in der endlich die paradoxe Äquivalenz von Sehen und Gesehen-Werden, das Verströmen des sehenden Wesens im Moment des Sehens und die wechselseitige Verkörperung des Lichts im Auge und des Auges im Licht erwachsen konnten. Die Erfindung des Wortes »photographieren« entsprach der paradoxen Forderung eines Denkens, dem die Wörter »Künstler« und »Phantasie« das absolute Böse bedeuteten. Um es nochmals zu sagen: die so verstandene Erfahrung der »Photographie« zielte einzig darauf, »die Bilder zu verjagen«, wie Philotheos es ausdrückte. Die Bilder zu verjagen, das heißt durch Entsagung, *katharsis,* zur Grundvoraussetzung aller Bilder, der schlechten wie der weniger schlechten, zu gelangen. Diese Grundvoraussetzung ist aber zugleich auch ihre Negation: es ist das Licht, das »formlose, gestaltlose« *(amorphos, aschèmatistos)* Licht, das Licht, das uns nur leuchtende Glut ist, das uns blendet, vor dem wir gewöhnlich unser Gesicht verhüllen, wie Moses es vor dem brennenden Dornbusch getan haben mag ... Kurz, ein Licht, bei dessen Anblick *zu sehen* gleichbedeutend ist mit *nichts mehr zu sehen*. So könnte es letztlich sein, daß der alte Mönch das Wort »photographieren« in dem Moment erfand, als er vermeinte, unter den Strahlen der Mittagssonne zu erblinden.

Die Erfindung des Wortes »photographieren« war also die Tat eines Mannes, der seine Billigung einzig dem blendenden Licht eines heiligen Berges vorbehielt. Das Wort, das er erfand, bezeichnete weder ein Aktiv noch ein Passiv, sondern versuchte, eine reine Erfahrung ohne herrschendes Subjekt noch unterworfenes Objekt auszudrücken. Ein Wort für eine Erfahrung, in der sehen gleichbedeutend war mit sich sehnen, kämpfen, essen und gegessen werden, genießen und leiden – denn all dies nannte Philotheos in Zeilen, die schließlich das Schweigen einfordern:

> »Es läßt sich mit einem Lichte vergleichen, das plötzlich hell aufleuchtet, sowie man den dichten, bergenden Vorhang weggezogen hat. Man übe sich weiterhin beharrlich in dieser aufmerksamen und unaufhörlichen Nüchternheit, dann zeigt das Gewissen von neuem, was man vergessen hat, was ihm entgangen ist. Gleichzeitig lehrt es zum Nutzen der Nüchternheit den Kampf des Geistes gegen den Feind und die geistigen Kämpfe. Es lehrt uns, in diesem eigenartigen Kampfe die Wurfspieße zu schleudern, durch ein genaues Zielen die Gedanken voll zu treffen, während wir gleichzeitig unseren Geist vor Treffern schützen und uns aus dem verderblichen Schatten ins ersehnte Licht flüchten ... Wer dieses Licht gekostet hat, versteht mich. Dieses einmal gekostete Licht foltert von nun an die Seele in immer stärkerem Maße mit einem eigentlichen Hunger: die Seele ißt, ohne jemals satt zu werden; je mehr sie ißt, um so größer wird ihr Hunger. Dieses Licht, das den Geist anzieht wie die Sonne das Auge, dieses Licht, das in seinem Wesen unerklärlich ist und sich dennoch erklärt, nicht durch Worte, sondern durch die Erfahrung dessen, der es kostet oder der, besser gesagt, durch das Licht verwundet wird – dieses Licht auferlegt mir Schweigen ...«[8]

Wir wissen heute nicht mehr, an welchem Berghang des Sinai Philotheos von Batos mit weitgeöffneten Augen in die Sonne blickte und das Wort »photographieren« erdachte. Wir kennen den unbegreiflichen Namen nicht, der seinen begierigen Blick und seinen Atem skandierte. Wir wissen nur, daß das Wort »photographieren« dort erschienen war, auf seiner Zunge, als eine Forderung nicht nach dem Vergnügen der Bilder und der Formen der Realität, sondern nach dem unendlichen höchsten Genuß eines *formlosen Bildes:* jener reinen taktilen Intensität des Lichts, das sich über unser dargebotenes Gesicht ergießt – unser Gesicht, das *von ihm gesehen wird* wie von einer Mutter, die uns gebärt.

(1990)

1   Es handelt sich um das Manuskript *Marcianus gr.* C.I.II/LXXIII, 439, aus dem 14. Jahrhundert (früher *Nanianus* 95), Folio 93r°–125r°, das vier seiner Schriften enthält. Die anderen bekannten Manuskripte – von anderen Kopisten, aus anderen Jahrhunderten – befinden sich in Madrid (*Matritensis gr.* 14), auf dem Berg Athos (*Iviron* 713), in Jerusalem (Bibliothek des Patriarchats, *gr.* 171), in Moskau (Synodalbibliothek, *gr.* 30), in Mailand (*Ambrosianus* I, 9, *gr.* 432), in Oxford (*Cromwell* 111, n. 25–26), in Paris (Nationalbibliothek, *gr.* 1091), im Vatikan (*gr.* 658) und in Wien (Nationalbibliothek, *gr.* 156). Die Ironie des Schicksals wollte, daß die Ausgabe von Philotheos' Schriften im 162. Band von Mignes *Patrologia graeca* durch ein Feuer vollständig zerstört wurde.
2   *Kleine Philokalie zum Gebet des Herzens,* hrsg. von Jean Gouillard, Zürich 1957, X, 3, S. 115.
3   Ebd., X, 6 u. 25, S. 116, 119.
4   Ebd., X, 1 u. 7, S. 115f.
5   Ebd., X, 34, S. 121.
6   Ebd., X, 22, S. 118.
7   Ebd., X, 23, S. 118. Auf Philotheos' »Erfindung« wies bereits J. Lemaître hin im Artikel »La contemplation chez les Orientaux chrétiens«, in: *Dictionnaire de spiritualité,* Bd. II-2, Paris 1953, Sp. 1854.
8   Ebd., X, 24, S. 118f.

7
»SUPERSTITION«

> »Auf den eingeäscherten Gestirnen, der Gemeinschaft seiner Ahnen, lag die beklagenswerte Gestalt, gebettet, nachdem sie den Tropfen des Nichts getrunken hatte, den kein Meer birgt.«
>
> Stéphane Mallarmé, *Igitur*, V

Schwebender Staub

Der Staub zeigt uns, daß es das Licht gibt. Der Strahl, der aus der Höhe einer Kuppel auf den Boden fällt, scheint uns die ideale, von keinen sichtbaren Gegenständen beschwerte Existenz eines reinen Lichts zu zeigen, zwischen einem Ätherwind und der unendlichen Fluidität winziger Partikel. Natürlich ist dies eine Fiktion, denn der Gegenstand ist sehr wohl vorhanden: es ist der Staub selbst. Doch es ist eine greifbare Fiktion, oder beinahe, nicht wirklich faßbar, aber ihrem Wesen nach taktil.

Der Staub zeigt uns vor allem, daß es einen tieferen Zusammenhang zwischen dem Licht und dem Zustand des Schwebens oder In-der-Luft-Hängens gibt. Der Schwebezustand scheint gleichsam die Substanz dieses Lichts zu sein. Hängen und Schweben – *suspension* und *suspens* –, diese beiden Wörter verweisen auf ein drittes aus demselben Bereich der subtilen Dinge, die in der Luft sind, ohne festen Halt, über uns oder um uns herum: nämlich das Wort »Superstition«, das in seinem ursprünglichen Sinn bedeutet, über oder auf etwas zu stehen.

Was uns beunruhigt oder bedroht, hat nicht immer die Form eines Schwerts, das über unseren Köpfen hängt; es kann ebensogut, ja mehr noch in dem Staub sein, der über uns und um uns tanzt, der schwebende Staub, den ein Lichtstrahl plötzlich sichtbar macht, der Staub, den wir sogar einatmen. Doch in der Schwebe sein bedeutet auch eine Ungewißheit, eine Drohung. Der Staub lädt uns ein, uns eine Art Prophezeiung vorzustellen, die weder ausgesprochen noch wirklich sichtbar ist, aufgelöst in winzige Partikel, die stumm durch die Luft tanzen wie zufällig verstreute Pünktchen: Punkte der Zukunft. So beginne ich unwillkürlich, wenn ein Bild, das ich in den Händen habe, mir seine geheime Komplizität mit dem Staub enthüllt, in ihm diffuse Gespinste zu erträumen.

Aureole des Schattens

Es gibt eine Fotografie von Victor Regnault (Abb. 8), die sich auf den ersten Blick nicht bemerkenswert von der wunderbaren und banalen Serie unterscheidet, der sie angehört: Familienbilder, private Porträts der Frauen und Kinder der Hausgemeinschaft. Manchmal – manchmal auch nicht, wie hier – haben sie sich für das Foto dezent geschmückt oder verkleidet. Manchmal lesen sie. Manchmal langweilen sie sich. Diese Aufnahmen wurden um die Mitte des 19. Jahrhunderts gemacht, von einem aufgeklärten Amateur, einem gebildeten Physiker, der die fotografischen Verfahren, welche er benutzte, zum Teil selbst erfunden hatte.

Zwei Frauen haben für dieses Bild posiert. Haben gewartet, bis der Meister seine Apparate aufgestellt hatte. Haben gewartet, bis ein sensibilisiertes, noch feuchtes Blatt Papier zwischen zwei Glasscheiben behutsam in das Gehäuse der Kamera eingeschoben war. Vielleicht haben sie auch das unvermeidliche Wort der unmittelbar bevorstehenden Aufnahme gehört: *Achtung!*, dieses Wort, das die Anspannung der Körper nur noch steigern konnte, in der Erwartung eines zwangsläufig dunklen, unvorhersehbaren Effekts ihrer Pose oder Haltung. Dieses *Achtung!*, das zugleich auch ein Wort der Warnung, ein Wort der Drohung ist. Halt!, keine Bewegung. Die Aufnahme dauerte einige Sekunden.[1] Die Pose war, sie ist daher

Abb. 8: Victor Regnault, *Ohne Titel*, um 1850. Kalotypie (moderner Abzug). Paris, Société française de photographie.

verhalten, innegehalten, in sich gekehrt. Das Gesicht, zum Warten verpflichtet, ermüdet bereits von diesem langsamen Bild, das man von ihm nimmt, das man aus ihm destilliert.

Denn das Bild ist noch latent. Auf dem Papier – ein gewachstes, *transluzides* Papier, wie man so treffend sagte – zeigt sich noch nichts. Das Bild ist noch latent und negativ. Victor Regnault ließ das noch scheinbar leere Papier vielleicht einen ganzen Tag im Pyrogallussäurebad schwimmen: »Ich überlasse meine Negative sich selbst«, schrieb er.[2] Und das Bild kam nach und nach, zunächst noch im Negativ, in Erscheinung. Doch die Gesichter selbst waren während dieser Zeit bereits gealtert.

Es ist kein zeitgenössischer Abzug von diesem Negativ und dieser Latenz bekannt. Das entwickelte transluzide Papier blieb in der Verborgenheit einer häuslichen Schublade. Unbeschriftet, ohne jeden Hinweis, der uns gestatten würde, diesen beiden Frauen einen Namen zu geben. Denn die Vertrautheit hatte es nicht nötig, ihn aufzuzeichnen. Er war in der privaten Sphäre immer schon da, sozusagen inwendig: jeder trug ihn. Victor Regnault hat dieses Foto wahrscheinlich nie einem anderen Menschen gezeigt. Heute, da wir das Positivbild aus dem transluziden Papier wiederherstellen, nehmen wir das Spiel auf, aus der Serie der Bilder visuelle Bruchstücke dieser privaten Sphäre zu rekonstruieren. So ist die engumgrenzte Welt dieser Fotografien nicht völlig unentzifferbar: Die von einer schwarzen Aureole beschattete Frau, die auf der linken Seite steht, begegnet uns von Porträt zu Porträt wieder als die melancholische Heldin dieses Familienstücks. Die Kinder ähneln ihr. Sie ist Madame Regnault. Aus dem dunklen Kontinent ihrer Kleider taucht sie auf, um dem Bild, wie ihren Kindern, das Geschenk ihrer Ähnlichkeit zu geben.

Aureole des Lichts

Aber das unbestreitbare Eingreifen des Übernatürlichen und der Beginn der Unruhe setzt dann ein, wenn wir in der subtilen Materie des Bildes, in der Körnung der Kalotypie etwas sehen – auf der rechten Seite –, das Licht ist und doch kein Licht. Etwas, das strahlt und doch nichts erhellt. Eine in sich verschlossene Aura, vielleicht eine im Werden begriffene Form, oder wahrscheinlicher eine Form, die im Lichtschein versinkt und *verschwindet*. Etwas wie ein Phantom: ein Dämon der Unähnlichkeit, ein Geschenk der Verhüllung.

Doch »das unbestreitbare Eingreifen des Übernatürlichen« – in den Worten Mallarmés[3] – ist hier nicht mehr als ein Akt des Staubs. Wenn man das entwickelte »transluzide« Papier in die Hand nimmt, bemerkt man, daß Victor Regnault diese Unähnlichkeit aus Graphit hergestellt hat: daß er mit einem Bleistift auf der rechten Seite etwas ausgelöscht, verdeckt hat. Das Papier trägt noch den metallischen, sehr dunklen, schimmernden, weichen Glanz des Kohlenstoffs. Und selbstverständlich ist, was Regnault auf dem Negativ taktil schwärzte, im Positiv zu einem ungreifbaren Licht geworden. Oder vielmehr zu einer weißpulvrigen Aureole. Ein unechtes Licht also, ein »übernatürliches« Licht, insofern es ein künstliches, ein paradoxes Licht ist, und mehr noch: ein auslöschendes Licht. Das nicht nur aus einer »negativen« Prozedur hervorging, sondern auch in seiner visuellen Wirkung etwas negiert, denn seine einzige Aufgabe ist es, etwas oder jemanden dem Blick zu entziehen.

Eine Staubschicht, pulverisierter Graphit, der auf dem Papier verrieben wurde, hat in diesem Bild trotzdem ein *Licht* verbreitet. Durch eine merkwürdige und einfache Umkehrung hat das Werkzeug des Zeichners – der Bleistift – jedes Zeichen, jede erkennbare Form, jeden Anblick zerstört. Durch das merkwürdige und einfache Prinzip des Negativs wurde das Zeicheninstrument zu einem magischen Pulver, das ein Verschwinden – ich möchte sagen: leuchtend – glorifiziert. Regnault hat in seinen Landschaftsaufnahmen einige Male mit Bleistift auf dem Negativ retuschiert, doch immer nur, um einen bestimmten Aspekt diskret zu unterstreichen, hervorzuheben, zu erhellen. Hier hat er, entgegen seinem eigenen Ideal der fotografischen Genauigkeit,[4] sein Bild mit einem negativen und fiktiven Lichtschein gesättigt. Auf diese Weise hat er eine vorhandene Sache oder Person geopfert: ein Akt der Zeit, der Erinnerung, ein, so könnte man sich vorstellen, fataler Akt.

Fatalität

Stellen wir uns vor. Tatsächlich hätten drei Personen für dieses Foto posiert. Eine von ihnen, rechts, ist aus unserem Blick entschwunden, doch in einem gewissen Sinn ist sie immer noch da: sie ist spektralisiert. Sie ist gegenwärtig unter tausend zufällig verstreuten Partikeln eines leuchtenden Staubs, der schwarz auf dem transluziden Papier des Negativs verrieben ist. Nadar, der die Pose als eine Hirnkrankheit definierte und von seinen Modellen – allen voran Nerval, kurz vor dessen Tod – als »Spektren« sprach, der sagte, daß er seine Modelle »belichte«,[5] hätte hierin die wörtliche Befolgung oder vielmehr die Verkörperung aller seiner Metaphern sehen können.

Stellen wir uns vor: Wer mag es gewesen sein, der – oder die – die Bildebene verlassen hat und in dem Licht untertauchte? Betrachten wir die Serie. Überall finden wir dieselben Gesichter der beiden Frauen wieder, doch überall – mit Ausnahme dieser Fotografie – ist auch mindestens ein Kind im Bild. Stellen wir uns also vor, daß unter diesem »spektralen« Schleier ein Kind *fehlt*.

Regnault fotografierte oft seine Kinder. Als wollte er sie »gravieren«, denen er das Leben gegeben hatte. Angeblich machte er eine der ersten nicht-gestellten, privaten Aufnahmen in der Geschichte der Fotografie: ein Kind, das in seiner Wiege schläft, bewegungslos zusammengekrümmt in seinen Windeln liegt. Dann wächst das Kind. Und wir sehen es wachsen, von Fotografie zu Fotografie. Doch je mehr es wächst, um so weniger ist es fotografierbar: ein kleiner heimlicher Teufel, der nicht mehr stillhält, sondern spielt und damit den Ritus der Pose durchkreuzt. So weigert er sich, seinen Platz in der Familie der Bilder einzunehmen. Wenn er sich zu sehr bewegt, löscht er sich selbst aus, wird er zu einem verschwommenen Fleck; unbefangen zerstört er das Ideal des Porträts und der vorgeblichen Exaktheit der fotografischen Kunst. Also rächt sich derjenige, der ihm das Leben gegeben hat; ohne sich der rächenden Bedeutung dieses Aktes bewußt zu sein, schwärzt er die empfindliche Schicht des Negativs. Und er gibt das Nichtsein.

Aber das unbestreitbare Eingreifen der Zeit und der Nachhall der Unruhe kehrten dann wieder, wenn wir sehen, wohin das Schicksal treibt. Von den beiden Söhnen Victor Regnaults – welcher der beiden in diesem Bild ausgelöscht wurde, ist hier ohne Bedeutung – wurde einer verrückt, er wälzte sich gern in der Asche. Und der andere, Henri, den Mallarmé freundschaftlich »Piccolino der Kolorist« nannte,[6] starb 1870 im Staub eines Schlachtfelds, mit dem Gesicht zur Erde und einer Kugel in seiner linken Schläfe. Die Frau des Fotografen, »so gänzlich immateriell, daß sie den strengen Gesetzen nicht unterworfen schien, die über die Männer herrschen«,[7] starb schon 1866, gefolgt von der Schwester, gefolgt von der Mutter. Alle, die für ihn posiert hatten, waren begraben. Und der Fotograf selbst, niedergedrückt, untätig, gelähmt, abergläubisch geworden, starb schließlich im Januar 1878.

Ich stelle mir, die ganze Zeit, die Zukunft des Kindes vor, die sich in die Verzweiflung des Vaters geflüchtet hat. Ich stelle mir einen unaufhörlich unter den Tränen des Unwiederbringlichen verschwimmenden Blick vor. *Er ist da* – in der Erinnerung an das verschwommene, unter dem Graphitstaub erstickte, begrabene Kindergesicht. Die negative Aura hat dem Bild ein Licht gegeben, doch dieses Licht zerstörte die Körper. Es trug die Auslöschung und das Verschwinden in sich. Als die Körper verschwunden waren, blieb das Licht, und ist bis heute geblieben in Gestalt dieses leuchtenden Staubs, der bei seinem lateinischen Namen genannt werden soll, weil er unvordenklich alt ist: *superstes,* »der Überlebende«.

(1987)

1 Vgl. Aimé Civiale, »Note sur la diminution du temps de pose pour le papier ciré«, in: *Bulletin de la Société française de photographie* 5, 1859, S. 211–212.
2 Victor Regnault, »Sur les avantages que présente un développement lent des épreuves négatives, et moyen d'y parvenir«, in: *Bulletin de la Société française de photographie* 1, 1855, S. 95: »Zu empfehlen ist auch der Versuch mit Zitronensäure auf Papier. Man sagt, daß sie nur langsam wirkt – um so besser! Denn ich habe stets festgestellt, zumindest soweit es meine persönliche Erfahrung betrifft, daß es vorteilhafter ist, die Aufnahmen langsam zu entwickeln. Ich überlasse meine Negative sich selbst und lasse sie vierundzwanzig Stunden lang entwickeln, wenn es erforderlich ist.«
3 Stéphane Mallarmé, »Unheimliche Analogie«, in: ders., *Sämtliche Dichtungen*, München 1992, S. 137.
4 Vgl. Victor Regnault, »Observations relatives à l'admission des épreuves retouchées à l'Exposition de la SFP«, in: *Bulletin de la Société française de photographie* 10, 1864, S. 35.
5 Nadar, *Quand j'étais photographe*, Paris 1900, S. 7.
6 Stéphane Mallarmé, »*Scie* improvisée le 18 mai 1862 avec E. des Essarts«, in: ders., *Œuvres complètes*, Paris 1945, S. 1613: »Piccolino le coloriste / Qui pour parfumer nos vingt ans / Pille comme un vieil herboriste / L'opulent écrin du printemps.« [»Piccolino der Kolorist / der, um unsere zwanzig Jahre zu parfümieren / wie ein alter Kräutersammler / die reichen Schätze des Frühlings plündert.«]
7 Henri Regnault, Brief an Stéphane Mallarmé (20. Oktober 1866), in: ders., *Correspondance*, hrsg. von Arthur Duparc, Paris 1872, S. 33.

8

DAS BLUT DER SPITZENKLÖPPLERIN

Die heimliche Faszination, die Erinnerung

(...) Aber was wird man in einem solchen Schauspiel letztlich sehen?[1] – Ich glaube, du stellst nicht die richtige Frage. Man müßte sich anders fragen: Was brächte ein solches Schauspiel dazu, unsere innerste *Fähigkeit zu sehen* zu hinterfragen?

(...) Es wird danach zu fragen sein, was uns an diesen Momenten einer tiefen und geräumigen Einsamkeit fasziniert. Es wird nach der Faszination zu fragen sein, die in der Melancholie liegt, wo die Melancholie nicht dunkel und intensiv, sondern hell und extensiv ist. Hell, weil dieses Stück von der Sonne durchflutet ist. Das Licht erweckt, bündelt und schützt in ihm den Schmerz.

(...) Ich schreibe diese Zeilen zu einem Zeitpunkt, als die Schauspielerin[2] den Raum dieses Schmerzes noch nicht erfunden hat. Daher möchte ich, wenn ich mir Félicité, die »einsamste aller Frauen«[3] vorstelle, mich auf den Dämon der Analogie stützen: das heißt auf *Die Spitzenklöpplerin* von Vermeer, von der, wie mir scheint, die Person des Richard in dem Stück spricht (Abb. 9).[4] Aber letztlich erzähle ich dir nur von Vermeers Spitzenklöpplerin, weil es mir nicht möglich, oder nicht statthaft, scheint, dir von der Schauspielerin zu erzählen.

(...) Sind ihre Augen offen oder geschlossen? Die Darstellung (hier das Gemälde, dort das Theater, anderswo der Traum) zieht ihren Zauber daraus, daß sie dies unentschieden läßt. Ihre Augen sind (hier gemalt, dort theatralisch, anderswo träumerisch) geöffnet *und* geschlossen. Ihr Kopf neigt sich sanft über ein abstraktes Werk –

Abb. 9: Jan Vermeer, *Die Spitzenklöpplerin*, um 1670 (Detail). Öl auf Leinwand. Paris, Musée du Louvre. Fotografie D. R.

einen blauen Fleck. Eine melancholische Neigung; eine melancholische Haltung. Es ist eine Geste wie im Schlaf, der Blick nach innen. Und es ist ein *regungsloser Akt* (doch hier wurde nichts in seiner Bewegung festgehalten, nein, er war von Anbeginn an wesenhaft regungslos), ein leiser, aber aufwühlender Moment der Erinnerung.

(...) Dieses Schauspiel erzählt uns also von paradoxen Zeiträumen. Trägen und sich überstürzenden Zeiträumen. Ein falscher Anschein der Gegenwart. Die Verlaufsform des *Imparfait* aufs engste verflochten mit der Momenthaftigkeit des *Passé simple*. Dies ist tatsächlich schon ein wesentlicher Zug von Flauberts Sprache in »Ein schlichtes Herz«; auf einer einzigen Seite wechselt fünfmal der Zeitaspekt zwischen Wiederholung, Andauer und Einmaligkeit: »Wenn er« (der Papagei Lulu) »die Treppe hinabstieg, stützte er die Krümmung seines Schnabels auf die Stufen«; dann »war er verschwunden«; Félicité »suchte ihn in den Büschen, am Wasser und auf den Dächern«, während ihre Herrin »ihr zurief: Sie sind ja verrückt!«; dann »fiel« Lulu auf Félicités Schulter; und Flaubert schließt: »Sie erholte sich nur schwer davon, oder vielmehr, sie erholte sich nie mehr ... Drei Jahre später war sie taub.«[5] Und obwohl Audureaus Sprache derjenigen Flauberts fast diametral entgegengesetzt ist, bildet die Verflechtung sehr langer und sehr kurzer Zeiträume eine Art Textur, die die gesamte dramatische Bewegung von *Félicité* durchzieht.

(...) Getanes oder die Erinnerung daran: »hier vorwegnehmend, dort zurückblickend, im Futur, in der Vergangenheit, unter einem falschen Anschein von Gegenwart«, wie Mallarmé es von der theatralischen Geste verlangte.[6] Dies ist also der alltägliche Raum unserer Personen. Der Zeitraum eines halben Jahrhunderts in ihren Worten. Nichts geschieht? Ein Faden gesponnen aus Langeweile auf dem Rad der Zeit, Bewegungen zu oft wiederholt, als daß sie nicht zu einer undurchdringlichen Bewegungslosigkeit geronnen. Nichts geschieht, doch etwas *vergeht*: der Hauch, die Aura einer Abwesenheit. Die einstige Gegenwart, Virginie, »Monsieur«, die Erinnerung an sie schwebt über allem. Das heißt, eine Trauer, die immer schon den Alltag durchdrang. Und alles mit ihrem Schleier überzog, und alle Merkwürdigkeiten und alle Ekstasen der Zeit in sich trug.

(...) *Ekstasen der Zeit?* Im Sinne Marcel Prousts: »In einem blitzhaften Augenblick ein wenig Zeit im Reinzustand herauszulösen und festzumachen.«[7] Ich erinnere mich an diesen plötzlichen Augenblick der Trauer in der gebeugten Haltung eines ermüdeten Körpers: »Erschütterung meiner ganzen Person. [...] Kaum aber hatte ich den ersten Knopf meiner Stiefeletten berührt, als die Brust mir von einer unbekannten, göttlichen Gegenwart schwoll, Schluchzen schüttelte mich, und Tränen stürzten mir aus den Augen. [...] Eben hatte ich in meiner Erinnerung das zärtliche, besorgte enttäuschte Gesicht meiner Großmutter gesehen [...]. Und so, in einem wahnsinnigen Verlangen, mich in ihre Arme zu stürzen, erfuhr ich erst jetzt, in diesem Augenblick [...] daß sie tot war.«[8]

(...) Also die geheime zerstörerische Kraft des Alltäglichen. Die endlose Ermüdung des Neutralen.[9] Die tödliche Allmacht der Erinnerung. Und diese Beobachtung, nochmals von Proust: »Jeder gewohnheitsmäßige Blick ist eine Totenbeschwörung und jedes geliebte Gesicht ein Spiegel der Vergangenheit.«[10]

(...) Ein Schauspiel also, das den heimlichen Umschlag der exaltierten Erinnerung in Sehnsucht zeichnet. Der exaltierten Einsamkeit in Liebe. Der exaltierten Trauer in die Sorglosigkeit des kindlichen Entschlusses, jetzt sofort zu spielen. Die Entschlüsse sind in diesem Schauspiel fast immer plötzlich, unmotiviert, unüberlegt – und insofern absolut.

(...) Und das Aufblitzen der Zeit ist ein Aufblitzen des Ortes. Wie? – Das ist ein Geheimnis der Faszination. Doch in diesem Geheimnis entspinnt sich das Spiel von Nähe und Ferne. Schau dir noch einmal die *Spitzenklöpplerin* an. Es ist ein sehr kleines Gemälde. Es erzählt uns etwas von der Nähe. Die träumerische – oder eher noch schlafwandlerische – Geste, der nach innen gekehrte Blick. Ein Stilleben, regungslos, fast leblos. Doch in den winzigen Farbflächen der grünen Tischdecke, wo die Farbe, gerade dort, helle Tröpfchen bildet, *öffnet sich* ein unbestimmter, fließender Moment der *Entfernung*. Unter den Augen der jungen Frau öffnet sich eine Landschaft (und so wie »Félicité« in unseren Ohren in der Unbestimmtheit zwischen dem Vornamen und der Eigenschaft der »Glückseligkeit« schwebt, so bedeutet auch »Vermeer« *die größte Ferne,* denn im Niederländischen bezeichnet »meer« zwar einen See, doch es ist auch ein altes Wort für das Meer) – eine geheime Landschaft ohne Horizont, die sich im Schatten eines Kissens verliert.

(...) »Sich zu nähern heißt, das Spiel der Entfernung zu spielen. Das Spiel zwischen Ferne und Nähe ist das Spiel der Ferne. [...] Es ist die Unbestimmtheit, die Nähe und Ferne einander annähert: Sie beide sind nirgends situiert, nirgends situierbar, sind nie an einem Ort oder in einer Zeit gegeben, sondern sind, jede für sich, ihre eigene Abweichung in Raum und Zeit.«[11]

Die unendliche Ähnlichkeit

(...) Als Kind trank Félicité »bäuchlings auf dem Boden liegend das Wasser der Tümpel.« Wenn sie weinte, glaubte sie vielleicht, etwas Goldenes zu sehen. Jede Fensterscheibe, so stelle ich mir vor, war ihr ein Angelhaken für sinnende Gedanken, in denen der Raum sich heimlich öffnete. Sie »aß bedächtig und pickte mit dem Finger die Krümel ihres Brotes vom Tisch.« Und diese Krümel schienen ihr vielleicht wie ein Sternbild. Am Strand half sie den Kindern, »Gischtflocken zu erhaschen, die der Wind forttrug«. Und die Gischtflocken waren für sie vielleicht wie auseinandergetriebene, hell in den Himmel greifende Flecken des Meers. Ihre gesamte literarische Bildung, schreibt Flaubert, entstammte den Kupferstichen in einem bebilderten Geographiebuch. Aber als sie im Atlas den kaum wahrnehmbaren schwarzen Punkt sah, der Havanna darstellen sollte, suchten ihre erschöpften Augen noch weiter, suchten das Haus in Havanna, in dem Victor wohnte.[12] In Audureaus Text ist das Licht eines Lüsters für sie wie ein apokalyptischer Himmel und der ausgestopfte Körper des Papageis sogar ein ganzes »Zimmer«, ihre »Zerstreuung«, ihre »Jugend« und schließlich ihre »Erinnerung«.[13]

(...) Dies sind, würde ich sagen, gewissermaßen hypnotische Punkte. Das naheste Detail verschlingt das Auge, um sich dann wie ein Himmel zu öffen. Und der Himmel vertieft und verengt sich wie ein Brunnen. Die ganze Welt versammelt in einem kleinen Farbfleck. Ein Sternbild oder ein Kontinent in ein Stückchen seines Gefieders projiziert. Jeder Flug wird ein Sturz. Und jeder Sturz stürzt in den Himmel.

(...) So gleicht dieses Theaterstück in einem gewissen Sinne einem großen und geheimnisvollen System von Vögeln. Reine Ereignisse: das Fliegen, das Stürzen. »Alles Dinge, die dem Maler geläufig sind im Augenblick seiner Ekstase, und die er doch hinter sich lassen muß, um in einem Zug, auf der Fläche seiner Leinwand, die wahre Summe eines kleinen Farbflecks wiederzugeben. Ein Fleck, wie mit einem Siegel geprägt, und ist doch weder Chiffre noch Siegel, da er nicht Zeichen noch Symbol ist, sondern das Ding selbst in seinem Faktum und seinem Fatum – lebendiges Ding jedenfalls, und ergriffen im Lebendigen seines ursprünglichen Gewebes.«[14]

77

(...) Das heißt, ein Raum im Bereich des Phantasmas. Und weil die Melancholie in ihm extensiv und licht ist, ist dieser Raum kein *extensum* (eine bestimmbare, meßbare Größe, eine *Ebene*), sondern ein reines *spatium*, eine implizierte, unbestimmte, aber intensive Tiefe,[15] die jedoch einen Effekt der *Flächigkeit* hervorruft, wie ich sagen möchte, und der Panik: Schwindelanfälle, Stürze. Er läßt sich nicht leicht erklären, denn er umfaßt zugleich die reine Oberfläche (die Landkarte im Atlas, den Stoff der Spitzenklöpplerin, die kleine Leinwand von Vermeers Gemälde) und so etwas wie ein schwindelerregendes Verlangen der Tiefe.

(...) Also eine Art unwirklicher, »veränderter« Perspektive – in dem Sinne, wie man von einem veränderten Bewußtseinszustand spricht –, die unendliche Regression der Flächen, die unser Blick streift, die ihn fesseln, die ihn in die Gefahr locken. Sie gehört zu den Darstellungsmitteln des Traums, seiner verwirrenden Freiheit – insbesondere seiner Fähigkeit, alles in die gegenteilige Bedeutung umzukehren. Freud sagt, daß die Traumdarstellung es ermöglicht, die Zeit (und die Logik) in reinen Raum umzuwandeln – in Bilder und in deren visuelle, manchmal widersprüchliche Gleichzeitigkeit; dies ermöglicht, daß ein bestimmtes Traumbild *auch* sein Gegenteil darstellen kann.[16] Und daher ist hier jeder Flug ein Sturz, ein Fallen, und jeder Sturz ein Sturz in den Himmel.[17]

(...) Träumen heißt freilich, sich in einem Raum der Einsamkeit bewegen. Träume sind absolut egoistisch, schreibt Freud, und es liegt nicht in ihrer Absicht, von anderen verstanden zu werden.[18] Wer jemandem einen Traum erzählt, enttäuscht oft, weil der andere nichts von dem sieht, was man ihm erzählt. *Félicité* ist eine poetische Herausforderung der Traumerzählung, in dem Sinne, daß sich dort jeder im Traum eines anderen bewegt. Jeder ist in die Erinnerung eines anderen eingesponnen. Wie eine Hypnose oder ein Somnambulismus – denn das Traumbild wird hier *ausagiert* –, aber zu mehreren. Eine Erscheinungsform, die nur literarisch, auf dem Theater existieren kann. Die Verwandlung der Einsamkeit in Personen, die einander in ihrem Innersten zuhören.

(...) Der Traum ist auch ein Raum der Vorahnung. So lautet jedenfalls die Hypothese von Audureaus Text, ausagiert auf dem Theater: Was vorausahnend geträumt wird, tritt unmittelbar ein. Oder es war bereits geschehen (die Vorahnung ist auch ein Akt der Erinnerung), und die Zeit seines Erscheinens wird zu einer unentrinnbaren vergangenen Zukunft – eine Erinnerung *kommt*. Doch die Vorahnung bleibt bei alledem der geheime und zeitlose, immer wieder erneuerte Anspruch des Bildes, das etwas auslöst. »Sie hatte rot geträumt. Blut floß.«[19] Freud unterscheidet sorgfältig zwischen Traum und Somnambulismus, Somnambulismus und Wahnidee.[20] Doch darauf kommt es hier nicht an: Die Fiktion des Theaters verteilt die Karten anders, und sei es nur aus dem Grund, daß der »Glaube an ihre Wirklichkeit« für sie kein Kriterium ist. Die Fiktion läßt die »hypochondrische Vergrößerung« der Wahrnehmungen im Traum,[21] in der das Organ zu einem riesenhaften, bedrohlichen Detail anwächst, den gesamten Raum einnehmen. Auch hier wieder die Übereinstimmung mit Proust, der von den »wahren Wahrnehmungen der Welt des Traums« spricht und im Traum eine Hyperästhesie des Realen findet.[22] Eine Übereinstimmung im umgekehrten Sinne mit Bergson, der feststellt, daß unsere Wahrnehmung der sichtbaren Realität nicht weniger von Erinnerungen und folglich von der Irrealität durchdrungen ist als der Traum.[23]

(...) Und schließlich ist er ein Raum der *unendlichen Ähnlichkeit*. »Der Traum rührt an den Bereich, wo die reine Ähnlichkeit herrscht. Alles in ihm ist Anschein des Gleichen, jede Figur ist eine andere, gleicht einer anderen und noch einer anderen, und diese wiederum einer anderen. Man sucht das ursprüngliche Modell, man möchte einen Ausgangspunkt erkennen, sucht die Offenbarung eines Anfangs, doch es gibt keinen: Der Traum ist das Gleiche, das endlos auf ein Gleiches verweist.«[24]

Der Sturz in die Leere des Himmels

(...) Diese unendliche Ähnlichkeit führt uns zur Angst. Zwischen dem Traum, der Angst und vielleicht auch dem Theater selbst besteht eine geheime Verwandtschaft. Lichter und Schatten zeichnen paradoxe Grenzen: die Nacht desjenigen, der wacht und schaut; das Licht desjenigen, der tief träumt. »Träumen heißt: ich weiß nicht, wie mir geschieht«, schreibt Binswanger.[25] Dieser ontologische Grundzug ist aber gerade die Eigenheit der Angst. Wer sich dagegen die Frage »Wo bin ich?« nicht stellt, wenn er im Theater ist, versucht offensichtlich zu vergessen, was das Theater eigentlich ist. Ein paradoxes Wachen, ein nächtlicher Blick. Und der Traum: weder Wachen noch Schlafen, sondern beides miteinander vermischt. Und auch hier wiederum der ontologische Grundzug der Angst: »In der Angst ist einem ›unheimlich‹«, im Sinne des »Nicht-zu-Hause-Seins«, in dem Moment, wo unsere Befindlichkeit in der Angst uns unser »Dasein« als »In-der-Welt-Sein«[26] erkennen läßt – jedoch als eine unendliche Frage.

(...) Ebenso besteht eine gewisse Verwandtschaft zwischen einem Fleck, einem Spitzenstoff und einem Mauerstück. Flaubert beschreibt den Moment, als Félicité vor Virginies Totenbett steht, als eine Allgegenwart, ein Umgebensein von Farbflecken: das Schwarz des Kreuzes, die Blässe der Vorhänge, die »weniger bleich waren als ihr Gesicht«, die »roten Flecken« der drei Kerzenleuchter, der Nebel, der die Fenster milchig weiß färbt, die Dunkelheit der zwei durchwachten Nächte, die allmähliche gelbliche Färbung des Körpers und das bläuliche Anlaufen der Lippen, das Weiß des Leichentuchs, das Gold ihrer Haare.[27] Während der Abwesenheit des Mädchens »trat Félicité aus Gewohnheit in Virginies Zimmer und betrachtete die Wände ... Vor lauter Langeweile versuchte sie sich im Spitzenklöppeln. Ihre zu klobigen Finger zerrissen die Fäden; sie war geistesabwesend, konnte keinen Schlaf mehr finden, war, wie sie sich ausdrückte, ›völlig kaputt‹.«[28] Als Félicité schließlich stirbt, »glaubte sie, im Himmel, der sich über ihr aufgetan hatte, einen riesigen Papagei zu sehen, der über ihrem Kopf schwebte«: ein farbiger Fleck – grün, rosa, blau, gold.[29]

(...) Auch in der *Spitzenklöpplerin* gibt es diesen faszinierenden Farbfleck (Abb. 10). Es ist der rote Faden, der aus dem offenen Mund des Nähkissens herabhängt in die fließende Landschaft der Tischdecke (der weiße Faden, den Vermeer daneben setzt, scheint gleichsam über der Landschaft zu schweben). Dieser Farbstrahl platzt »flächig« in meinen Blick, er sticht ins Auge wie ein Blutstrahl. Trotzdem stellt er nichts dar, oder fast nichts (schau dir an, zwischen den Fingern der Spitzenklöpplerin, wie Vermeer Fäden malen kann; hier, mit diesem Rot, malt er also offensichtlich etwas, das mehr ist als die *Mimesis* eines Fadens). Und gerade weil dieser rote Faden *wie nichts* gemalt ist, das heißt wie nichts anderes als sehr flüssig auf die Leinwand aufgetragene Farbe, ist diese Farbe so stechend wie Blut (und ich betone: hätte Vermeer ihn *wie Blut* gemalt, hätte er es darauf angelegt, das Aussehen von Blut nachzuahmen, dann hätte er in diesem Detail nur eine surrealistische Banalität produziert). Dieser rote Farbstrahl – mit seinem eigenen Rhythmus von helleren und dunkleren, unbeweglichen, geronnenen Flecken –, dieser Farbstrahl, in dem der Pinselstrich immer wieder an seinen Ausgangspunkt zurückkehrt, dieses Umherschweifen, diese grundlose und gewagte Fingerspielerei: dieser Farbstrahl nähert sich mir, *kommt mir entgegen*. Er wird zu einem Himmel, einer schwindelerregenden, reinen Oberfläche – einer absoluten Tiefe. Der Effekt seiner *Flächigkeit*.

(...) Sterbende sprechen zu dem Blut, das ihnen schwindet. Sie sprechen mit einer Wand oder mit dem Licht. Die Komplizität von Mau-

Abb. 10: Jan Vermeer, *Die Spitzenklöpplerin,* um 1670 (Detail). Öl auf Leinwand. Paris, Musée du Louvre. Fotografie D. R.

erstück, Licht und Blut. »Ein Stück Mauer dir gegenüber, den Kreis deines Traumes zu bannen. Aber das Bild stößt seinen Schrei aus.«[30] Sie sprechen zu kleinen, hellen, auf eine Leinwand gemalten Mauerstücken: »Endlich stand er vor dem Vermeer ... endlich entdeckte er auch die kostbare Materie des ganz kleinen gelben Mauerstücks. Das Schwindelgefühl nahm zu; er heftete seine Blicke – wie ein Kind auf einen gelben Schmetterling, den es gern festhalten möchte – auf das kostbare kleine Mauerstück. So hätte ich schreiben sollen, sagte er sich. Meine letzten Bücher sind zu dürr, ich hätte die Farbe in mehreren Schichten auftragen, hätte meine Sprache so kostbar machen sollen, wie dieses kleine gelbe Mauerstück es ist. Indessen entging ihm die Schwere seiner Benommenheit nicht ... Er sprach mehrmals vor sich hin: ›Kleines gelbes Mauerstück mit einem Dachvorsprung, kleines gelbes Mauerstück.‹ Im gleichen Augenblick sank er auf ein Rundsofa nieder ... Er war tot.«[31]

(...) Auch Audureaus Stück formt eine Kette von Flecken, kleinen gelben Flächen auf Federn oder Stoffen, von Blutungen und von blendendem Licht. Das ganze Stück hindurch bluten Félicités Augen.[32] Blendende Dunkelheit – das Bild eines schwarzen Schleiers vor ihrem Blick wie über dem ausgestopften Papagei – und blendende Helligkeit vermischen sich: der letzte Wunsch, ihre Träume vor sich zu sehen, erfüllt sich für Félicité in dem erschreckenden und kindlichen Entschluß, ungeschützt in die Sonne zu blicken.[33] Und dies wird ihr letztes, »in Agonie sich verflüchtigendes Trugbild«[34] sein, ihr letztes Schicksalslos, das sie sich selbst geworfen hat, geworfen in den Abgrund eines blendenden Himmels.

(...) Ihr Tod ist im Grunde die endlich *verwirklichte,* exorbitante Faszination, endlich in engster Berührung mit dem unmöglichen Objekt der Begierde zu sehen. In dieser Berührung wird der Blick »fortgezogen, absorbiert in einer unbeweglichen Bewegung und einem Grund ohne Tiefe.«[35] Das heißt, die endlich verwirklichte Faszination besteht in ihrer eigenen Umkehrung, nämlich dem *Schrecken:* das Sehen des Schreckens, der Nabel des Sehens – so wie Freud vom Nabel des Traums spricht –, in dem die unendliche Ähnlichkeit sich plötzlich in einer essentiellen Unähnlichkeit auflöst, das Bild des Zerfalls in unserem Innersten, die Kehrseite unseres Gesichts, das schmerzende rote *formlose Fleisch,* das mit einemmal ausgebreitet im hellen Licht liegt (bis dahin hatte unser Körper es eingeschnürt) und aus dem das schwindende Leben entrinnt. Und diese Umkehrung ist auch die des von der Sonne *geblendeten,* ausgestochenen, blutenden Auges. Der Blick des Orpheus ins helle Licht, in dem nicht nur Eurydike verloren ist, sondern auch Orpheus selbst. Und diese Umkehrung ist schließlich die Auflösung der Zeit.

(...) Das Imaginäre weiß seine eigenen Grenzen zu erreichen. Davon zu sprechen stellt die Frage des *Schreibens.* Wenn schreiben heißt, »sich der Faszination der Abwesenheit der Zeit auszuliefern«,[36] dann ist jenseits dieser Faszination die eigentliche Bestimmung des Schreibens, wie Georges Bataille erklärte:»Die Notwendigkeit zu blenden, blind zu machen, läßt sich in der Feststellung zum Ausdruck bringen, daß in letzter Analyse die Sonne das einzige Objekt literarischer Beschreibung ist.«[37] Davon auf dem Theater zu sprechen ist eine Herausforderung an das Theater, aber es ist auch ein *Anspruch* an das Theater.

(1983)

---

1 Diese Fragmente entstanden in Fortführung der dramaturgischen Anmerkungen zu Jean-Pierre Vincents Inszenierung von *Félicité,* einer von Jean Audureau verfaßten Bühnenadaptation von Gustave Flauberts Erzählung »Ein schlichtes Herz« (Comédie-Française, Paris 1983). Die Anmerkungen selbst erschienen unter dem Titel »Fragments dramaturgiques« als Nachwort in Jean Audureau, *Félicité – Édition dramaturgique,* Paris 1983, S. 173–215.
2 Denise Gence.

3 Jean Audureau, *Félicité*, Paris 1983, S. 29.
4 Ebd.: »Leichtsinnige Félicité! ... / die ich besingen werde, wie sie an ihrem Spinnrad sitzt, außerhalb der Zeit und in der Zeit, in jeder Jahreszeit / Félicité! ... / Félicité! ... / die andere als Rivalin der Spitzenklöpplerin rühmen werden / O du einsamste aller Frauen [...].«
5 Gustave Flaubert, »Ein schlichtes Herz«, in: ders., *Drei Erzählungen*, Stuttgart 1994, S. 39–40. Vgl. Raymonde Debray-Genette, »Du mode narratif dans les Trois contes«, in: dies., *Travail de Flaubert*, Paris 1983, S.135–165.
6 Stéphane Mallarmé, »Die Mimik«, in: ders., *Kritische Schriften*, hrsg. von Gerhard Goebel u. Bettina Rommel, Gerlingen 1998, S. 187.
7 Zitiert und kommentiert von Maurice Blanchot in: *Der Gesang der Sirenen. Essays zur modernen Literatur* (1959), Berlin 1982, S. 23–24.
8 Marcel Proust, *Sodom und Gomorrha. Auf der Suche nach der verlorenen Zeit, Werke*, Bd. II-4, Frankfurt a. M. 1999, S. 231–232.
9 Vgl. Maurice Blanchot, »La parole quotidienne«, in: ders., *L'Entretien infini*, Paris 1969, S. 355–356.
10 Marcel Proust, *Guermantes. Auf der Suche nach der verlorenen Zeit, Werke*, Bd. II-3, Frankfurt a. M. 1996, S. 193.
11 Maurice Blanchot, *Le Pas au-delà*, Paris 1973, S. 98–99.
12 Gustave Flaubert, »Ein schlichtes Herz«, S. 8–9, 14, 19, 28–29.
13 Jean Audureau, *Félicité*, S. 15, 114.
14 Saint-John Perse, »Vögel«, in: ders., *Das dichterische Werk*, hrsg. von Friedhelm Kemp, München 1978, Bd. 2, S. 279.
15 Vgl. Gilles Deleuze, *Differenz und Wiederholung*, München 1992, S. 291.
16 Vgl. Sigmund Freud, *Die Traumdeutung* (1900), *Gesammelte Werke*, Bd. 2/3, Frankfurt a. M. ^{6}1976, S. 319–329, 392, 474, etc.
17 Ebd., S. 398–400. Vgl. auch Ludwig Binswanger, »Traum und Existenz«, in: ders., *Ausgewählte Vorträge und Aufsätze I*, Bern 1947, S. 74–97.
18 Vgl. Sigmund Freud, *Die Traumdeutung*, S. 327–328, 346–347.
19 Arthur Rimbaud, »Die erste Kommunion«, in: ders., *Sämtliche Dichtungen*, hrsg. u. übers. von Walther Küchler, Darmstadt ^{7}1992, S. 127.
20 Vgl. Sigmund Freud, »Metapsychologische Ergänzung zur Traumlehre«, in: ders., *Gesammelte Werke*, Bd. 10, Frankfurt a. M. ^{6}1973, S. 417–418.
21 Ebd., S. 413–414. Vgl. Pierre Fédida, »L'hypocondrie du rêve«, in: *Nouvelle Revue de psychanalyse*, 5 (1972), S. 225–238.
22 Marcel Proust, *Die Gefangene, Werke*, Bd. II-5, Frankfurt a. M. 2000, S. 159.
23 Henri Bergson, *Die seelische Energie*, Jena 1928, S. 86–88: »Unsere Träume kommen fast auf gleiche Weise zustande, wie unsere Vision der wirklichen Welt. [...] Im Wachzustande stellt demnach die Erkenntnis eines Objekts eine Tätigkeit dar, die der im Traum ausgeführten analog ist. Wir bemerken von dem Gegenstand nur eine rohe Skizze; diese Skizze appelliert an die Erinnerung des ganzen Gegenstandes; und die vollständige Erinnerung, die unserm Geiste nicht bewußt war, die jedenfalls in uns ruhte wie ein bloßer *Gedanke*, benutzt die Gelegenheit, um nach außen zu gelangen. Das ist jene Art Halluzination (eine Halluzination, die sich jedoch in einen realen Rahmen einfügt), die wir haben, wenn wir den Gegenstand ›sehen‹.«
24 Maurice Blanchot, *L'Espace littéraire*, Paris 1955, S. 366.
25 Ludwig Binswanger, »Traum und Existenz«, S. 96.

26 Martin Heidegger, *Sein und Zeit,* Tübingen ¹²1972, S. 188.
27 Gustave Flaubert, »Ein schlichtes Herz«, S. 32–33.
28 Ebd., S. 24.
29 Ebd., S. 51.
30 Saint-John Perse, »Die Mauer«, in: ders., *Das dichterische Werk,* Bd. 1, S. 17.
31 Marcel Proust, *Die Gefangene,* S. 246–247.
32 Jean Audureau, *Félicité,* S. 15, 80, 120, etc.
33 Ebd., S. 118–123.
34 Stéphane Mallarmé, »Ein Würfelwurf«, in: ders., *Sämtliche Dichtungen,* Übertragung von Carl Fischer, München ³1974, S. 191.
35 Maurice Blanchot, *Die wesentliche Einsamkeit* (1953), Berlin 1984, S. 28.
36 Ebd., S. 23.
37 Georges Bataille, »La nécessité d'éblouir«, in: *Œuvres complètes,* Bd. 2, Paris 1970, S. 140.

9

EIN ENTZÜCKENDES WEISS

War Freud ein »Nicht-Seher«?

Wenn man von einem historischen Standpunkt aus die Frage nach der Existenz oder Nicht-Existenz, dem Wert oder Nicht-Wert einer »Freudschen Ästhetik« stellen will, empfiehlt es sich, an erster Stelle das Verhältnis zwischen Freud und Charcot zu betrachten. Während Freud, wenn ich so sagen darf, unberührt von jeder Beschäftigung mit dem Feld des Ästhetischen nach Paris kam, hatte Charcot bereits eine Ästhetik begründet – die erste dieser Art –, die sich des Begriffsinstrumentariums der Psychopathologie bediente. Diese Ästhetik war bestrebt, nicht nur die Funktionsweise von Kunstwerken erklären zu können, sondern letztlich auch ihren Wert zu ermessen. Als Freud 1885 mit seinen Gewebeschnitten von Kindergehirnen nach Paris reiste, leitete Charcot schon seit mehreren Jahren eine umfangreiche Publikation, die sich in ihrem Untertitel als *Medizinische und künstlerische Ikonographie* bezeichnete und in der mehr als tausend Seiten allein der Malerei gewidmet sind.[1] Im selben Jahr 1885 war Charcot auch mit der Arbeit an dem merkwürdigen Werk *Les Démoniaques dans l'art* zugange, das den Beginn einer regelrechten »medizinischen Kritik« von Kunstwerken markiert – das heißt, den Beginn einer *Klinik des Visuellen*.[2]

Ich kann hier keine vollständige Darstellung des komplexen Verhältnisses zwischen Freud und Charcot geben. Zunächst möchte ich kurz zusammenfassen, wie dieses Verhältnis im allgemeinen gesehen wird. Freud selbst bezeichnete Charcot als einen »Seher«.[3] Ein mehrdeutiges Wort: »Seher« bedeutet, daß jemand sich seines Gesichtssinns bedient, um Dinge und Vorgänge in seiner Umgebung zu *erkennen;* zugleich bedeutet es aber auch, daß jemand eine Art Visionär oder Prophet ist, und daher vielleicht nicht weit davon entfernt, zu *phantasieren.* Doch ungeachtet dieser Ambiguität läßt sich nicht bezweifeln, daß Freud sehr wohl verstand, in welcher Weise Charcot die psychischen Krankheiten, insbesondere die Hysterie, mit Hilfe von *visuellen Kategorien* analysierte. Als Kategorien zielten diese auf mehr als nur eine einfache Beschreibung: Ihre philosophische Ambition war die des *eidos;* sie sollten eine *Form des Symptoms* konstituieren, nicht nur im Sinne einer Regel seiner sichtbaren Erscheinungsform, sondern auch im radikaleren Sinne der Regel seiner Morphogenese, seines Erscheinens, oder sogar seiner Ätiologie, seiner wesentlichen Ursache.

Mit der Formulierung von dem »Seher« Charcot erhob Freud den – berechtigten – Verdacht einer spezifischen epistemischen »Begierde« der klinischen Praxis, die Charcot in den Mauern der Salpêtrière begründet hatte. Diese »Begierde« läßt sich auf die kurze Formel bringen: *sehen – immer sehen – immer mehr sehen.* Und beim Sehen zuglcich versuchen, die *Form* dessen, was man sieht, *zu identifizieren,* und mag das Gesehene noch so flüchtig, unscharf oder formlos sein.[4] Ich erinnere mich da an einen Fall, den Fall eines vom Blitzschlag getroffenen Mannes, den Charcot behandelte. Genaugenommen war der Blitz knapp neben diesem Mann in den Boden eingeschlagen. Um sein Trauma zu behandeln, versuchte Charcot nun, zunächst einmal zu objektivieren, was er gesehen hatte: So forderte er ihn auf, die *genaue Form* des Blitzes zu zeichnen ...[5] Charcot unternahm auch Selbstversuche, bei denen er sich die Augen preßte, in der Hoffnung, die *genaue Form* eines Phänomens zu entdecken und reproduzieren zu können, dem er den Namen »Flimmerskotom« (Abb. 11) gab. Sein mindestes Ziel war es, das Aussehen der gesehenen Dinge zu präzisieren und sie dadurch zu identifizieren, um so ihre Ursachen besser erkennen zu können.

Nun könnte man sich die Frage stellen, was im Gegensatz zu diesem skopischen Begehren, das offensichtlich außer Zweifel steht, das anders geartete Begehren der Freudschen Methode wä-

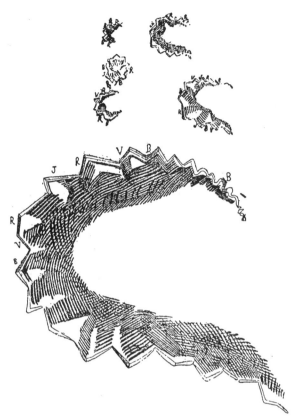

Abb. 11: Jean-Martin Charcot, *Flimmerskotom*, 1886. Schemazeichnung in Charcots *Œuvres complètes*, Paris 1886–1893, Bd. 3, S. 75.

re. Die klassische Antwort ist, daß Freud den Gesichtssinn durch das Gehör ersetzte. Mit anderen Worten: daß er dem Visuellen jeden Wahrheitswert absprach, weil das Visuelle eine Faszination beinhalten kann und weil die Faszination mit der Illusion, der Täuschung zu tun hat. Man findet auch das Argument, daß Freud in dieser Hinsicht konsequent der Religion seiner Vorfahren folgte, einer Religion des »Bilderverbots«, wie man sagt. Parallel zu dieser Ablehnung des Visuellen wird dann zumeist festgestellt, daß Freud eine neue Kunst der Interpretation erfand, deren Kriterien nicht figurativ, sondern symbolisch sind: keine Ästhetik der Oberfläche, wenn man so will, sondern eine Semiologie der Tiefe. Eine Anamnese, die nicht nach Formen, sondern nach Inhalten sucht, und zwar nach den verborgensten aller Inhalte ... All dies mündet schließlich in die Vorstellung von Freud als einem asketischen »Nicht-Seher«.

Doch man kann sich fragen, ob diese Vorstellung, dieses Bild von einem Freud, der »sich weigert, zu sehen«, um sich, Couch verpflichtet, besser in der Dimension des Sprechens und Ansprechens, des Gehörs einzurichten, nicht mindestens zu nuancieren wäre. Und zwar aus zwei hauptsächlichen Gründen. Einerseits nimmt man sich, solange man an dieser Vorstellung festhält, die Möglichkeit, zu verstehen, warum die intrinsische Entwicklung der Freudschen Theorie zu einem entscheidenden historischen Zeitpunkt – im Jahr 1910 – einen Bezug auf Werke der bildenden Kunst, nämlich auf die Malerei von Leonardo da Vinci, benötigte, vielleicht um sich überhaupt auszuformen, in jedem Fall aber um sich an einem visuellen Objekt zu prüfen. Man muß sich fragen, warum das Büchlein über Leonardo, selbst wenn man von seinem auto-analytischen Aspekt absieht, für Freud eine derartig große heuristische oder theoretische Bedeutung annehmen konnte.[6] Während Freud noch an dem Buch arbeitete, schrieb er bescheiden an Jones: »Sie dürfen nicht zuviel erwarten von dem Leonardo, der nächsten Monat herauskommen wird, weder das Geheimnis der *Vierge aux Rochers* noch die Lösung des Geheimnis der *Mona Lisa*.«[7] Doch neun Jahre später meinte er in einem Brief an Ferenczi, es sei »die einzige hübsche Sache«, die er je geschrieben habe.[8]

Andererseits nimmt man sich, wenn man die Frage nach Freuds Beziehung zu einer Aktivität des *Sehens,* oder zumindest des Blicks, ungestellt läßt, die Möglichkeit, zu verstehen, inwiefern einige psychoanalytische Konzepte in uns selbst wirksam oder – um einen Ausdruck aufzugreifen, den Pierre Fédida im Rahmen dieser Konferenz verwendete[9] – »turbulent« sein können in bezug auf unsere Art, ein Gemälde zu betrachten, beispielsweise ein Gemälde von Leonardo da Vinci. Schließlich scheint es mir auch notwendig, die *spezielle Art des Freudianismus* zu hinterfragen, die heute implizit oder explizit einen Großteil der Aktivitäten von Kunsthistorikern und Kunstkritikern durchdringt und prägt. Ich werde hier selbstverständlich nicht auf alle Aspekte dieser Frage eingehen können (da meine Zeit dafür nicht reicht, werde ich unter anderem das Problem der Psychobiographie beiseite lassen müssen). Im Mittelpunkt meiner Frage bezüglich des *angeblichen* freudianischen Milieus, in dem die Kunstgeschichte in Gestalt ihrer »neo«-ikonologischen Methode lebt oder nicht lebt, soll hier die außergewöhnliche Aufmerksamkeit stehen, die begierige Leidenschaft, die diese Methode in der Malerei den Details entgegenbringt.

Jenseits des Detail-Prinzips

Es ist keine einfache Frage. Einerseits ist die Beachtung des Details etwas höchst Positives, in dem Maße, wie die Berücksichtigung selbst der unauffälligsten Einzelheiten eines Gemäldes es ermöglicht, seine Fragestellung zu präzisieren oder eine vorgängige Idee, die man sich vom »Sujet« des Bildes machte, ins Schwanken zu bringen. So wie beispielsweise ein Kunsthistoriker, der seinen Freud mehr oder weniger gelesen hatte, in der Sieneser *Geburt Christi* von Lorenzo Lotto das Detail entdeckte, daß das Jesuskind noch seine Nabelschnur hat. Und das Vorhandensein dieser Nabelschnur verrät uns zweifellos etwas: etwas über die künstlerische Ausgestaltung der Muttergottesschaft oder der menschlichen Natur Christi, mehr noch über Lorenzo Lotto selbst.[10] Dank der Vermittlung oder Unterstützung durch die Psychoanalyse konnten auch bestimmte Methoden der Zuschreibung, die einigermaßen in Vergessenheit geraten waren, wie die von Morelli – der sich bei der Zuschreibung von Gemälden an einzelne Künstler an Detailkriterien orientierte:

an der Art, wie die Fingernägel gezeichnet, wie die Wimpern gemalt oder wie die Ohrläppchen dargestellt sind[11] –, neu bewertet oder zumindest wieder auf die Tagesordnung gesetzt werden.[12]

Dies erscheint in der Tat wie eine »freudianische« Methode: eine Methode auf jenem Königsweg, den die *Traumdeutung* bahnte, in der zu lesen ist, daß man »nicht den Traum als Ganzes, sondern nur die einzelnen Teilstücke seines Inhalts zum Objekt der Aufmerksamkeit machen darf«.[13] Man kennt auch die beiden großen klassischen Regeln der analytischen Situation, die darauf hinauslaufen, »alles zu sagen« (insbesondere die Details) sowie »in der Interpretation nichts auszulassen« (insbesondere nicht die Details). Trotzdem ist das Detail ein außerordentlich trügerischer und riskanter Erkenntnisgegenstand. Dort, wo die Kunsthistoriker sich auf das Detail stürzen, das sie gerne als das *Ziel,* den Höhepunkt einer Art der Interpretation betrachten, die sie von den allzu allgemeinen Wölfflinschen »Grundbegriffen« befreit, war für Freud das Detail ganz im Gegenteil der *Ausgangspunkt* der Analyse. Hier ist also das erste Mißverständnis in dem Zugriff der heutigen Ikonologie auf die »freudianische Methode«.

Freud interpretierte das Detail innerhalb einer Kette, einer Abfolge, ich würde sogar sagen: eines Netzes von Signifikanten. Was man dagegen in vielen Texten sieht, die in der Nachfolge der ikonologischen Methode Panofskys stehen, ist die – völlig anders geartete, sogar diametral entgegengesetzte – Suche nach einem *letzten Wort* oder ultimativen Signifikat: nach der Lösung eines Rätsels, welches das Kunstwerk angeblich aufgibt. Seit man in der *Arnolfini-Hochzeit* von Jan van Eyck die subjektive Markierung entdeckt hat, die der Künstler in der Darstellung des Konvexspiegels hinterließ – mit der halboffenen Türe, den beiden Silhouetten und der Inschrift, die die Anwesenheit des Künstlers in der Szene bezeugt –, hat man begonnen, in dem potenzierten Spiel der Repräsentation (der Repräsentation der Repräsentation, etc.) ein Detail zu suchen, das uns den genauen Platz des »Subjekts« oder des »Ich« in der Struktur eines Gemäldes verrät. Und man gewinnt den Eindruck, als bedeute »freudianisch« zu argumentieren, daß man, wenn man vor einem Bild steht, vor allem diesen Platz identifiziert: Eine Verwechslung des *Subjekts* mit einer namentlichen Identität und des *Ortes* mit einem Platz, der jemandem zugeschrieben wird. Also redet man von der Karaffe am Rand des Bildes: In der Karaffe sieht man eine Spiegelung, in der Spiegelung sieht man eine Tür, zwischen den beiden Türflügeln sieht man eine Person – das ist also der Platz des »Subjekts«, und man versucht unverzüglich herauszufinden, was diese Person sagt, wann sie es sagt, was sie getan hat, um es zu sagen, warum sie es nicht deutlicher sagt, kurz: *was ihr uneingestandenes Verbrechen ist* … Gerade als wäre die Malerei eine kriminelle Aktivität! (Was letzten Endes nicht unmöglich ist … Doch wenn sie es ist, sollten wir zugeben, daß ihre Verbrechen vielfältiger Natur sind und sich nicht auf einen einzigen Punkt und ein einziges Subjekt reduzieren lassen.)

In solchen Fällen beweist die Entdeckung des »signifikanten« Details weniger die analytische Hellsichtigkeit des Betrachters, sondern eher eine Eigentümlichkeit der Malerei, in der das Detail sich oft als ein Anhaltspunkt, als ein *Köder für den Blick* darbietet. Die Anziehungskraft eines solchen »Köders« ermißt sich insbesondere daran, daß die Fixierung auf das Detail den Blick des Kunsthistorikers dazu verleitet, etwas anderes zu suchen als das, was das Bild zeigt. So glauben manche, »freudianisch« zu interpretieren, wenn sie nach dem fragen, was das Bild selbst nicht zeigt: Was ist jenseits des Rahmens? Wer blickt im Raum vor der Bildebene? Was ist dahinter? … Panofsky hat in einem berühmten Aufsatz über Tizians *Allegorie der Klugheit* ungewollt das Vorbild gegeben für diese Art der Suche nach einer »Lösung« für das Bild – für das Rätsel des Bildes – hinter dem Bild selbst, das verdächtigt wird, etwas zu verbergen: natürlich einen Schatz. Womit er zwar nicht viel über das Gemälde (die Farben, die Textur, die Maltechnik) sagt, wohl aber über die Repräsentation, die dieses Gemälde eingeführt hat.[14] In Carlo Ginzburgs jüngstem Buch über Piero della Francesca ist das – mißverstandene – »freudianische« Vorbild um einiges expliziter:[15] Als wäre es Freud nur darum gegangen, in der Manier eines Sherlock Holmes die Schuldigen zu identifizieren;[16] als wäre die genaueste Bedeutung eines Gemäldes zwangsläufig die verborgenste, die am wenigsten sichtbare, die am meisten »aus dem Bild fallende«. Dieses Mißverständnis erscheint mir auf einer theoretischen Ebene als eine Art *Skotomisierung des Materials,* verbunden mit einer Verwechslung von Wortvorstellungen und Sachvorstellungen.

Und während Freud das Detail als einen »Beobachtungs*abfall*« ansah, sieht die ikonologische, oder besser gesagt »neo-ikonologische« Interpretation das Detail zumeist als das Resultat einer *Feinheit* der Beobachtung, die sich bevorzugt auf ähnlichartige Details stürzt: die Fassung eines Rings, eine Inschrift, eine Spiegelung ... Doch die *Feinheit* der Beobachtung hat bei einem Gemälde nur Sinn, soweit sie sich auf die Feinheit des Pinselstrichs bezieht. Sich einem Gemälde zu nähern, um seine einzelnen Partien zu »detaillieren«, ist möglicherweise das Problematischste überhaupt. Nicht nur bei Malern wie Tizian oder Chardin, bei denen diese Problematik weithin bekannt ist. Einige berühmte Texte beschreiben, wie das Detail verschwindet, »alles verschwimmt«, wenn man sich den Werken dieser Maler nähert, und wie alles wieder erscheint, sobald man sich etwas weiter von dem Bild entfernt – ein interessantes Paradox.[17] Doch dasselbe Problem stellt sich auch bei Malern, denen man für gewöhnlich die größte und meisterlichste Neigung zum Detail zugute hält. Ich denke insbesondere an Vermeer, dessen *Ansicht von Delft* das Phantomhafte der Wahrnehmung vor Augen führt, die es uns bietet: Das berühmte »kleine gelbe Mauerstück« ist weder eine Mauerfläche – denn es ist eher ein Dach –, noch ist es genaugenommen ein gelbes Dach – tatsächlich handelt es sich um eine Übereinanderschichtung von zwei verschiedenen Farben, wobei das Gelb nicht eindeutig vorherrscht. Man sieht vor allem unten ein fließendes Rosa und weiter oben dann Momente eines körnigen Gelb. Sicher ist dagegen, daß es sich vor allem um eine kleine *Fläche* handelt, eine *gemalte* Fläche (das heißt, um eine nicht genauer zu bestimmende Materie), und weniger um ein Detail der *Repräsentation* (das heißt, die Sichtbarmachung von deutlichen und identifizierbaren Objekten).[18]

Die Praxis des Details, von der ich spreche, beruft sich auf die Psychoanalyse – oft mehr implizit als explizit – aufgrund von zwei Ideen, zwei Idealen, die in bezug auf das, was für den Kunsthistoriker meines Erachtens das Wesentlichste ist, in flagrantem Widerspruch zu Freuds Auffassung stehen. Zum einen ist dies das Ideal der vollständigen, erschöpfenden Beschreibung, das glaubt, oder glauben möchte, daß man ein Bild in seine Details »zerlegen« könne, so wie man einen geschriebenen Satz aufgliedert und vollständig in seine Bestandteile (die Haupt- und Nebensätze, dann die Wörter, schließlich die Buchstaben) zerlegt. Dieses Ideal ist ein epistemologisches Modell, das die logische Stabilität der repräsentierten Objekte voraussetzt. In anderen Worten, es ist ein Ideal, das möchte, daß man in der Malerei stets »ja« oder »nein«, »es ist so« oder »es ist nicht so« sagen könne. Es ist ein kaum verhülltes positivistisches Ideal.

Auf der anderen Seite steht das Ideal des verborgenen Sinns: eines Sinns, der hinter dem Detail lauert und darauf wartet, daß man ihn aufdeckt, ihn hebt wie einen vergrabenen Schatz. Es ist ein Ideal, das glaubt, daß man das Sichtbare vollständig durchforschen könne, so wie man ein Ruinenfeld ausgräbt, und das glaubt, daß man, wenn man nur systematisch gräbt, so etwas wie den Schatz der Bedeutung ans Licht bringen könne. Dieses Ideal ist ein exegetisches Modell. Es verlangt vor allem nach der semantischen Stabilität der in der Kunst repräsentierten Objekte. So wird beispielsweise jede bärtige Person, die irgendwo in den Falten ihres Gewands einen Schlüssel hält, kurzerhand zum »Heiligen Petrus« erklärt. Dieses Ideal ist sehr alt, und es ist ein »ikonologisches« Ideal im ursprünglichen Sinn des Wortes. Nämlich in dem Sinn, den ihm Cesare Ripa in seiner 1593 erschienenen *Iconologia* gab, einem »zweisprachigen Wörterbuch« von Wörtern und Bildern: Bildern, die, wie Ripa sagte, gemacht waren, um »etwas anderes zu bedeuten, als das Auge sieht«.[19] So erkennen wir letzten Endes, daß, wenn man sich zu sehr auf das Detail stürzt, man die zweifache Gefahr läuft – sich des zweifachen Mißverständnisses gewärtig sein muß –, einen veralteten Positivismus und eine veraltete Rhetorik wieder ins Leben zu rufen.

Die »schwebende Frau« oder die Frage des Ortes

Was bleibt uns also, wenn wir hinsichtlich des Visuellen keinerlei Sicherheit über den Status des Details besitzen? Diese Schwierigkeit stellt sich, wie mir scheint, schon in Freuds Schriften, in dem Kontrast, der dort bisweilen zwischen theoretischen Ansprüchen und den Anforderungen der Praxis besteht: zwischen den Ansprüchen der Metapsychologie auf der einen Seite und andererseits dem, was Pierre Fédida die »Anforderung der Verifizierung« nennt, von der der »Erfolg« – das heißt die Geschlossenheit – der Analyse eines Kunstwerks oder eines literarischen Werks abhängt. Anders gesagt, es gibt bereits bei Freud selbst eine Kluft zwischen der Radikalität der metapsychologischen Fragestellung und der Relativität seiner »angewandten Psychoanalyse«.

Was ist also der metapsychologische Ansatzpunkt des Freudschen Standpunkts – der Fragestellung – in bezug auf das Detail? Ich habe es bereits angedeutet: Es ist der Gedanke eines »Köders für den Blick«, der bei Freud das genaue Gegenteil von Charcots Standpunkt darstellt, für den alles Verschwommene und Ungenaue, koste es was es wolle, »detailliert« werden mußte. Freud geht dagegen umgekehrt vor: Alles Detaillierte muß, koste es was es wolle, *aufgehoben* werden – im Hegelschen Sinn des Wortes –, oder genauer gesagt, es muß *aufgelöst* werden, um es um so besser zu *dekonstruieren*. Man findet diesen Gedanken in einer Reihe seiner Texte, insbesondere in der Schrift über die »Deckerinnerungen«, in denen das Detail vor allem als ein Effekt der Verschiebung, der Kompromißfindung, der nachträglichen Bearbeitung erscheint, in denen, wie Freud schreibt, »die Vorstellung [...] ausweicht.«[20] Und er fügt hinzu, daß die Darstellung im Detail psychisch gesehen eine »Anspielung in verblümter Form« ist.[20] Veranschaulicht wird dies am Beispiel einer *nicht darstellbaren Szene:* nämlich eine Deflorationsszene, die sich in dem *allzu präzisen Detail* einer Blume – eines gelben Löwenzahns – konkretisiert, das in einer Kindheitserinnerung erscheint. Freud schließt, daß man in diesem Fall nicht sagen kann, das Detail sei »aufgetaucht«, sondern sagen muß, es habe sich *gebildet,* was etwas gänzlich anderes ist.[22] Vielfache Hinweise auf diese Hinterfragung des Details finden sich auch in seiner Theorie des Phantasmas: Wenn Freud beispielsweise die hysterische Verführungsszene in Frage stellt, handelt es sich zugleich um eine Infragestellung der Wahrhaftigkeit des Details. In der Schrift über den Fetischismus schließlich stößt man auf den Gedanken, daß die essentielle Eigenschaft des Fetischs gerade seine Detailhaftigkeit sei und daß er sich infolgedessen besonders zur Manipulation eigne.[23]

Für den Kunsthistoriker ist es nicht unwichtig zu wissen, inwiefern das Detail sich in besonderem Maße für Phantasmen und für die Manipulationen der Perversionen eigne: Oft verhält es sich so, daß wir das Detail tatsächlich *bilden,* während wir glauben, es zu *beobachten.* Das Detail ist oft gerade in dem Maße *präzise,* wie es sich in der *sekundären* Bearbeitung konstituiert. Es hat in etwa das, was ich vorhin die Funktion eines Köders für den Blick nannte: die Funktion einer Deckerinnerung oder eines Fetischs. Das ganze Problem ist nun, daß Freud, obwohl er über die Grundlage seiner metapsychologischen Überlegungen verfügte, sich vor den Gemälden Leonardo da Vincis verhalten hat wie jemand, der sich leichthin von den Details »ködern« läßt. Das berühmteste Beispiel hierfür ist zweifellos die Art, wie er bei der *Mona Lisa* seine gesamte Aufmerksamkeit auf jenen diskreten Gesichtsausdruck richtet, den man allgemein »das Lächeln der Mona Lisa« nennt. Auf dieses Lächeln allein führt Freud den ganzen Eindruck der Unheimlichkeit zurück, der von dem Gemälde ausgeht. In einem gewissen Sinn hat er natürlich nicht unrecht, doch es geht ihm darum, diesen Effekt im Detail zu beschreiben. Und wie versucht er dies? Einerseits lokalisiert er ihn, andererseits gibt er ihm einen Namen. Er sucht nach einer Identifikation, oder einer Kette von Identifikationen: Leonardos Mutter Catarina, aber auch die Stiefmutter Donna Albiera ... Freud versucht sich als Sherlock Holmes, um der »Anforderung der Verifizierung« zu genügen.

In dieser Hinsicht – auf der Ebene der Identifizierung, das heißt des positiven Wissens – konnten die Kunsthistoriker natürlich ihre Vorwürfe gegen Freud erheben: Irrtümer bei der Identifizierung, biographische Irrtümer, faktische Irrtümer. Und sogar, was bei einem Psychoanalytiker noch schwerwiegender erscheint, irrige Symboldeutungen.[24] Doch das eigentliche Problem ist ... daß dies kein Problem ist, wenn man Freud mehr in seinen metapsychologischen und methodologischen Ansprüchen Folge leisten will als in seiner vagen Hoffnung, ein historisches Rätsel lösen zu können. Das Problem eines Gemäldes löst man nicht, indem man in ihm diese oder jene Person identifiziert; das Problem der *Mona Lisa* ist etwas fundamental anderes als zu wissen, ob ihr Lächeln das von Leonardos erster Mutter »ist« oder »nicht ist«; das Problem einer psychoanalytischen Ethik ist nicht, zu wissen, ob es ein Geier oder ein Milan oder irgendein anderer Vogel »ist« oder »nicht ist«. Die ganze Ambiguität der »angewandten Psychoanalyse« tritt hier offen zutage: Tatsächlich tut sie nichts anderes, als die methodologischen Schwächen der traditionellen Kunstgeschichte unverändert zu übernehmen, denn letzten Endes macht sie das Kunstwerk – in bester positivistischer Tradition – zu einem Problem der psychopathologischen Klinik. Damit kehrt sie zurück zum Symptom à la Charcot. Natürlich hat die Klinik ihre eminente Wichtigkeit in der Kur; aber die Bedeutung des Wortes »Symptom« unterscheidet sich, je nachdem ob man sich in der Hölle des Krankenhausalltags, in der Praxis eines Analytikers oder in den Sälen eines Museums befindet ...

Doch der Eindruck des Unheimlichen der *Mona Lisa* und die mütterliche Faszination, die von dieser Frauengestalt ausgehen – wie Freud so treffend sagt: zwischen Zärtlichkeit und unheilverkündender Drohung, zwischen Nähe und Ferne –, braucht letztlich keinen Namen, ob Catarina, Donna Albiera oder Mona Lisa del Giocondo, um zu wirken, um zu *erscheinen.* Freud bringt mit einfacheren Mitteln die »Turbulenz seines Denkens« ins Spiel, wenn er vermutet, daß dieser Eindruck des Unheimlichen sich nicht nur in dem Detail des Lächelns lokalisieren läßt, sondern vielmehr in dem Verhältnis zwischen dem Lächeln und dem Rest des Bildes. Nicht nur der diskrete Gesichtsausdruck der Mona Lisa hat Anteil daran. Betrachten wir nur die *Situation* des Porträts (Abb. 12): Was sehen wir unmittelbar hinter der Frauengestalt? Einen *Abgrund.* Und das ist in Porträts eher ungewöhnlich. Eine Frau über gewaltigen Bergen? Sie ist also im Himmel. Sie ist, sozusagen, eine *schwebende Frau.* Der Effekt des Unheimlichen, das Spiel von Nähe und Ferne ist unmittelbar gegeben, unabhängig vom Namen einer Person. Sie ist gegeben in der einfachen – aber *unidentifizierbaren* – Situation der Gestalt im Raum – in dem unmöglichen *Ort* –, in dem diese Person erscheint.

Darstellbarkeit (1): Die Tautologie des Sichtbaren

In dem Buch über Leonardo da Vinci hat Freud einige wertvolle Hinweise dafür gegeben, wie eine angemessenere Intervention der Psychoanalyse – oder, wie ich lieber sagen möchte, der Metapsychologie – im Feld der Kunstgeschichte zu denken sei. Sie alle deuten, soweit ich sehe, in eine Richtung, die sich als *Jenseits des Detail-Prinzips* bezeichnen ließe. Denn sie beziehen sich nicht auf die Frage dessen, was ich die *figurierte Figur* nennen möchte – die Form, die sichtbare Gestalt, den *eidos,* kurz: all das, was den Gegenstand von

Abb. 12: Leonardo da Vinci, *La Gioconda,* 1503–1506. Öl auf Holz. Musée du Louvre, Paris. Fotografie des Museums.

Charcots Fragestellung ausmachte –, sondern auf die Frage einer Figur *in actu*, einer *figurierenden Figur*, wie ich sagen möchte: einer Figur in der Schwebe, die noch im Begriff ist zu entstehen, im Begriff zu erscheinen. Die im Begriff ist, »sich zu präsentieren«, und nicht zu »repräsentieren«. Genau hier bezieht Freud sich auf die Situation des Traums und auf die *Arbeit der Darstellbarkeit*. Am Rande sei bemerkt, daß die in diesem Zusammenhang wichtigen Texte häufig die Frage des Traums mit der Frage der Hysterie in Verbindung bringen: zwei Bereiche, in denen Freud tatsächlich immer ein »Seher« blieb, in denen er unablässig die Frage nach dem Status dessen stellte, was ich die *symptomatische Visualität* nenne.[25] Drei der Hinweise in dem Leonardo-Buch möchte ich hier kurz vorstellen.

Den ersten nenne ich die *Tautologie des Sichtbaren*. Nach etwa zwei Dritteln des Buchs stellt Freud sich – endlich – die Frage nach der Wirkung der Malerei. Er beginnt, wie er sagt, »an Leonardos Bilder zu denken«.[26] Und produziert einen Text, der nur kurze, enttäuschend nichtssagende Banalitäten aneinanderreiht. Als hätte ihn gegenüber Leonardos Malerei eine Art sprachliche Schwäche befallen, in der die Adjektive sich häufen: Sie ist »merkwürdig«, »berückend«, »rätselhaft« ... Einige Zeilen weiter ist sie »zauberisch« und »fremdartig schön«. Schließlich fehlen ihm die Worte; also schreibt Freud, sie sei »leonardesk«. Im klaren Bewußtsein, eine Tautologie produziert zu haben, befindet er zuletzt, daß keine Erklärung befriedigen könne.[27] Die Wirkung des Gemäldes – die Faszination, die es auslöst – bleibt damit ebenso rätselhaft, wie sie evident ist.

Dabei sollten wir es aber nicht bewenden lassen. Denn Freud hatte sich schon früher mit den Problemen der Faszination und der Tautologie beschäftigt. Und er hat sie *analysiert*, was für uns nun höchst interessant und lehrreich ist. Diese Analysen finden sich überall in Freuds Klinik der Hysterie. Ich nenne nur zwei Beispiele. Das erste geht zurück auf die Zeit von Freuds Aufenthalt in Paris. Diesen Aufenthalt können wir – wie die Brautbriefe an Martha ein ums andere Mal bezeugen – als eine Initiationsreise, als Eintritt in das Problem der Faszination interpretieren. Die visuelle Faszination, die Faszination der Frau: Sarah Bernhardt im Theater, die *Mona Lisa* im Louvre, aber auch der bleiche Marmor der *Venus von Milo*.[28] Denken wir aber auch an das, worüber Freud Martha nicht schrieb, was für ihn jedoch nichtsdestoweniger verwirrend gewesen sein dürfte: nämlich die hysterische Verführung von Charcots Patientinnen, die Freud zwangsläufig Tag für Tag sah. Ihr Reiz und das, was er später die »belle indifférence« der Hysterikerinnen nannte. Aber auch ihre erschreckende Obszönität. Oder das Wechselspiel zwischen diesen beiden Polen.[29]

Das andere Beispiel (ebenfalls aus dem Gebiet der Hysterie) ist eine Beobachtung Doras, die in unserem Kontext von größter Bedeutung ist, weil Freud bei dieser Frage auf erheblichen Widerstand stößt und sich in gewisser Weise zu einer Antwort verpflichtet sieht. Einmal, als Dora von ihrer Rivalin, Frau K., spricht, erwähnt sie deren »entzückend weißen Körper« in einem Ton der höchsten Faszination.[30] Freud verharrt in diesem Moment stumm vor dem Rätsel dieser Faszination, die einer Verliebtheit gleicht, die als ein Fasziniertsein von dem »entzückenden Weiß« eines weiblichen Körpers *erscheint*. Die Arbeit der Interpretation muß zunächst von der Grundlage dieser Evidenz, dieses Rätsels ausgehen. Doch ein anderes Element der Beobachtung tritt hinzu, als Dora erwähnt, daß sie einmal zwei Stunden lang fasziniert – in »still träumender Bewunderung«, wie sie selbst sagt[31] – Raffaels Gemälde der *Sixtinischen Madonna* (Abb. 13) betrachtet habe. Hier drängt sich eine Gemeinsamkeit auf, die die *Mona Lisa* und die *Sixtinische Madonna* miteinander verbindet: Beide Gemälde zeigen zwei Versionen einer *schwebenden Frau;* in Raffaels Bild schreitet sie auf einer Art Wolkenteppich durch die Luft. Und Freud hakt hier nach: »Auf die Frage, was ihr an dem Bilde so sehr gefallen«, schreibt er, »wußte sie nichts Klares zu antworten. Endlich sagte sie: Die Madonna.«[32]

Abb. 13: Raffael, *Sixtinische Madonna*, 1513–1514. Öl auf Leinwand. Gemäldegalerie Dresden. Fotografie Giraudon.

Also alles andere als ein Detail. Beide erwähnten Objekte von Doras Betrachtung – das »entzückende Weiß«, »die Madonna« – bilden im Gegenteil eine Ansammlung von konfusen, in ihrer Logik auf sich selbst zurückgewendeten, in der Aporie, im Stillstand befangenen Dingen. Trotzdem eröffnen sie entscheidende Fährten für die Deutung dieses Beispiels. Warum? Weil diese Art von Tautologie, von *logischem Zirkelschluß* vor dem visuellen Objekt den Schlüssel zu einer *phänomenologischen Offenheit* liefert, die in der Analyse berücksichtigt werden muß. Ja mehr noch: Sie liefert einen grundlegenden Ausgangspunkt für die Deutung, selbst wenn sie zunächst sinnentleert scheint. Hier begegnet uns die wahre »Turbulenz« von Freuds Denken, und zwar ausgehend von einer Art Phänomenologie des sinnlich Wahrnehmbaren, noch bevor es irgendeine Bedeutung – eine Ikonographie – entwickelt.

Darstellbarkeit (2): Die Widersprüchlichkeit der Figuren

Der zweite Hinweis findet sich in Freuds Umgang mit dem, was ich die *Widersprüchlichkeit der Figuren* nennen möchte. Eine Fußnote in dem Leonardo-Buch führt uns auf diesen Weg, wo er schreibt, daß das Gemälde der *Heiligen Anna selbdritt* aus dem Louvre wie »schlecht verdichtete Traumgestalten« erscheint, so daß sich stellenweise schwer sagen läßt, wo Anna aufhört und wo Maria anfängt.[33] Freud legt hier den Finger auf einen entscheidenden Punkt, den er bereits im Traum und im hysterischen Symptom bezeichnet hatte: Nämlich die beiden gemeinsame Fähigkeit, die Metamorphose, aber auch die »widerspruchsvolle Gleichzeitigkeit« der Figuren darzustellen. Im Traum erlaubt die Möglichkeit, daß eine Kamelienblume als solche *rot* ist, jedoch in der Visualität des Traums *weiß* dargestellt wird, die gegensätzlichen Eigenschaften der Sünde und der Jungfräulichkeit miteinander zu verknüpfen.[34] Dasselbe gilt auch für die hysterische Krise. Zwei Jahre vor der Veröffentlichung des *Leonardo* schrieb Freud einen Artikel über »Hysterische Phantasien und ihre Beziehung zur Bisexualität«. Dort analysierte er mit außergewöhnlicher – theoretischer, aber auch visueller – Hellsichtigkeit eine Symptomhandlung, die er zunächst als »unverständlich«

bezeichnete, obwohl sie sich in sehr auffälliger Weise darstellte: Es handelt sich um die gegensätzliche Identifikation *in zwei Bildern* in ein und demselben Körper und zu ein und demselben Zeitpunkt.[35] So als könnte der Körper der Hysterikerin – wie die Kamelie im Traum – gleichzeitig rot und weiß sein, gleichzeitig Mann und Frau, gleichzeitig Täter und Opfer ein und desselben Gewaltakts.

Im Fall Doras finden wir exakt dasselbe Moment, dieselbe Verknüpfung der Widersprüche, wenn Freud zu dem Schluß kommt, daß der Effekt der Faszination, der von dem »entzückend weißen Körper« von Frau K. ausgeht, den unauflöslichen Knoten manifestiert oder visuell verkörpert, der hier Liebe und Rivalität miteinander verknüpft. Und wiederum kann hier die »Turbulenz« von Freuds Denken dem Kunsthistoriker einen Anstoß geben, in dem zweiten Sinn, daß wir in unsere Überlegungen einbeziehen sollten – in gewissermaßen sub-logischer oder para-logischer Weise –, was ich vorhin *figurierende Figuren* nannte. Figurierende Figuren, die immer in widersprüchlicher Weise figurieren. Die ihre konstant aufrechterhaltene Antithese nicht nur zulassen, sondern sogar verlangen. Die noch nicht entschieden haben, womit sie sich identifizieren werden.

Die Malerei bringt diese »figurierenden Figuren« ins Spiel – und damit sind wir erneut »jenseits des Detailprinzips« –, einfach weil die Gegenstände in ihr nie materiell voneinander geschieden sind, nie *vollständig* identifizierbar oder *vollständig* detaillierbar, wie es reale Körper im Raum sind und wie es die schwarz auf weiß geschriebenen Wörter in einem Satz sind. Und zwar aus dem einfachen Grund, weil es *ein und dieselbe Materie* ist – die Materie der Malerei –, die die Darstellung einer Sache und zugleich ihres Gegenteils trägt. So ist es beispielsweise bei der Hand der Maria in dem Gemälde der *Anna selbdritt*, mit dem Freud sich so intensiv auseinandersetzte: Die Hand gilt allgemein als ein »Detail« ihres Körpers, und insofern »gehört« sie ihr, »gehört« zu diesem Körper ... Tatsächlich verhält es sich aber ganz anders: Marias Hand gehört schon nicht mehr ihr, denn sie verliert sich in einem verschwommenen Bereich irgendwo im Körper des Jesusknaben (Abb. 14). In diesem Moment haben wir mit etwas zu tun, das keine vollständige »Darstellung« ist, sondern die *Darstellbarkeit* einer Hand *zwischen* der Madonna und dem Knaben.

Darstellbarkeit (3): Die Virtualität der Figuren

Den dritten Hinweis möchte ich die *Virtualität der Figuren* nennen. Ist es nicht gerade das, was Pierre Fédida das »visuelle Bild« nennt? Diese dritte Spur eröffnet Freud bereits auf den ersten Seiten des Leonardo-Buchs, wo sich die Frage stellt, weshalb Leonardos Werke so oft unvollendet geblieben sind.[36] Denken wir an Freuds Ausdruck von der »unendlichen Analyse«:[37] Werke oder Analysen, die nie beendet sind, sondern immer potentiell, immer virtuell bleiben. Die nie endgültig sind, nie mit Resultaten oder »figurierten Figuren« abschließen. Auch ohne die Suche nach einer – zwangsläufig ungewissen, kaum beweisbaren – biographischen oder klinischen Antwort läßt diese Frage in bezug auf Leonardos malerisches Werk uns erkennen, wie sehr die Darstellbarkeit mit all ihren Widersprüchen und Kompromissen sich um eine stets virtuelle Figur dreht. Die Wirkung des *Visuellen* erweist sich am entschiedensten, wo sie uns nicht figurierte Figuren, das heißt Details, sondern *virtuelle* Figuren präsentiert. Figuren, die nichts figurieren, nichts detaillieren, sondern etwas *präfigurieren*. Figuren, deren Schwebezustand in den Vordergrund tritt und die Konsistenz, das zeitliche Gewicht des Gemäldes ausmacht.

Genau das geschieht in Doras »zwei Stunden [...] still träumender Bewunderung« vor der *Sixtinischen Madonna*. Diese »still träumende Bewunderung« vor einer *schwebenden Frau* verbindet sich also mit etwas, das wir eine *schwebende Sichtbarkeit* nennen müssen – die nichts »figuriert«, die noch nicht versucht, irgend etwas zu identifizieren. Völlig zu Recht sieht Freud darin ein Bild, eine *Präfigu-*

Abb. 14: Leonardo da Vinci, *Heilige Anna selbdritt,* um 1510 (Ausschnitt). Öl auf Holz. Musée du Louvre, Paris. Fotografie des Museums.

ration von Dora selbst. Tatsächlich ist es kein Zufall, daß Dora hierfür gerade dieses Bild wählte (wie es unter anderem auch die Lisa in Dostojewskis *Dämonen* tut[38]). In seiner Bewegung und seiner Struktur entspricht Raffaels Gemälde genau dieser *schwebenden Sichtbarkeit,* die Dora benötigte, um *ihren Wunsch verorten* zu können. Wie stellt Raffaels Gemälde das »entzückende Weiß« der schwebenden Jungfrau dar? In den Bewegungen des Winds, das heißt in etwas Virtuellem und Widersprüchlichem (so bewegt dieser Wind im Zentrum des Gemäldes nichts anderes außer den Haaren des Kindes). Vor allem aber ist zu bemerken, daß der Himmel – eigentlich der Hintergrund, auf dem die Madonna erscheint und uns entgegenschreitet – aus Wolken besteht, und daß diese Wolken ihrerseits aus Gesichtern bestehen (Abb. 15): aus kaum wahrnehmbaren Gesichtern, virtuellen Gesichtern von Engeln. Und gerade diese Virtualität verleiht ihnen ihren *Blick* – verleiht ihnen ihre Fähigkeit, Dora »anzublicken«, während sie das Bild anblickt. Diese Virtualität bietet hier das Indiz und zugleich die souveräne Bewegung des *Visuellen.*

Wenn also Freuds Werk zu einem bestimmten Zeitpunkt in seiner Entwicklung einer solchen Begegnung mit der Malerei Leonardo da Vincis bedurfte, dann weil die spezifische Arbeit dieser Malerei in exemplarischer Weise eine *Heuristik der Darstellbarkeit* transportiert: Das heißt, ein experimentelles Erproben und zugleich eine Theorie dessen, wie die Figuren nicht nur etwas »repräsentieren«, sondern »sich präsentieren«, entstehen, sich miteinander verbinden und einander widersprechen, um mehrere Geschichten zugleich zu erzählen, mehrere Objekte zugleich zu beschreiben – wie sie unablässig die »Detaillierung« der sichtbaren Welt hintertreiben.

Schließlich besitzt diese Auseinandersetzung mit der Arbeit der Darstellbarkeit auch den Vorzug, uns mit einem wesentlichen Problem nicht nur einer »freudianischen«, sondern überhaupt jeder Ästhetik zu konfrontieren. Einerseits benötigen wir einen strukturellen Gesichtspunkt, um mit der hochgradig komplexen theoreti-

Abb. 15: Raffael, *Sixtinische Madonna*, 1513–1514 (Ausschnitt). Öl auf Leinwand. Gemäldegalerie Dresden. Fotografie Giraudon.

schen Relevanz der Malerei auseinanderzusetzen, deren Verständnis uns in gewisser Weise durch die ikonologische Methode Panofskys eröffnet worden ist; und daher bedürfen wir einer »detaillierten« Dimension des *Sehens,* eines wachen, *hellsichtigen* Standpunkts gegenüber dem Bild und seinen Mitteln der Darstellung. Andererseits jedoch lehrt uns Doras »still träumende Bewunderung«, in welchem Grad die Malerei in einer Dimension des *Blicks* zu begreifen ist. Dem entspricht die »schwebende Sichtbarkeit« von Doras *beinahe schlafendem* Blick. Warum? Lacan betont nachdrücklich, daß »im Wachzustand der Blick elidiert ist«:[39] Wenn wir wachen, ist der Blick uns ständig entzogen, eingeklammert. Wenn die Malerei eine Sache von Dingen für den Blick ist – und nicht nur von sichtbaren Dingen –, müssen wir zugeben, daß hier eine wesentliche Schwierigkeit besteht, eine unauflösbare sogar. Um ein Bild wirklich anzuschauen, müßten wir es im Schlaf anschauen können ... und das ist offensichtlich unmöglich.

(1986)

---

1 *Iconographie photographique de la Salpêtrière,* 3 Bde., Paris 1876–1880; *Nouvelle iconographie de la Salpêtrière,* 28 Bde., Paris 1888–1918.
2 Jean-Martin Charcot und Paul Richer, *Les Démoniaques dans l'art* (1887), hrsg. von Georges Didi-Huberman, Paris 1984. (Eine deutschsprachige Ausgabe des Buchs von Charcot und Richer erschien unter dem Titel *Die Besessenen in der Kunst,* Göttingen 1988.)
3 Sigmund Freud, »Charcot« (1893), in: ders., *Gesammelte Werke,* Bd. 1, Frankfurt a. M. [5]1977, S. 22.
4 Vgl. Georges Didi-Huberman, *Die Erfindung der Hysterie. Die photographische Klinik von Jean-Martin Charcot,* München 1997.
5 Vgl. Jean-Martin Charcot, *Poliklinische Vorträge,* Bd. 2, Leipzig 1895, S. 373–380.
6 Sigmund Freud, »Eine Kindheitserinnerung des Leonardo da Vinci« (1910), in: ders., *Gesammelte Werke,* Bd. 8, Frankfurt a. M. [6]1973, S. 125–211.
7 Ders., zitiert von Ernest Jones, *Das Leben und Werk von Sigmund Freud* (1953), Bern 1978, Bd. 2, S. 409.
8 Ebd., S. 410.
9 Pierre Fédidas Vortrag ist leider nicht im Rahmen der Kongreßakten erschienen. Vgl. *Un siècle de recherches freudiennes en France, 1885/86–1985/86,* Tours 1986.

10 Vgl. Daniel Arasse, »Lorenzo Lotto dans ses bizarreries: le peintre et l'iconographie«, in: *Lorenzo Lotto. Atti del Convegno internazionale di studi per il V Centenario della nascita,* hrsg. von Pietro Zampetti u. Vittorio Sgarbi, Treviso 1981, S. 365–382.
11 Vgl. Giovanni Morelli (unter dem Pseudonym Ivan Lermolieff), *Kunstkritische Studien über italienische Malerei,* Leipzig 1890–1891.
12 Vgl. Hubert Damisch, »Le gardien de l'interprétation«, in: *Tel Quel* 44 (1971), S. 70–84, u. 45 (1971), S. 82–96.
13 Sigmund Freud, *Die Traumdeutung* (1900), *Gesammelte Werke,* Bd. 2/3, Frankfurt a. M. [6]1976, S. 108.
14 Vgl. Ernst Panofsky, »Tizians *Allegorie der Klugheit*« (1955), in: ders., *Sinn und Deutung in der bildenden Kunst,* Köln 1975, S. 167–191.
15 Vgl. Carlo Ginzburg, *Erkundungen über Piero. Piero della Francesca, ein Maler der frühen Renaissance,* Berlin 1981.
16 Vgl. ders., »Spurensicherung. Der Jäger entziffert die Fährte, Sherlock Holmes nimmt die Lupe, Freud liest Morelli – die Wissenschaft auf der Suche nach sich selbst« (1979), in: ders., *Spurensicherung. Über verborgene Geschichte, Kunst und soziales Gedächtnis,* Berlin 1983, S. 61–96.
17 Vgl. Georges Didi-Huberman, *La Peinture incarnée,* Paris 1985, S. 28–62.
18 Ebd. Vgl. auch ders., »Question de détail, question de pan«, in: ders., *Devant l'image. Question posée aux fins d'une histoire de l'art,* Paris 1990, S. 271–318.
19 Cesare Ripa, *Iconologia, overo descritione di diverse imagini cavate dall'antichità, e di propria inventione* (1593–1603), Hildesheim 1970.
20 Sigmund Freud, »Über Deckerinnerungen« (1899), in: ders., *Gesammelte Werke,* Bd. 1, S. 531–538, 547.
21 Ebd., S. 547.
22 Ebd., S. 554.
23 Ders., »Der Fetischismus« (1927), in: ders., *Gesammelte Werke,* Bd. 14, [5]1976, S. 309–317.
24 Vgl. Meyer Schapiro, »Leonardo and Freud: An Art-Historical Study«, in: *Journal of the History of Ideas* 17 (1956), S. 148–178.
25 Vgl. Georges Didi-Huberman, *Die Erfindung der Hysterie,* passim.
26 Sigmund Freud, »Eine Kindheitserinnerung des Leonardo da Vinci«, S. 179.
27 Ebd., S. 179.
28 Ders., *Briefe 1873–1939,* hrsg. von Ernst L. Freud, Frankfurt a. M. [2]1968, S. 177, 183, 185, 191, etc.
29 Vgl. Georges Didi-Huberman, *Die Erfindung der Hysterie,* S. 197–310.
30 Sigmund Freud, »Bruchstück einer Hysterie-Analyse« (1905), in: ders., *Gesammelte Werke,* Bd. 5, Frankfurt a. M. [5]1972, S. 222.
31 Ebd., S. 258–259.
32 Ebd., S. 259.
33 Ders., »Eine Kindheitserinnerung des Leonardo da Vinci«, S. 186–188.
34 Ders., *Die Traumdeutung,* S. 324, 352–354.
35 Ders., »Hysterische Phantasien und ihre Beziehung zur Bisexualität« (1908), in: ders., *Gesammelte Werke,* Bd. 7, Frankfurt a. M. [6]1976, S. 198: »Weitere Gegenstücke zeigen gewisse hysterische Anfälle, in denen die Kranke gleichzeitig beide Rollen der zugrunde liegenden sexuellen Phantasie spielt, also zum Beispiel wie in einem Falle meiner Beobachtung, mit der einen Hand das Gewand an den Leib preßt (als Weib), mit der

anderen es abzureißen sucht (als Mann). Diese widerspruchsvolle Gleichzeitigkeit bedingt zum guten Teile die Unverständlichkeit der doch sonst im Anfalle so plastisch dargestellten Situation und eignet sich also vortrefflich zur Verhüllung der wirksamen unbewußten Phantasie.«

36 Ders., »Eine Kindheitserinnerung des Leonardo da Vinci«, S. 131–133.
37 Ders., »Die endliche und die unendliche Analyse«, in: ders., *Gesammelte Werke*, Bd. 16, Frankfurt a. M. ⁵1978, S. 57–99.
38 Vgl. Fjodor M. Dostojewski, *Die Dämonen* (1872), München 1996, S. 170–172, etc.
39 Jacques Lacan, *Das Seminar XI. Die vier Grundbegriffe der Psychoanalyse* (1964), Berlin 1987, S. 81.

10

LOB DES DIAPHANEN

– Ich kann für den Moment nur von einem Leinwandstreifen, einer lokal begrenzten Teilfläche* des Gemäldes ausgehen (Abb. 16). Aber er besitzt, wie sich bald zeigen wird, eine merkwürdige Fähigkeit, etwas in Gang zu setzen. Er entgleitet mir. Nur für einen kurzen Moment konnte ich ihm mit den Augen folgen. Er ist verschwunden, wenn ich so sagen kann. Wohin? In etwas, das ich die »Tiefe« des Gemäldes nennen möchte, eigentlich seine »Dicke«. Ausgewichen, nach unten entzogen, unterdrückt. Das stimmt – aber diese Dicke ist dünn, das sehe ich, das spüre ich, wenn ich die Leinwand an dieser Stelle in die Hand nehme und meinen Finger unter meinem Finger fühle. Die Dicke ist dünn, es gibt hier keinen »Materieeffekt«, wie man so sagt. Und trotzdem ist die Dicke dieses Gemäldes zwischen meinen Fingern ungeheuer komplex.

– Dieser Streifen verschwindet zunächst so, wie er erschienen ist: unter meinen Augen, und das ist das Verwirrende, es ist so einfach und so enigmatisch, wie wenn ich beispielsweise die skarifizierte, ein wenig eingeritzte Haut eines geliebten Körpers sehe – die Andeutung der quälenden Paradoxie eines Einschnitts, der keiner ist, weil er an der Oberfläche bleibt, der die Haut verletzt, aber nicht versehrt. Das In-Erscheinung-Treten dieses Streifens, seine *Epiphasis,* ist ein Ereignis von derselben Ordnung wie der leichteste Einschnitt. Und sein Verschwinden, seine *Aphanisis,* ist ein Ereignis von der Ordnung der Ununterscheidbarkeit. Eine Art körperliche Ambiguität (im kartesianischen Sinn eines Körpers: eine Ambiguität der *res extensa*). Daher auch eine Beunruhigung des Blicks zwischen dem, was er behaupten möchte, und dem, was abgeschnitten ist (der Einschnitt [*incision*]), zwischen dem, was er erkennen möchte, und dem, was ununterscheidbar ist (die Unbestimmtheit [*indécision*]).

– Das ist einer der Gründe, weshalb das Gemälde diesen Leinwandstreifen nicht als ein Detail hervortreten läßt, im Sinne des Details als eines abgegrenzten Teils einer figuralen Struktur. Sondern er ist etwas mehr und etwas weniger als ein Detail. Das heißt, er ist keine Monade, kein Atom der Bedeutung oder der Figuration. Das Modell seiner Beschreibung kann nur molekular sein. Er ist ein Detail in einem anderen Sinn. Er manifestiert sich (er tritt hervor, er steht konkret aus der Ebene heraus) und verweigert sich zugleich einer ungeteilten Existenz. Denn in dem labyrinthischen Gewebe dieser Leinwand, dieser Leinwände oder Leinwandschichten, ist er zugleich ein *strukturelles* Element, ein Prinzip des *Schnitts* und die *Ununterscheidbarkeit* dessen, was er zerschneidet und was er mit strukturiert.

– Das scheint widersprüchlich. Vielleicht besteht Bonnefois Arbeit darin, Aporien ins Werk zu setzen, oder vielmehr umgekehrt das Werk in die Aporie zu setzen (die Aporie ist nicht die Nichtexistenz, sondern die »pan«-Existenz, im Sinne des Mauerstücks *[pan de mur]*, das ein Hindernis bildet, Einhalt gebietet, ein Hinsehen verlangt, sich vor mir aufrichtet, die Illusion einer Sprache zerstört, die durch alle Dinge hindurchginge). Es ist also widersprüchlich. Denn es verlangt einen verzeitlichten, nie ganz ungeteilten Vorgang der Konstituierung des Gemäldes als sichtbares Objekt. Keinesfalls kann seine Legitimierung, nicht einmal seine Beschreibung geometrisch und synchronisch sein. Es verlangt nicht nur Zeit, sondern *Zeiten* – eine differentielle Geduld. So gibt es zum Beispiel eine Zeit, in der ich glaubte, die »tragende« Funktion dieses Leinwandstreifens zu erkennen: weniger als ein »kompositorisches« Element denn als Arbeit der materiellen Stabilität. Ich sehe nicht, wie das Gemälde ohne ihn »halten« könnte, weder in seiner Ausdehnung in der Fläche noch in seiner Dicke; wenn er nicht wäre, fürchte ich, wäre dort ein Loch. Doch es gibt auch eine andere Zeit, in der derselbe Leinwandstreifen ein in das Gemälde eingedrungener Fremdkörper ist: er ist so-

Abb. 16: Christian Bonnefoi, Gemälde aus der Gruppe *Babel IV*, 1982–1983 (Ausschnitt). Acryl und Graphit auf Leinwand und Tarlatan. Paris, Privatsammlung. Fotografie G. D.-H.

zusagen zuviel; wäre er nicht festgeheftet, würde er nicht halten; er scheint aufgesetzt, seine Existenz ist nicht konstitutiv für den gegenwärtigen Zustand. Eine Wunde, die im Begriff ist zu vernarben oder schon teilweise vernarbt ist. Oder in Bonnefois eigenen Worten: die Manifestierung eines »Prinzips des *Geteilten/Teilenden*«.[1] In einer dritten Zeit ist dieser Leinwandstreifen weder das eine noch das andere. Er *inexistiert*, wenn ich so sagen kann (in dem Sinne, wie diese Verbform eine Existenz *trotz allem* andeutet). Er ist da, er ist sichtbar, aber verschwindet als solcher; er scheint in dem Rest »aufzugehen« als die Ausstrahlung, die Auratisierung des »Prinzips des *Geteilten/Teilenden*«. Er ist auch kein Detail, sondern die ununterscheidbare Färbung seiner Umgebung; er ist kein *Trompe-l'œil*, denn die *Aphanisis*, die Verflüchtigung der Erscheinung, stellt sich auch beim Blick aus der Nähe ein, sogar beim Berühren mit der Hand (das Gemälde zwischen meinen Fingern – ein wenig wie das *videre in manibus eius* des heiligen Thomas). Es bleibt, daß dieser Leinwandstreifen in jeder dieser drei Zeiten mich zu den beiden anderen zwingt: Selbst wenn er verschwindet, kann ich nicht übergehen, daß er weiterhin untergründig die Struktur bestimmt, aber auch einen Einschnitt in die Struktur bildet. Das Gemälde zwingt mich also zur Erinnerung an das, was ich in ihm schon nicht mehr sehe.

– Es gibt hier eine zufällig erscheinende Verflechtung, so daß jeder Blick, der sich auf dieses Gemälde richtet, von Fläche zu Fläche weitergleitet. An jeder Stelle und in jedem Moment dieses Gemäldes gibt es ein *Phänomen* (etwas, das sich zeigt), verbunden, oder mehr noch, verflochten mit einem *Indiz*: »Gemeint sind Vorkommnisse am Leib, die sich zeigen und im Sichzeigen als diese Sich zeigenden etwas ›indizieren‹, was sich selbst *nicht* zeigt. Das Auftreten solcher Vorkommnisse, ihr Sichzeigen, geht zusammen mit dem Vorhandensein von Störungen, die sich selbst nicht zeigen. Erscheinung als Erscheinung ›von etwas‹ besagt demnach gerade *nicht*: sich selbst zeigen, sondern das Sichmelden von etwas, das sich nicht zeigt, durch etwas, was sich zeigt. Erscheinen ist ein *Sich-nicht-zeigen*. Dieses ›Nicht‹ darf aber keineswegs mit dem privativen Nicht zusammengeworfen werden, als welches es die Struktur des Scheins bestimmt.«[2] Das setzt die relative Blindheit, zu der mich dieses Gemälde in gewisser Weise zwingt, nicht voraus, sondern führt sie überhaupt erst herbei. Es gilt also, diese Paradoxie auszuhalten, sich ihr auszusetzen: Ein Gemälde, das aus Öffnungen und eingesetzten Stücken, gitterförmigen Verflechtungen und Bündelungen (mehrere Schichten, untereinander verwebt und verquickt), besteht – und das gemacht ist, um jede Vorstellung eines möglichen Klarblicks zunichte zu machen. Die Paradoxie eines Einschnitts in die Leinwand in der Absicht und mit dem Ergebnis der Ununterscheidbarkeit. Eine paradoxe Konsequenz: Die Ununterscheidbarkeit wird erreicht, wird sichtbar gemacht durch einen Beweis der Unsichtbarkeit. »Die Malerei gründet sich und versteht sich auf einem Grund der Unsichtbarkeit *[invisibilité]*, die zugleich die Essenz der Unteilbarkeit *[indivisibilité]* ist«, schreibt, fordert Bonnefoi.[3]

– Aber worin besteht diese Unsichtbarkeit (dieser Beweis, dieser Grund)? Diese Frage führt zunächst einmal zur Problematik des *Ortes* der Malerei. »Bleibt die gegenwärtige Frage nach dem wirklichen Ort. Mit dieser Frage verknüpft die Malerei seit hundert Jahren in verschiedensten Weisen die Fiktion ihres Ursprungs: daß es einen essentiellen Grund der Malerei gebe und daß dieser Grund die ›Oberfläche‹ sei. Ein Grund, der zurückwirft, was man auf ihn projizieren möchte, obgleich die Intention immer schon war, ihn zu durchstoßen oder zumindest seine Rückseite zu sehen, in der Annahme (die man sich erlaubt), sie sei ›seine wahre Seite‹.«[4] Darin liegt eine gewisse heuristische Ausrichtung. Um seine Maltechnik zu »erkennen«, hatte Frenhofer die Gemälde Tizians »Schicht für Schicht abgehoben«.[5] Bonnefoi verfährt mit seinem eigenen Gemälde in gleicher Weise, hebt manchmal sichtbar, manchmal unmerklich die hundert Schichten ab, aus denen »die« Leinwand besteht.

Doch dieses Abheben bleibt immer eingeschränkt, labil, irgendwie unentschlossen: halb heuristisch, halb enigmatisch. Vielleicht handelt es sich nicht um ein Problem des Vorrangs (der Rückseite vor der Vorderseite), sondern um die Verflechtung der Seiten, in der der Begriff der Oberfläche sich verliert: ein unauflöslicher struktureller Knoten, der die Fläche der Leinwand – oder vielmehr, der Leinwände – bildet, wie ein Spiel von Verflechtungen, Schnitten und Ununterscheidbarkeiten. So daß sich das Gemälde keinesfalls als eine Oberfläche konstituiert. Yve-Alain Bois erinnerte im Hinblick auf die Unentflechtbarkeit dieses Gewebes an die »verflochtenen Labyrinthe« von Mondrians Collagen.[6] Tatsächlich manifestiert sich im Sichtbarwerden der Vorderseite so etwas wie die Wirkung der Rückseite. Oder vielmehr: die Verflechtung erzeugt eine *Instabilität der Ebenen*. Bonnefois »Zerstörung der Einheit der Oberfläche« besteht weniger in ihrer Umwendung oder Umkehrung oder Spiegelung als in ihrer Durchgängigmachung: in ihrer Beweglichkeit und *Aufhebung*. »Hier und dort suchen, vor, zurück, seitlich und so weiter, wie weit in diesem Gegensatz zur ursprünglichen Einheit noch Malerei möglich ist«[7] – im Gegensatz zu der Einheit der Oberfläche als Ort der Fixierung, der Immobilisierung und der Identifizierung für »die« Malerei.

– »Ankleben, anheften, durchqueren, trocknen: Hommage an Picasso.«[8] Dieses Stück des Gemäldes ist tatsächlich oben angeheftet, wie um nicht aus dem Bild zu fallen, dann offenbar angeklebt oder geleimt, und unten von seinem eigenen »Grund« durchquert (dort wird es schließlich zur ununterscheidbaren Substanz, obgleich es noch einen Moment länger den Schnitt figuriert oder mimt). Zwischen dem Anheften und dem Durchqueren besteht also eine Art *materialisierte Aporie des Begriffs der Oberfläche,* soweit letztere sich verorten läßt. Denn zum einen erlauben die verleimten und durchtränkten dünnen Schichten Momente wirklicher Transparenz: Wenn ich das Gemälde umdrehe, sehe ich einen durchsichtigen

Kunststoff; wenn Licht in einem ungewöhnlichen Winkel auftritt, erscheint eine Explosion von Rissen, Öffnungen, überraschenden Leerstellen, die sich nicht mit denen decken, die sich in der Bildfläche sichtbar abzeichnen. Spaltung zwischen der »realen« und »pikturalen« Oberfläche.[9] Und wenn ich das Gemälde vor einen Spiegel stelle, würde ich möglicherweise einen Schatten durch es hindurchgehen sehen – mein eigenes Spiegelbild hinter ihm. Es handelt sich also um eine reale Transparenz des Gemäldes (sie ist wirksam). Doch sieht man sie unter den Bedingungen seiner gewöhnlichen Hängung nicht als solche (was ihre Wirksamkeit nicht schmälert).

– Mehr noch. Diese Aporie der Oberfläche wirkt sich nur im Farbgeschehen dieses Gemäldes aus. Es handelt sich hier auch um eine *Epiphasis–Aphanisis* der Farbe. Und wiederum, auch in den Farben: eine halb enigmatische Offenheit, eine halb heuristische Geschlossenheit. Bei meiner ersten Begegnung mit Bonnefois *Dessins* machte ich die Erfahrung einer Konfusion in jedem Sinn des Wortes – eine Konfusion der Farben, die Unmöglichkeit zu unterscheiden, was in diesen Arbeiten Farbpigment und was ein farbiger Schatten war. So zerfällt »mein« Leinwandstreifen beispielsweise in seine Existenz als bemalte Oberfläche und als farbiges vorstehendes Objekt, das einen Schatten auf die andersfarbige Fläche wirft, aus der es hervorsteht (teilweise wird dies sichtbar in den Unterschieden zwischen zwei Fotografien, die zu verschiedenen Tageszeiten aufgenommen wurden). Das sind also schon drei verschiedene Graus in diesem kleinen grauen Stück des Gemäldes. Mindestens drei. Denn das ist noch nicht alles. Hinzu kommen die teils versteckten, teils auffälligen Einsprengsel dreier anderer Farben: der Riß eines abrupt auftauchenden Gelb, ein Punkt Blau (am äußersten Ende eines anderen Risses) und eine sehr subtile Aura eines durchschimmernden Rot. So färbt der Schatten des Leinwandstreifens auf der Ebene (derselben Ebene, aus der er hervortritt und vor der er sich abhebt) sich manchmal in sehr dünnen, labilen Übergängen; hier in rot. Doch ganz gleich, ob die Farbe die Ebene von unten aufreißt oder sich wie ein atmosphärischer Schatten ausbreitet, sie taucht nie wirklich auf, sie ist immer in einem Übergangszustand. Das heißt, sie ist nie an die Oberfläche gebunden; sie ist tatsächlich keine Eigenschaft der Oberfläche. Sondern die Eigenschaft einer Durchquerung von Oberflächen.

– Fast dasselbe forderte Hegel von der *sinnlichen Substanz* der Malerei als höchste Wirkung ihres »Farbenscheins«: Mehr noch als die Luftperspektive und mehr noch als das Problem der Karnation ist dies für ihn die Fähigkeit – Hegel nennt sie eine »*Magie*« –, »alle Farben so zu behandeln, daß dadurch ein für sich objektloses Spiel des Scheines hervorkommt, das die äußerste verschwebende Spitze des Kolorits bildet, ein Ineinander von Färbungen, ein Scheinen von Reflexen, die in andere Scheine scheinen und so fein, so flüchtig, so seelenhaft werden, daß sie in den Bereich der Musik herüberzugehen anfangen.«[10] Die graue Fläche in Bonnefois Gemälde scheint diese Forderung des *Ineinander* genau zu erfüllen mit ihren Übergängen, ihren Durchquerungen, ihren Verflechtungen, ihrer Feinheit, ihrer Momenthaftigkeit. Doch mit dem einen Unterschied, daß die Verflechtung hier in einer Dimension ausgeführt und gedacht ist, in der sie offensichtlich mit der Idee des Reflexes, des Lichtscheins unvereinbar ist. Ihr Ineinander besteht vielmehr in der Wirkung von »objektlosen« (nicht einmal formell irgendwo zugehörigen) Schatten oder Lichtern, von Farbdurchgängen durch ein diaphanes Labyrinth der Stoffschichten.

– In einem gewissen Sinn ist dies die *luzideste* Malerei überhaupt. Vielleicht als solche ein gespaltenes Bewußtsein. Weil sie die Konstituierung des Sichtbaren nicht als bloßes Aufbringen von Farbpigmenten oder signifikativen Elementen auffaßt, sondern als das durchdringende Ankommen der Farbe als *lux* oder als *lumen*. Sie fordert von sich selbst eine Verwendung der Pigmente »unter einem anderen Gesichtspunkt als dem der Farbe«.[11] Ihr Ort, ihr *Da* ist somit nicht evident, sondern eher so etwas wie ein Aufkommen und Verschwinden einer Dichte: zunächst das »Auftauchen einer Dichte anstelle des Bildes«, dann das »Erscheinen eines auslöschenden Effekts auf der Oberfläche«.[12] Ich möchte eine dritte »Dimension« ergänzen, die unter anderem den erwähnten Effekt der halb oberflächigen, halb atmosphärischen farbigen Schatten umfaßt: ein Effekt, der genaugenommen in einem Teil des Raums *stattfindet*, zwischen der Ebene, vor der das Gemälde hängt (die Mauer hinter ihm: denn wenn sie farbig oder verspiegelt oder eine Lichtquelle oder irgend etwas anderes ist, ändert sich alles), und andererseits dem nicht ganz eindeutigen *Da*, dem Ort, von dem aus ich es betrachte. Daß die visuelle Existenz dieses Gemäldes nicht in einer Ebene (einer fixen Distanz, einer Oberfläche, einem *extensum*) zu verorten ist, sondern in einem labilen Raum (einem *spatium*), führt in der Konsequenz zu einer ständigen Bewegung und *Unruhe* des Blicks. Zwischen Wissen (heuristische Halb-Offenheit) und Verschleierung (enigmatische Halb-Geschlossenheit).

– Ein *Ineinander* also: die erscheinende Dichte ist mit dem Effekt ihres Verschwindens verknüpft, und beide lassen sich offensichtlich der Passage des Kolorits *durch* das Gemälde hindurch, von seiner diesseitigen Seite (die Wand) zu seiner jenseitigen (mein Blick) zuschreiben. Das heißt, dieses Gemälde verleiht der Farbe die Eigenschaft des *Diaphanen* – ein aristotelischer Begriff, der insbesondere im 16. Jahrhundert dem Gegensatz von Farbe und Kolorit zugrunde gelegt wurde. Lodovico Dolce faßte die Problematik so zusammen: Gegen die Pythagoräer, die glaubten, daß die Farbe nur eine Eigenschaft der Oberfläche *(superficie)* sei, andererseits aber auch gegen Platon, der glaubte, daß die Farbe eine reine Eigenschaft des Lichts *(lume)* sei, unternahm Aristoteles mit größerem Scharfsinn den Versuch, den Begriff des Kolorit zu dialektisieren. Er weist ihn einer Sache zu, die er im Griechischen *to diaphanes* nennt, was Dolce ins Italienische übersetzt: *la lucidezza*.[13] Die »luzideste« Malerei zu fordern heißt also bereits, sie auf der Grundlage der Unsichtbarkeit zu denken. Der entscheidende Punkt der aristotelischen Hypothese – daß sie vom physikalischen Standpunkt her »überholt« ist, schmälert ihren Wert nicht, im Gegenteil: gerade weil sie vor-newtonisch ist, weil sie beispielsweise nicht zwischen Farbpigment und »natürlicher« Farbe unterscheidet, ist sie heute von lebendigem Interesse für die Malerei –, ihr entscheidender Punkt besteht in der Unterscheidung, die sie zwischen der *»Möglichkeit« [Potentialität]* und der *»Wirklichkeit« [Aktualität]* der Farbe trifft. »Alles kann in doppelter Bedeutung genommen werden, als Wirklichkeit und als Möglichkeit«, schreibt Aristoteles.[14] »Diaphan« ist der Name der Farbe im Möglichkeitszustand. Sie ist reine *dynamis*. »Wo aber das Durchsichtige nur der Möglichkeit nach da ist, da gibt es auch die Finsternis.«[15] Das Diaphane wäre demnach die – für sich genommen unsichtbare – Bedingung des Erscheinens von etwas Sichtbarem. »Das, was Farbe aufnimmt, ist farblos, so wie das, was den Ton aufnimmt, tonlos.«[16] Dieses Aufnehmende ist für Aristoteles eine gemeinsame Natureigenschaft *(koine physis)* von Luft und Wasser: von den beiden Elementen, aus denen auch das Auge besteht. Das Diaphane wird durch die ihm innewohnende Kraft des Feuers in den Zustand der Wirklichkeit erhoben: Seine Verwirklichung ist das Licht. Das Farbgeschehen bildet daraus die nähere Bestimmung, je nach dem jeweiligen Körper, je nachdem, ob er einen größeren Anteil von Feuer oder von Erde, von dem leuchtenden oder dem dunklen Element in sich enthält. »Das Licht ist gleichsam die Farbe des Diaphanen«, aber die Farbe an sich ist das Diaphane (nicht das Licht), das sich im Durchgang durch einen bestimmten Körper verwirklicht hat.[17]

– Der *Möglichkeitszustand der Farbe* ist nicht als etwas Abstraktes zu verstehen. Das Diaphane ist das *Medium* des Sichtbaren (zwischen dem Gegenstand und meinem Auge). Aristoteles geht noch wesentlich weiter, wo er schreibt, das Diaphane sei auch das *Vehikel,* die Dynamik der Sichtbarkeit. Das Diaphane durchdringt die Körper, es durchquert sie – mehr oder weniger leicht, je nach ihren Anteilen von Luft und Wasser. Doch gerade weil das Diaphane die Körper *durchquert,* sind sie imstande, eine Farbe zu haben. Man begreift nun, warum die Farbe nicht einfach nur eine Eigenschaft der Oberfläche eines Körpers sein kann (wie die Pythagoräer und die Maler der Gruppe *Support/Surface* glaubten). Die Farbe, schreibt Aristoteles, ist »der Oberbegriff des Sichtbaren an sich« *(to epi ton kath'auto oraton):* zugleich die Oberfläche des Sichtbaren und ihre Überdeckung, ihre Aufhebung, ihre Nachträglichkeit.

– Das heißt jedenfalls, daß die Farbe nicht an der Oberfläche der Körper stattfindet, sondern an der Grenze *(eschaton)* des Diaphanen, das in ihnen ist und sie durchquert.[18] Das Farbgeschehen markiert die Grenze seiner unsichtbaren Ursache, des Diaphanen in dem Moment, da es sich verwirklicht, indem es einen Körper durchquert oder auf ihn stößt: Es ist »sichtbar ... weil es in sich die Ursache der Sichtbarkeit hat.«[19] Anders gesagt, die Farbe »ist an der Grenze des Körpers, aber nicht ein Stück von ihm.«[20] Dies eröffnet die Möglichkeit der Aura, der Unruhe, der »äußersten verschwebenden Spitze des Kolorits.« Die Farbe existiert auch, in subtilerer Form und anderer Verwirklichung, um den Körper herum, bis hin zu mir und noch darüber hinaus. Sie ist nicht auf der Oberfläche der Körper fixiert, sondern sie ist ein bewegliches Spiel der Grenzen, sie oszilliert von Ebene zu Ebene im Raum.

– Damit begreifen wir etwas von dem spezifischen Effekt dieses grauen Leinwandstücks. Von seiner Wirkung, seiner latenten Unruhe und Beweglichkeit, seiner Subtilität. In diesem kleinen grauen Stück zeigt sich nicht nur eine Farbe *in actu,* sondern auch eine Farbe im Möglichkeitszustand, zwischen Durchsichtigkeit und Undurchsichtigkeit, Pigmentierung und Schatten. Ich spreche von Labilität – von einer gewissen Art, wie das Gemälde sozusagen in seinen eigenen Symptomen existiert: so stelle ich mir vor, daß ein Luftzug, ein Windstoß seine Existenz aus ungezählten, hier zusammenhaltenden, festgeklebten, verdichteten, dort weniger dichten, fast frei hängenden Streifen ungeheuer intensivieren würde –, ich spreche von Labilität, weil die Essenz der Farbe Aristoteles zufolge darin besteht, in der Verwirklichung des Diaphanen einen Akt der *alloiôsis* auszulösen: der Bewegung oder *Veränderung*. Sehen, schreibt Aristoteles an anderer Stelle, bedeutet, eine Veränderung hervorzurufen, eine Bewegung, bei der das Subjekt am selben Ort verbleibt.[21] Das Sehen ist ein Akt der Distanz, der latent die Bewegung enthält, die diese Distanz erfordern würde, wenn es zum Beispiel darum ginge, etwas zu berühren.

– Tatsächlich geht es um eine Berührung. Ohne die Berührung keine Sinneswahrnehmung: Das ist die Idee der *alloiôsis*, die Aristoteles in der Schrift *Über die Seele* zu dieser Schlußfolgerung brachte.[22] Sie findet ihr Echo in der Labilität dieses grauen Leinwandstreifens: seine *optische* Wahrnehmung scheint nach einer *haptischen*, taktilen Verlängerung zu verlangen. Nur daß der haptische Raum, wie Riegl ihn definierte,[23] eine Umkehrung aller seiner Parameter erfährt – der »Gewißheit der (tastbaren) Undurchdringlichkeit« und des Verschwindens der Schatten, unter anderem –, aus dem einfachen Grund, daß dasjenige, dem wir uns hier annähern, dieser kleine graue Streifen, nicht die stabile Oberfläche einer Repräsentation ist. Gerade die potentielle Durchdringbarkeit des Materials bildet hier die *Fläche*, und gerade die Ambiguität von Anthrazit-Pigment und farbigem Schatten läßt den Blick an diesem Gemälde *Anstoß* nehmen.

– So bleibt schließlich dieses Wort *pan* (dessen Begriff zu konstruieren wäre), um zu versuchen, so gut es eben geht, die »aporetische« Existenz dieses Gemäldes zu erklären – zwischen Dichte und Transparenz, Vorderseite und Rückseite, Einschnitt und Unbestimmtheit, Ebene und Aufhebung der Ebene, Farbe und Diaphanem, Phänomen und Indiz, *extensum* und *spatium*, Unterscheidbarkeit und Ununterscheidbarkeit, Anstoß und atmosphärischer Subtilität. Dies alles zugleich zu erklären ist gewiß schwierig; vor allem weil der strukturelle Gesichtspunkt (das Semiotische) sich darin spezifisch mit einer Erfahrung des Anstoßens verbindet (das Phänomenologische), die jede Struktur unbestimmbar macht. *Pan* wäre ein Wort für ihre Verbindung in diesem Gemälde. Auf der einen Seite seine heuristische Offenheit, sozusagen seine semiotische »Luzidität«, die auf eine Aporie des Begriffs der Oberfläche deutet – und ebenso des Begriffs der Schicht, insoweit die Schicht der bloße Auftrag einer Pigment-Oberfläche auf eine andere ist –, auf eine Grenze, auf die höchst komplexe Arbeit der untereinander verflochtenen Ebenen. Auf der anderen Seite die Quasi-Geschlossenheit des Gemäldes, die ihrerseits auf eine phänomenologische Aporie jedes Begriffs der *res extensa* deutet: ein körperliches Rätsel, hier vielleicht zwischen der Haut und dem Einschnitt. Eine Grenze: die höchst subtile Arbeit der untereinander verflochtenen optischen und haptischen Effekte. Das Wort *pan* benennt das Dichte (ein Mauerstück – *pan de mur*) und den lose hängenden Streifen, den Stoß und Aufprall (als Ausruf: »Päng!« – *pan!*) und die Umhüllung (die Kleidung: Rockschöße – *pans de robe*), das nach vorn Gekehrte (die Fassade) und das nach innen Gekehrte, das Verflochtene (das Wort bezeichnet auch eine Art Netz, mit dem man wilde Tiere fängt). Der graue Streifen [*pan*] in diesem Gemälde ist all das oder noch mehr. Und das ist auch der Grund, weshalb er *mich anblickt,* so wie das »kleine gelbe Mauerstück« Bergotte anblickte, wer weiß.

(1984)

---

* [Hier steht von Beginn an das Wort *pan*, das in diesem Kontext mit »Fläche« oder (Flächen-)»Stück« meist nur unzulänglich übersetzt ist, und dessen unübersetzbare Komplexität im letzten Abschnitt des Texts explizit thematisiert wird. – A.d.Ü.]
1 Christian Bonnefoi, »Sur l'apparition du visible«, in: *Macula*, Nr. 5-6 (1979), S. 195.

2 Martin Heidegger, *Sein und Zeit*, Tübingen [12]1972, S. 29.
3 Christian Bonnefoi, »A propos de la destruction de l'entité de surface«, in: *Macula*, Nr. 3–4 (1978), S. 165.
4 Ebd., S. 165.
5 Honoré de Balzac, »Das unbekannte Meisterwerk« (1831–1837), in: ders., *Die menschliche Komödie*, Bd. 11, Leipzig 1990, S. 345.
6 Yves-Alain Bois, »Le futur antérieur«, in: *Macula*, Nr. 5–6 (1979), S. 233.
7 Christian Bonnefoi, »A propos de la destruction de l'entité de surface«, S. 166.
8 Ebd., S. 163.
9 Ders., »Sur l'apparition du visible«, S. 201.
10 Georg Wilhelm Friedrich Hegel, *Vorlesungen über die Ästhetik III*. Werke, Bd. 15, Frankfurt a. M. 1970, S. 80–81.
11 Christian Bonnefoi, »Sur l'apparition du visible«, S. 199.
12 Ebd., S. 207, 213, 227.
13 Lodovico Dolce, »Dialogo nel quale si ragione delle qualità, diversità e proprietà dei colori« (1565), in: *Scritti d'arte del Cinquecento*, hrsg. von Paola Barocchi, Turin 1979, Bd. 9, S. 2212–2213; vgl. Platon, *Timaios*, 67c–68d.
14 Aristoteles, »Über die Sinneswahrnehmung und ihre Gegenstände«, 439a, in: ders., *Die Lehrschriften*, Bd. 6.2, hrsg. von Paul Gohlke, Paderborn 1947, S. 30.
15 Ders., »Über die Seele«, 418b, in: ders., *Werke in deutscher Übersetzung*, Bd. 13, hrsg. von Ernst Grumach, Berlin 1959, S. 36.
16 Ebd., S. 37.
17 Ebd., S. 36.
18 Ebd., 418a, S. 36; ders., »Über die Sinneswahrnehmung und ihre Gegenstände«, 439a, S. 31; ders., »Über die Farben«, 792a–b, in: ders., *Werke in deutscher Übersetzung*, Bd. 18, hrsg. von Helmut Flashar, Berlin 1999, S. 13–14.
19 Ders., »Über die Seele«, 418a, S. 36.
20 Ders., »Über die Sinneswahrnehmung und ihre Gegenstände«, 439a, S. 31.
21 Ders., »Über die Seele«, 435a, S. 68–69.
22 Ebd., 435b, S. 69.
23 Vgl. Alois Riegl, *Spätrömische Kunstindustrie*, Wien 1927, S. 32; Henri Maldiney, *Regard, parole, espace*, Lausanne 1973, S. 196.

III
SEHEN

11

DIE PARABEL DER DREI BLICKE

Erinnerung an den Schaum

Diese Geschichte beginnt lange vor unserer Zeit, im vierten Jahrhundert vor Christus, als eines Tages der berühmte Maler Apelles in einem Moment des Zorns, weil es ihm nicht gelingen will, ein Bild zu vollenden, einen Schwamm ergreift, der vollgesogen mit Wasser, Farben und organischen Bindemitteln – möglicherweise Eiweiß mit Milch oder einem unbekannten tierischen Samen vermengt – da liegt, und ihn gegen das Bild wirft. Mit einem lauten Geräusch explodiert das Bild, augenblicklich ist es entstellt. Ein weißer Schaum bedeckt es, überzieht es mit einem Netz von zufälligen Linien und rötlichen Flecken. Die gemalte Figur – es war Aphrodite, die Apelles haßte oder, was wahrscheinlicher ist, zu sehr liebte – ist beinahe nicht mehr zu sehen. Der Schaum verbirgt zum Teil ihren Körper und läßt ihre Konturen verschwimmen. Das Bild, eben noch unfertig, scheint nun »erledigt« – doch in dem Sinn, daß es zerstört ist. Was von ihm bleibt, ist nur noch eine große, unbestimmte Fläche.

Wie im Traum – mit seiner charakteristischen Mischung aus Wirklichem, das einem nicht aus dem Sinn geht, und Unmöglichem, an das man nicht zu glauben wagt – betrachtet Apelles das Wunder, das er ungewollt bewirkt hat: Aphrodite, die in dem Bild nicht mehr dargestellt ist, ist trotzdem noch da, sogar gegenwärtiger als je zuvor. Nicht als vollendete Form, denn der Schaum hat alles in dem Bild erfaßt. Sondern besser noch: Als die *Formwerdung* des Körpers der Aphrodite in einem Strudel aus Schaum, Blutstropfen und Sperma eines Gottes – des Himmels –, verstümmelt von Chronos – der Zeit.

Tage und Nächte vergehen. Das Bild, das Apelles nicht mehr anrührt und das daher seine Formlosigkeit für immer behält, erregt bei allen, die es sehen, Staunen und Bewunderung. Bald kennt jeder es unter dem seither berühmten Namen *Aphrodite anadyomene*. Ein merkwürdiges Wort übrigens, dieses *anadyomene*, denn es bedeutet zugleich das, was auftaucht, was geboren wird, und das, was wieder untertaucht, was unablässig wieder verschwindet. Ein Wort wie Ebbe und Flut. Genauso merkwürdig ist aber auch das Bild des Apelles. Manche glauben, darin Aphrodite höchstselbst zu sehen, andere sehen nichts, behaupten aber manchmal, sie hätten auf ihrer Haut einige Tropfen vom Schaum des Meeres gespürt, die aus dem Bild selbst gekommen seien. Plinius der Ältere preist das Bild in seiner Unvollendetheit und weint um die Hand des Künstlers, die *exstincta*, erloschen, verstorben ist, aber trotzdem noch da, gegenwärtig in den Spuren seines Zorns. Doch die Zerstörung verschlingt alles. Das Bild zerfällt, Würmer zerfressen die Holztafel, auf die es gemalt ist. Der Kaiser Nero, der es für eine enorme Summe erwirbt, beweist allen, daß er nichts verstanden hat, als er anordnet, man solle eine Kopie des Bildes anfertigen und es selbst dann wie ein Pestgeschwür ins Feuer werfen. Später ist auch die Kopie spurlos verschwunden.

Achthunderttausend Tage und achthunderttausend Nächte sind vergangen, als an einem schönen Sommerabend ein Mann von unbestimmbarem Alter – nennen wir ihn den Vermesser des Sichtbaren – durch einen Wald wandert. Er ist in Eile, denn unten im Schloß wird er gewiß schon erwartet. Dort eröffnet an diesem Abend eine Ausstellung, und, so scheint es ihm, sogar die Gemälde selbst müßten bereits auf sein unfehlbares kritisches Urteil warten. Denn darin liegt sein ganzes Können: Seit achthunderttausend Tagen und achthunderttausend Nächten überhäuft – und überrascht – der Vermesser des Sichtbaren die Welt mit seiner Weisheit in allen Dinges des Sehens (doch wenn man ihm sagt, daß er etwas sieht, was andere nicht sehen, weiß er wohl, daß er nicht alles sehen kann, was die anderen sehen). An diesem Tag aber ist es anders.

Der Vermesser des Sichtbaren möchte sich beeilen, doch er kann nicht. Er hat das merkwürdige Gefühl, daß sein Schritt langsamer und langsamer wird, obwohl er keine Müdigkeit verspürt. Er kennt den Weg, und doch kommt er immer wieder an demselben Baumstumpf vorbei – oder glaubt es jedenfalls –, immer wieder auf dieselbe Lichtung. Er spürt den sachten Hauch des Windes auf seiner rechten Schläfe, dann fühlt er ihn etwas später im Nacken, dann von links, dann von vorne, auf seinen Augenlidern. Ihm ist, als würde Gischt seine Haut benetzen, und in seinen Ohren hört er den Wind wie das Rauschen des Meeres. Die Erinnerung an die *Aphrodite anadyomene* geht ihm durch den Kopf, während langsam die Nacht fällt.

Der Blick des Wachens

Als er endlich, am Ende einer labyrinthischen Wanderung, am Schloß ankommt, ist alles still, leer, dunkel. Keine lebende Seele, außer vielleicht den Gemälden in der Ausstellung, doch die bleiben an diesem Abend zweifach verborgen: weil alles geschlossen ist und weil das Tageslicht alles, was zu sehen war, mit sich genommen hat. Unser Held vermag nur noch die hochragenden Mauern zu erkennen, die drei wuchtigen Türme, den Brunnen im Hof. Er tritt in den Hof und lehnt sich an die Brunnenmauer; erst in diesem Moment wird sein Körper von der Müdigkeit ergriffen. Gerne würde er jetzt sein Gesicht sehen können, denn er fühlt sich mit einem Mal alt werden. Er wartet, bis daß der Mond – so schmal er in dieser Nacht auch sein mag – hinter einer Wolke hervorkommt. Als der Mond erscheint, beugt er sich über den Brunnenrand und blickt hinunter ins Wasser. Aber er erkennt nichts, bis auf den Schatten seiner Haare, einen sehr schwarzen, verschwommenen und unscharfen Schatten. Er würde gerne schlafen können – einen heilsamen Schlaf, wie die sagen, die die wahre Macht des Schlafs nicht kennen –; er wünscht sich, daß ein Gott ihm die Fähigkeit verleihe, seine Augen einmal beiseitezulegen, um in einer bildlosen Nacht zu schlafen.

Endlich schläft er ein, doch sein Schlaf ist unruhig, *anadyomene:* kaum in den Tiefen des Schlafs versunken, fährt er bald wieder hoch, versinkt aufs neue, und so fort. Bruchstückweise erscheint ihm Aphrodite. Er möchte sie berühren, doch seine Hand greift immer zu kurz oder zu weit, falls sie sich überhaupt bewegt. Nach einem endlos langen Moment spricht Aphrodite zu ihm: »Ich bin viel zu fern, als daß du mich je erreichen könntest. Aber ich kann deinen Durst stillen. Sage drei Wünsche, und sie werden dir erfüllt.« Er antwortet sofort, ohne zu überlegen: »Ich wünsche mir einen Blick, der alles sieht, was nur irgend sichtbar ist.« Aphrodite erklärt ihm, daß dieser Blick der Blick des Wachenden heiße.

Sie schenkt ihm hundert Augen, wie Argus sie hatte, dem nichts entging: hundert Augen, von denen immer fünfzig wachen, während die anderen fünfzig schlafen. Mit einem Mal wird die sichtbare Welt für unseren Helden wie ein gewaltiges Uhrwerk, das er bis ins letzte Rädchen erfaßt. Unendlich scharf ist nun sein Blick. Er könnte die genaueste und erschöpfendste Beschreibung der Welt geben. Alles, was er sieht, erscheint ihm wie eine Komposition, von der er jedes Einzelteil, jedes kleinste Element benennen könnte. Wieder erscheint ihm die *Aphrodite anadyomene,* und jetzt kann er jedes Schaumbläschen unterscheiden, jede Krümmung des Pinselstrichs ermessen, den Winkel jeder abknickenden Linie bestimmen. Alles wird unterscheidbar, alles wird zum *Detail.*

Doch sein Wunsch zu sehen ist damit nicht zufriedengestellt, sondern wird im Gegenteil immer rasender und letztlich unerträglich. Denn jedes Detail ist ein Punkt, der jedes andere in Frage stellt oder ganz abstreitet. Er sieht keinen Zusammenhang mehr. Vergebens sucht er in jeder Einzelheit das letzte Wort des Bildes, denn jede einmal geklärte Einzelheit verweist ihn wieder auf das Rätsel aller anderen. Er sucht, er drängt: Was steckt »hinter« jedem Detail, was versucht sich dort zu verbergen? Nie wird dem Vermesser des Sichtbaren alles, was er gesehen hat, je genügen können, obwohl er in der Tat alles sehen kann. Er möchte seinen wachenden Blick noch mehr schärfen, sein Auge wird grausam, schonungslos bohrend: Es gräbt sich in das Gemälde, so wie ein Anatom eine Leiche öffnet. Er sieht sich selbst *in* der Holztafel des Gemäldes, hinter dem Bild. Nie war Aphrodite ihm ferner und unsichtbarer erschienen. Und mit Schrecken bemerkt er, daß er sich in den Fasern des Holzes bewegt wie ein Wurm, der ein Meisterwerk des Apelles zerfrißt.

Der Blick des Einschlafens

Angst durchfährt ihn. Er möchte seinen Kopf sinken lassen und seine hundert Augen schließen, doch er weiß um sein Schicksal – das Schicksal des Argus –, falls er sich dem Schlaf hingibt: Ein Krummschwert wird ihm den Kopf abschlagen, und die hundert verstreuten Augen wären nurmehr die Augenflecken auf den Federn eines Pfaus. Also ruft er Aphrodite, seufzend fleht er sie an: »Ich habe die kleinsten und geringsten Dinge erblickt, und die Schärfe meiner Augen hat mir weit mehr enthüllt, als ich zu sehen wünschte. Aber dieser Scharfblick erschöpft mich. Ich habe erkannt, daß es, um einen einzelnen Gegenstand zu betrachten, etwas anderes braucht als alle Dinge zu sehen. Der Blick des Wachenden ist nicht mein Los. Er bringt mich um. Gib mir zumindestens etwas, damit ich schlafen kann.«

Aphrodite erfüllt ihm den Wunsch, indem sie ihm einen Blick verleiht, der nicht mehr klar erfaßt, der schon im Dämmer versinkt: den Blick dessen, der einschläft, aber noch nicht im Schlaf liegt. Dieser Blick gibt ihm das Gefühl eines sehr langsamen Fallens, und manchmal eines Flimmerns vor den Augen. Die Gegenstände behalten noch ihre realistische Beschaffenheit, aber die Logik, die sie miteinander verbindet, wird vage, fast wirr. Als das Gemälde des Apelles ihm wieder vor den Augen erscheint, »sieht« der Vermesser des Sichtbaren zwar noch, was es darstellt – das Meer, den Körper der Aphrodite, die Insel Kythera –, »aber dennoch«, sagt er sich ...

Denn er spürt auch, daß das, was die sichtbaren Bestandteile des Bildes miteinander harmonieren läßt, ein vollkommenes Rätsel aufgibt. Wenn er zum Beispiel mit seinem Blick die Hüften der Aphrodite verfolgt, beginnt, was er für eine Hüfte hält, bald zu verfließen und zu schäumen, und im Schaum zeichnet sich das Ufer ab, und das feste Land des Ufers erscheint wie eine Hüfte. Hier gibt es keinen Raum mehr zu vermessen: Das Ferne kommt fortwährend näher und das Nahe reicht bis an den Horizont.

So entdeckt der Vermesser des Sichtbaren die *Widersprüchlichkeit der Figuren*: Eine Figur kann etwas anderes sein, als sie darstellt. Sie ist sogar dafür gemacht, sagt ihm Aphrodite. Sie ist gemacht, um gerade solche Dinge hervorzurufen, denen der Realismus der Realität widerstrebt – wie die Hüfte einer Frau, die zugleich Wellenschaum und Ufer ist – wie die »schlecht verdichteten Traumgestalten«, von denen Freud in einer Anmerkung über ein rätselhaftes Gemälde von Leonardo da Vinci sprach. In der Widersprüchlichkeit der Figuren hat die gemalte Welt die ontologische »Distanz« abgeworfen: Die Gegenstände sind in der Malerei nicht unbedingt voneinander geschieden. Diese Entdeckung macht unser Held an der Hüfte der Aphrodite, die auch ein Ufer ist. Die Figuren spielen mit und in dieser Widersprüchlichkeit, sie sind imstande, gleichzeitig ein Sein und sein Gegenteil zu spielen, das Sein und das Nicht-Sein zu spielen. Sie haben die Grenzen, die Abgrenzungen, die man erwartet, um Dinge identifizieren zu können, fallengelassen. Der Vermesser des Sichtbaren begreift nun, in welchem Sinne ein Schüler Platons einst sagen konnte, in dem Gemälde des Apelles seien »das Sein und das Nicht-Sein ineinander verflochten«.

Angesichts dieser Verflechtung öffnet sich die Logik wie eine Büchse der Pandora. Ein Logiker würde vermutlich sagen, daß sie sich verliert oder gar daß sie sich verschließt. Wie soll man offen über ein Gemälde nachdenken, von dem man letztlich nicht einmal sagen kann, was es *ist,* bis auf das eine, daß es ein Gemälde ist? So etwas nennt man eine Tautologie: einen logischen »Zirkelschluß«.

Aber man nennt es auch eine *Faszination:* eine ontologische Öffnung. Jetzt kann der Vermesser aufhören, die sichtbare Welt zu vermessen, denn die Malerei – die Materie der Malerei – hält ihn in der Faszination fest. Sie fasziniert ihn als die Evidenz und das Rätsel in einem, die Evidenz und das Rätsel eines formlosen Schaums, der gleichzeitig ein Körper, das Meer und sein Ufer ist. Sie fasziniert ihn als die Evidenz und das Rätsel der »figurierenden Figur«, der Figur, die eine Frage ist, und diese Frage ist unergründlich. Sie fasziniert ihn als die Einfachheit einer Materie *in actu:* als ein Gemälde, bestehend aus Wasser (einem potentiellen Meer), den aus der Erde gewonnenen Farbpigmenten (einem potentiellen Ufer) und organischen Bindemitteln (einem potentiellen Körper). Sie läßt ihn verstehen, warum dieses Gemälde *Aphrodite anadyomene* heißt: Weil dieser Name die Bewegung seiner Materie bezeichnet, der Schaums (griechisch *aphros*), der eine Form hervorbringt, ins Meer zurückfällt, wieder auftaucht, in Wellen über den Strand verläuft ... Und sie läßt ihn das rhythmische Rauschen des Werkes hören.

Der Blick des Traums

Schließlich erfüllt Aphrodite noch einen dritten Wunsch, den der Vermesser des Sichtbaren nicht einmal mehr auszusprechen braucht. Sie gibt ihm den Blick des Träumenden, den Blick für das, was jenseits des Sichtbaren ist, und dieses Jenseits nennt sie das Visuelle, weil das Wort *visuell,* wie sie sagt, sich mit *virtuell* reimt. So taucht unser Held ein in einen Traum von Weiß. Kein stillstehendes Weiß, sondern strudelnde Bewegungen in Weiß, in denen hundert Körper, hundert schaumgekrönte Wellen, hundert Ufer auftauchen können, die in ihrer virtuellen Existenz darauf warten, daß jemand sie berührt, sie mit dem Finger oder mit den Augenlidern anrührt. In jeder Handvoll Raum treffen sich Myriaden von virtuellen Figuren, deren Existenz im wörtlichen Sinne *anadyomene* ist.

Der Vermesser des Sichtbaren steht nun nicht mehr vor dem Bild, sondern ist in ihm – inmitten des lebendigen Weiß. Ob Welle, Flut, Gischt, Aura oder Strudel, was macht das noch für einen Unterschied, da hier alles nur im Zustand permanenter Metamorphose existiert. Das Auge unseres Helden trifft nichts mehr, das es im Sinne eines sichtbaren Gegenstands »erfassen« könnte. Er verliert sich im Visuellen, so wie jemand sich in seiner Sehnsucht oder in der Aufgabe aller festen Bezugspunkte verliert. Das Auge – das letzten Endes ja nichts anderes als ein großer, vibrierender Wassertropfen ist, durchzogen von Nerven, einigen schmalen Blutbahnen und dem Kranz der Iris –, das Auge kehrt in den Strudel seines Ursprungs zurück, es taucht in das Bild ein, wie ein Fisch ins Meer zurücktaucht; dann läßt es sich wie im Traum in dieser fließenden, schwimmenden, verschwommenen Visualität treiben. Nein, die Dinge sind im Bild nicht voneinander getrennt, aus dem einfachen Grund, daß ein und dieselbe Materie, ein und dieselbe Bewegung sie hervorbringt und zugleich den sie trennenden Raum bildet.

Der Vermesser versteht nun, was für ein »Durst« es war, von dem die Göttin bei ihrem ersten Erscheinen sprach. Doch zu spät: Er ist rettungslos einer merkwürdigen Art des Ertrinkens ausgeliefert, in dem sein Körper zu dem Wasser wird, in dem er ertrinkt. Seine Haare schwimmen wie Algen um sein Gesicht, hüllen es in eine eisige Kälte. Und in dieser Kälte gibt es nur noch die fortreißende Bewegung dessen, was unablässig auftaucht und wieder untertaucht. Im Versinken hat unser armer Held gerade noch die Zeit, an Ophelia zu denken, denn versinkend erblickt er alles, was sie gesehen haben muß. In diesem Moment – dem Moment des tiefsten Schlafs – spürt er, wie sein Körper sich gänzlich auflöst: Ein ungeheurer Strudel reißt ihn in Stücke, oder vielmehr in Tausende von Strömungen, Wellen, Wasserstrahlen, Tropfen, Tröpfchen und Gischt. Wenn ich sage, daß er zu sterben meint, dann beschreibt dies nur näherungsweise, was er dabei empfindet – doch er empfindet es in jedem Fall als den Preis, den er dafür zahlen muß, daß er die

Göttin Aphrodite sah. Genauer müßte man sagen, daß er schlicht zu einem großen formlosen Flecken aus Schaum und Blut geworden ist.

Epilog von der kleinen Meerjungfrau

Er erwacht in der Morgendämmerung. Sein Auge öffnet sich auf eine blasse Ferne, in der die Konturen der Wirklichkeit noch im Tau verschwimmen, der auch sein Gesicht mit herbstlicher Kälte benetzt hat. Hinter dem morgendlichen Dunstschleier zieht ein langer roter Lichtstrahl über den Horizont. Der Vermesser des Sichtbaren erhebt sich, und mechanisch beugt er noch einmal sein Gesicht über das Wasser des Brunnens. Noch immer kann er sich nicht klar darin sehen, bis auf seine Haare, die einen welligen Schatten auf das Wasser werfen. Als er auf dem Grund des Brunnens drei kleine Fische entdeckt, die dort unschuldig schwimmen, fragt er sich einen Moment lang, ob sie nicht seiner Phantasie entsprungen sind.

Ein Gedanke, den er gleich wieder verjagen möchte. Und so erinnert er sich an die Zeit seiner Kindheit, als er gerne endlose Stunden damit zubrachte, die Fische zu betrachten und sich dabei romantische unglückliche Liebesgeschichten mit Andersens kleiner Meerjungfrau vorzustellen:

> »Es wurde ruhig und still auf dem Schiff, die kleine Meerjungfrau legte ihre weißen Arme auf die Reling und blickte gen Osten der Morgenröte entgegen. Der erste Sonnenstrahl, das wußte sie, würde sie töten. Da sah sie ihre Schwestern aus dem Meer emporsteigen, sie waren bleich wie sie; ihr langes, wunderbares Haar wehte nicht mehr im Winde, es war abgeschnitten.
> ›Wir haben es der Hexe geschenkt, auf daß sie dir Hilfe bringe, damit du in dieser Nacht nicht stirbst. Sie hat uns ein Messer gegeben, hier ist es. Siehst du, wie scharf? Ehe die Sonne aufgeht, mußt du es dem Prinzen ins Herz stoßen, und wenn dann sein warmes Blut auf deine Füße spritzt, dann wachsen sie zu einem Fischschwanz zusammen, und du wirst wie-

der Meerjungfrau, kannst zu uns ins Wasser herabsteigen und deine dreihundert Jahre leben, ehe du zu totem, salzigem Meerschaum wirst. Eil dich! Einer muß sterben, er oder du, bevor die Sonne aufgeht! Unsere alte Großmutter trauert, so daß ihr das weiße Haar ausgegangen ist, wie das unsere durch die Schere der Hexe fiel. Töte den Prinzen und kehre zurück! Eil dich, siehst du den roten Streifen am Himmel? In wenigen Minuten steigt die Sonne empor, und dann mußt du sterben!‹ Und sie stießen einen seltsam tiefen Seufzer aus und versanken in den Wogen.

Die kleine Meerjungfrau zog den Purpurvorhang vom Zelt fort, und sie sah die liebliche Braut mit ihrem Kopf an des Prinzen Brust schlummern, und sie beugte sich hinab, küßte ihn auf seine schöne Stirn, blickte zum Himmel auf, wo die Morgenröte immer heller leuchtete, blickte auf das scharfe Messer und heftete wieder die Augen auf den Prinzen, der im Traum den Namen seiner Braut nannte, er hatte nur für sie allein Sinn, und das Messer zitterte in der Hand der Meerjungfrau – aber da warf sie es weit in die Wogen hinaus. Sie glänzten rot auf, wo es hinfiel, es sah aus, als sickerten Blutstropfen aus dem Wasser. Noch einmal sah sie mit halb gebrochenem Blick den Prinzen an, stürzte sich dann vom Schiff hinab ins Meer, und sie fühlte, wie ihr Körper sich in Schaum auflöste.«

Da erkennt der Vermesser des Sichtbaren, daß er sein Leben dem Opfer eines vor langer Zeit verschwundenen Bildes verdankt, und wer es war, der ihm in dieser Nacht die drei Wünsche erfüllte.

(1987)

12

DIE PARADOXIEN DES SEINS ZUM SEHEN

Jenseits des Körpers sehen?

Was sehen denn meine Augen? Ich sehe mich an, aber sehe ich mein Sein? Weder sehe ich meine Haare weiß werden – erst später erkenne ich, daß sie weiß geworden sind – noch meine Haut faltig werden. Ich sehe also nicht einmal, wie ich selbst mich in der Gegenwart verändere, wie sollte ich da mein eigenes Sein sehen, das in mir, was bleibt *(quod manet)* und dem alles Veränderliche untergeordnet ist? Augustinus verglich gerne den Menschen der sichtbaren Welt, in einem gewissen Sinn den götzendienerischen Menschen – der er selbst vor seiner Bekehrung war – mit einem, der im Traum ißt und davon nicht satt wird, wie vollständig die Illusion auch sein mag: Denn was er ißt, sind nur *phantasmata splendida*, glänzende Trugbilder, und was er trinkt, sind Nichtigkeiten *(inanitas)* und Hirngespinste *(figmenta)*.[1]

Jeder kennt die Erfahrung der »unendlichen Fluten von Bildern«, in denen die trügerischen Erscheinungen nichtvorhandener Dinge aufglänzen: »Sie stürzen sich mit solch einer Heftigkeit in die Augen der Seele, daß es schwer ist, sich ihrer zu erwehren«, bekennt Augustinus in einem Schreiben, das in der Form eines persönlichen Briefs abgefaßt ist.[2] Der vertrauliche Ton und die Rede »im eigenen Namen« verweisen hier auf einen grundlegenden Zug der augustinischen Schriften, den man in ihnen allerorten findet: Denn die visuelle Erfahrung blieb stets im Brennpunkt seiner ontologischen Fragen, in denen Wunsch und Argwohn sich dicht an dicht mischten. Als hätte Augustinus, der allen »glänzenden Trugbildern« abschwor, trotzdem nie davon abgelassen, einen Glanz zu suchen, der nicht illusorisch und leer, doch auch nicht mit den Augen »sichtbar« war. Als hätte er nicht im trügerischen Sichtbaren, sondern im Sein selbst eine *glänzende Wirklichkeit* gesucht. Doch was kann das bedeuten, eine unsichtbare glänzende Wirklichkeit?

Erinnern wir uns daran, daß das erste Werk, das Augustinus schrieb – er erwähnt es im vierten Buch der *Bekenntnisse* –, von der körperlichen Schönheit als einem privilegierten Zugang zur Wahrheit des Seins handelte: Wenn die Schönheit uns so sehr anzieht, so weil wir uns mit ihr vereinen wollen; und wenn die Schönheit uns ein solches Verlangen nach der Vereinigung oder Einheit eingibt, so muß der Grund hierfür sein, daß sie an einer fundamentalen Einheit teilhat, in der die Gesamtheit allen Seins, seine ursprüngliche Ungeteiltheit, seine Essentialität definiert ist ... Als er die *Bekenntnisse* schrieb – die wesentlich ein Buch der Erinnerung sind –, hatte Augustinus sich nicht nur längst von dem Erstlingswerk losgesagt, sondern hatte es »verloren, ich weiß nicht wie«, und erinnerte sich nicht einmal mehr, aus wie vielen Abschnitten oder »Büchern« es bestand.[3] Doch wenn hier Augustinus, der zum christlichen Glauben Bekehrte, sich von Augustinus, dem vom Sichtbaren Verführten, distanziert, so ist der Abstand dennoch nur der zwischen Augustinus und Augustinus: In seinen Schriften bleibt immer noch ein Rest des Vergessenen, selbst in seinen spätesten und abstraktesten Ausarbeitungen noch hundert »Bilderfluten«, die den Versuch der Theologen zum Scheitern verurteilen, »die Metaphern auszuräumen«, das heißt den augustinischen Text von den visuellen Figuren zu abstrahieren, die ihn bis in sein Innerstes durchdringen.

Die einfachste und klassischste – aber, wie zu zeigen ist, unzulängliche – Art, Augustinus' Haltung gegenüber der sichtbaren Welt zu erklären, ist offenkundig der Bezug auf die idealistische und neoplatonische Lehre: Augustinus habe sich Ciceros und Plotins Rückbesinnung auf die *Idea* oder »innere Form« *(endon eidos)*, von der jede Schönheit und jede visuelle Form nur ein Abbild, ein ontologisch minderwertiger »Abglanz« sei, zu eigen gemacht. So zeichnet Panofsky die Entwicklung des Ansehens der Idee in einer kontinuierlichen Linie: »Augustinus hat also zu Ciceros *intelligentia* nur das Wort *divina* hinzuzusetzen brauchen, um eine ›christliche‹ Definition des Ideebegriffs zu gewinnen.«[4] Ohne Zweifel ist der philosophische Ozean, den Augustinus befährt, im großen und ganzen mit dem neoplatonischen Idealismus identisch: Wie Plotin, wie einst Platon ermahnt der christliche Bischof unablässig alle, die »nicht nach Höherem streben wollen«, nach dem, was höher ist, als ihre Augen reichen – und was ihnen, nebenbei gesagt, ermöglichen würde, »zu beurteilen, warum die sichtbaren Dinge gefallen«:

> »Frage ich etwa einen Baumeister (*artifex*: ein Handwerker oder Künstler), warum er nach der Errichtung eines Gewölbebogens einen gleichen ihm auf der anderen Seite gegenüberstellen will, wird er vermutlich zur Antwort geben: Damit sich gleiche Glieder des Gebäudes entsprechen (*paria paribus aedificii membra respondeant*). Wenn ich nun weiter frage, warum er das vorzieht, wird er erwidern, es gehöre sich so, es sei schön, es gefalle dem Beschauer (*delectare cernentes*), und er wird sich hüten, mehr zu sagen. Er sieht nur mit zur Erde gesenktem Blick, ohne die Ursachen zu verstehen.«[5]

Was besagt aber dieses Prinzip, das der Baumeister nicht versteht, während er es dennoch anwendet? Was ist der Grund für diese Symmetrie, für die Gleichheit der Gebäudeteile, für den Beifall, den sie in den Augen der Betrachter finden? All das hat seinen Ursprung, sagt Augustinus, in der »harmonischen Einheit«, der *unitas* und *convenientia*, deren transzendentes Prinzip er »das Eine allein, von dem jedes eine ist« nennt. Die ideale Einheit des letztlichen »alleinigen Einen«, im Verhältnis zu dem alle Dinge dieser Welt, wie schön und vollkommen sie auch sein mögen, nur unvollkommene Andeutungen, Indizien, verstreute »Spuren« (*vestigia*) sind.[6] Die Welt kann »meinen Augen eine Lust sein« mit allem, was um mich herum ist – »schöne und mannigfache Formen, leuchtende und anmutige Farben« –, dennoch bleibt sie, eben weil sie für mich sichtbar ist, der bedrückende, allzu irdische Ort einer ewigen Zerstreuung, die Augustinus in dem Wort *vestigia* bezeichnet.

Wenn ich Gefallen daran finde, die »leuchtenden und anmutigen Farben« der Welt anzuschauen, vergesse ich, daß ich in diesem Moment nicht das Licht selbst, »die Königin der Farben« sehe, das doch »alles überflutet, was wir erblicken, und mich auf tausenderlei Weise umkost, wo immer ich am Tage bin, auch wenn ich mit anderem beschäftigt bin und nicht darauf achte.«[7] Es gilt also, das Licht zu sehen, aus dem die Farben entstehen, statt nur die Farben selbst zu sehen. Vor allem gilt es, nicht die Körper im Raum zu sehen, sondern die ursprüngliche Einheit, aus der die Körper gebildet sind oder vielmehr in die sie zerfallen – und die selbst in keinem Raum ist. Doch ist der Mensch, der Augen hat zu sehen, auch fähig, jenseits der verstreuten Steine dieser Welt den einen Felsen zu erblicken, dem allein Augustinus die einzige Wahrheit zuerkennt, die dieses Namens würdig ist?

> »O ihr halsstarrigen Seelen, zeigt mir einen Menschen, der ohne jede Vorstellung fleischlicher Bilder sieht *(qui videat sine ulla imaginatione visorum carnalium)*. Zeigt mir einen Menschen, der einsähe, daß es keinen anderen Ursprung irgendeines Dinges gibt, außer dem Einen allein, von dem jedes eine ist, ob es nun dieses Eine erfüllt oder nicht. Zeigt mir einen Menschen, der sieht, nicht der nur streitet, und der sich nicht den Anschein gibt, als sähe er etwas, was er in Wirklichkeit nicht sieht. Zeigt mir einen Menschen, der den fleischlichen Sinnen widersteht und den Schlägen, die er durch sie in der Seele empfing, der der menschlichen Gewohnheit widersteht, der dem menschlichen Lob widersteht, den ›auf seinem Lager sein Gewissen quält‹ *(Psalm 4,5)*, der seinen Geist erneuert, der ›nicht Eitelkeiten liebt und nicht Täuschung sucht‹ *(Psalm 4,3)*.«[8]

Es ist nicht belanglos, daß jener seltene Mensch, der »nicht die Täuschung sucht«, schon vorweg hingestellt, dargestellt wird als einer, der »auf seinem Lager sich quält«. Im lateinischen Text der Psalmen, den Augustinus liest, steht an dieser Stelle das Verb *compungo* mit seinen zahlreichen Konnotationen des Verletzens, des Schneidens, des Stechens ... In diesem *compunctus* steckt also der verletzte, der leidende, der gebrochene Mensch – und natürlich darüber hinaus auch der Zerknirschte und Reuige. So erzeugt die Kritik der sichtbaren Welt von Anfang an ein gespaltenes Subjekt, ein Subjekt, das angesichts der Forderung, die ihm vorgehalten wird, zur Dissoziation des Sehens verurteilt ist: angesichts der Forderung, *jenseits des sichtbaren Körpers zu sehen* – denn das scheint in diesem Zusammenhang das höchste Gebot zu sein.

Die Paradoxie besteht darin, daß das Ziel des »alleinigen Einen« zwangsläufig zur Spaltung des Subjekts führt, dem dieses Ziel aufgegeben ist, zur Zweiteilung des Sehakts, der sich gegen sich selbst kehrt. Tatsächlich spricht Augustinus in seinem Werk oft von einem »alleinigen Einen«, das jedesmal ein vielfältiges, pluralisiertes ist, das heißt letztlich ein *Mysterium,* wofür die Dreifaltigkeit – der einige, nicht dreifache, aber in seinem Einssein »dreifaltige« Gott – das absolute Paradigma bildet. Doch auch unterhalb dieses erhabenen Beispiels gibt es bei Augustinus viele Fälle, in denen das »Eine« eine Mehrzahl von Körpern, eine Mehrzahl von »Personen« hat. So kann das »alleinige Eine«, das allen sichtbaren Glanz der weltlichen Dinge transzendiert, die Gestalt des *Künstlers* annehmen – des einzigen Autors der Vielzahl seiner Werke –, die der Mutter oder *matrix* – des Ursprungs aller Dinge – oder auch die des göttlichen Vaters, der alle Kreaturen nach seinem freien Willen und in seinem heiligen Namen lenkt ...

Eine solche Paradoxie ruft unweigerlich weitere Paradoxien hervor. Die Dissoziation des Sehens – offenkundig ein Prinzip eines jeden idealistischen Denksystems – muß zwangsläufig das Auge in Widerspruch zu sich selbst setzen: Es sieht und es verabscheut sich zugleich dafür, eine Welt zu sehen, die es für eine bloße Parade des Unwirklichen hält. Erste Spaltung, erste Verwerfung. So verhärtet es sich in seinem Urteil, doch es weint in seiner Zerknirschung, in seiner Qual, daß es nicht das absolut Andere sieht, das wahre Sein, »das Eine allein, von dem jedes eine ist«. Und das ist die zweite Verwerfung. Es ist allerdings erstaunlich, daß eine ganze Kultur ausgerechnet die Dissoziation – diese schmerzliche Verkrampfung – zur notwendigen Bedingung jedes aufstrebenden Gedankens machte. Der aufstrebende Gedanke erscheint so als ein Kampf, als Kampf des Subjekts gegen seine eigenen Augen.

Doch gerade hier erweist sich Augustinus als universaler Neuerer: Zwischen der Verwerfung der »glänzenden Trugbilder« und der Suche nach dem wahrhaften Glanz entwickelte er eine unendliche – immer wieder neu beginnende, sich atemlos verwickelnde, hochfahrende und wieder verebbende – Analyse des Problems des sehenden Wesens, in der das wahre Sein jenseits des Sichtbaren postuliert ist. So begründete Augustinus eine echte Anthropologie des Wunsches, indem er forderte, indem er überhaupt erst erfand, was man als einen organischen *christlichen Körper* bezeichnen kann.⁹ Wobei daran zu erinnern ist, daß zu Augustinus' Zeiten die Körper – sagen wir zunächst: der globale Zusammenhalt des Gesellschaftskörpers – nicht in eine unvordenklich alte, stabile und einheitliche Weltordnung hineingeboren wurden. Der kaiserliche Erlaß, der das Christentum zur Staatsreligion erhob, war noch nicht lange in Kraft (er datiert aus dem Jahr 380). Und er hatte die Erinnerung an die Zeit der Märtyrer nicht ausgelöscht; im Gegenteil fertigte man immer neue Abschriften der *Acta martyrorum* an. Und das Verbot des heidnischen Kults in Rom 391 wog nicht viel, als der Barbar Alarich 410 die Ewige Stadt plündern ließ. Andererseits wogte im Christentum der Streit gegen die verschiedensten Häresien – allen voran der Manichäismus, von dem Augustinus zunächst »verführt« worden war, den er dann aber schonungslos bekämpfte, und der Arianismus, der die Grundlagen der Dreifaltigkeitslehre zutiefst pervertierte. Und schließlich gab es auch noch die antike Welt, die heidnische Welt der großen Philosophien und der großen Götzenkulte, die sich der christlichen Seele entgegenstellte, eine merkwürdig vertraute Welt, die man selbstverständlich aufgeben mußte, jedoch so, wie man seine Muttersprache aufgibt – das heißt, in einem Akt der Entsagung und der »Gewissensqual«.

Daher finden wir unter den Tausenden von Seiten, die Augustinus geschrieben hat, wohl Hunderte, die dem »Menschen im Kampf mit sich selbst« gelten, der die Gestalt eines völlig neuen Verlangens sucht, wofür er die Gestalten aller seiner früheren Verlangen aufgibt, die Augustinus mal als »Versuchungen« bezeichnet, mal als »Begierden«, mal als »Perversionen«. Denn es ist in der Tat eine *Perversion,* wenn der Mensch, fasziniert von der unbestreitbaren Schönheit der antiken Statuen, sie als Götzen anbetet und nicht mehr zu erkennen vermag, daß selbst das geringste Tier, das auf der Erde lebt, eine unendlich größere Vollkommenheit besitzt, ist es doch geschaffen und *belebt* vom göttlichen Willen.[10] Doch wo das Lebendige zum Gegenstand der Neugierde wird, fällt der Mensch zurück in die Zerstreuung oder krankhafte Lust *(morbus cupiditatis),* die ihn von dem »alleinigen Einen« ablenkt:

> »Und ach! Wenn ich zu Hause sitze, genügt oft eine Eidechse, die Fliegen fängt, oder eine Spinne, die sie in ihrem Garn umfängt, wenn sie ihr ins Netz geraten sind, um meine Aufmerksamkeit gefangenzunehmen!«[11]

Sollte man so über den Tod nachdenken, indem man ihn mit den Augen verschlingt? Die Perversion ist noch schlimmer, wo die Neugier sich daran ergötzt, das in der sichtbaren Welt in sich aufzusaugen, was für den Menschen oft das Schlimmste bedeutet – beispielsweise »einen zerfleischten Leichnam in all seinem Grauen zu betrachten« *(videre in laniato cadavere quod exhorreas)* ... Und doch kommen sie gelaufen, die Neugierigen, die Schaulustigen, wenn irgendwo einer auf der Straße liegt, und alle erschaudern und »fürchten sogar, ihn im Traum wiederzusehen, gerade als hätte jemand sie, solange sie wachten, gezwungen hinzuschauen, *oder als hätte das Gerücht von irgendeiner Schönheit sie dazu verführt* ...« So sind sie alle zugegen, aus eigenem Antrieb, mit aufgerissenen Augen bleiben sie davor stehen, als wollten sie spüren, wie sie selbst erbleichen *(ut palleant).*[12]

Dabei bemerken sich nicht, was das Offenkundigste an ihrem Tun ist: daß sie, indem sie erbleichen, den Tod imitieren. Denn wenn die

Leidenschaft für das Sichtbare, verbunden mit der Leidenschaft der Körper, *perversio* oder *nequitia* genannt wird, dann weil sie den Menschen dazu bringt, seinen Blick nur auf das Nichtige zu richten. Die *nequitia* – die »Ausschweifung« der Begierden – erhielt ihren Namen, wie Augustinus meint, von dem Ausdruck *ne quiddam,* übersetzt »nichts«, »und daher werden diese Menschen Nichtswürdige genannt« *(et ideo nequissimi homines, nihili homines appellantur).*[13] Augustinus' Hauptthese in diesem Zusammenhang lautet folglich, daß *der Mensch zum Sichtbaren neigt als dem Nichtigen:* Eine radikale These, die selbst die Behauptung miteinschließt, daß es keinen anderen Tod gebe als den, der in dem Wort »Perversion« enthalten ist, denn, wie die Bibel lehrt, »nicht Gott hat den Tod gemacht«, sondern der sündige Mensch, Adam, erschuf ihn mit der Hilfe des Teufels.[14]

Trotzdem dürfte Augustinus nie erwogen haben, sich die Augen auszustechen, so wie einst Origines, um »das Fleisch zu martern«, sich selbst kastrierte. Das Auge, wie alles Seiende, »ist gut, insofern es nur ist«, und wenn es den Menschen zum Nichtigen hinabzieht, dann nur insofern, wie er selbst es auf das richtet, »was den geringsten Anteil am eigentlichen Sein hat«, das heißt die fleischliche Welt, die Welt der Körper. Das Auge ist also so etwas wie ein freier Durchgang, ein Umschlagplatz; es meldet der Seele nur, was es von der Welt wahrnimmt. Das Auge ist nicht von sich aus das bevorzugte Organ der Perversion, doch es wird dazu, wenn es sich vor dem »ausstrahlenden Licht der Vernunft« *(expandere lumen rationis)* verschließt, wenn der böse Geist die Sinne verdunkelt und mit den Ausdünstungen der fleischlichen Begierden vernebelt *(malignus spiritus ... tenebrat sensus ... nebulis implet).*[15] »Seelen, die von den Leidenschaften des Fleisches triefen«, schreibt Augustinus an anderer Stelle, »sind wie voll Wasser gesogenes Holz *(ligna humora saginata),* aus dem das Feuer nur Rauch ausspuckt *(vomit)* und keine helle Flamme auflodern läßt.«[16]

Von »sich vollsaugen« bis »ausspucken« reiht Augustinus' Metaphorik – selbst wo es um so subtile Elemente wie Feuer, Licht oder

Rauch geht – unablässig Bilder aneinander, Bilder der Verkörperung und Bilder von Generierungen und Metamorphosen, von erlittenen, monströsen, alles verschlingenden Metamorphosen. So droht dem verirrten Auge, das »dem Nichtigen zuneigt« – ganz konkret in dem Sinn, daß es sich nur auf »niedrige« Gegenstände richtet –, daß es selbst *zu Staub wird,* gleich dem Staub der Erde, auf dem die Schlange kriecht und sich windet; denn der Körper wird hier zu dem, was er sich einverleibt. Denn *was der Körper sich einverleibt, verschlingt ihn von innen her:*

> »Als nämlich dem Teufel gesagt wurde: ›Staub sollst du fressen‹ (Genesis 3,14), wurde dem Sünder gesagt: ›Staub bist du und kehrst zum Staub zurück‹ (Genesis 3,19). Somit ist der Sünder zum Fraß des Teufels bestimmt. Seien wir nicht der Staub, wenn wir nicht von der Schlange verschlungen werden wollen! Unsere Nahrung wandeln wir in unseren Leib um *(quod manducamus, in nostrum corpus convertimus),* so daß die Speise durch die leiblichen Vorgänge wird, was wir selbst sind. Ebenso wird ein jeder, dessen Lebenswandel von Ausschweifung, Hochmut und Gottlosigkeit verderbt ist, das, was der Teufel ist, nämlich seinesgleichen und ihm untergeben, so wie unser Leib uns untergeben ist. Das ist der Sinn des Wortes: von der Schlange verschlungen werden.«[17]

Wisse also: Was du siehst, das ißt du, und wenn du es ißt, wirst du es, denn es verschlingt und verzehrt dich von innen her. Wisse, daß das Sichtbare wie ein tödliches und verzehrendes Gift ist. Das Bild – die Drohung – wird noch deutlicher, wo Augustinus die fleischlichen Genüsse der sichtbaren Welt mit einer Art von Blindheit vergleicht, wie sie den Fisch ergreift, der sich vom Haken des Anglers täuschen läßt: Er läßt sich den Köder schmecken, ohne zu wissen, daß das, was er verschlingt, in Wahrheit gemacht ist, um ihn von innen her zu zerreißen:

> »Auch der Fisch empfindet ja Lust, wenn er, ohne den Haken zu sehen, den Köder verschluckt. Sobald jedoch der Angler ihn heranzuziehen beginnt, leidet er Qualen in seinem Gedärm; und dann wird er gerade von der Freude an der Speise, die ihn über alles erfreute, in den Tod gezogen.

So geht es allen, die um zeitlicher Güter willen sich glücklich schätzen. Sie haben nämlich den Haken schon verschluckt und irren damit umher. Es kommt die Zeit, da sie merken, welche Qualen sie so gierig verschlungen haben.«[18]

Im Wort sehen?

Dies ist also die erste Lehre: Das Auge, das das Nichtige der Körper einfängt, neigt zum Nichtigen, wird selbst nichtig, vom Nichtigen verschlungen. Es kann sich nur retten, wenn es sich von dieser Zerstreuung im Sein, von der *Perversion* abkehrt in einer Bewegung der *Konversion,* der Bekehrung, die ihm die Möglichkeit eröffnet, zum Sein zurückzukehren. Dann erst wird es das Sein sehen und selbst an der Fülle des Seins teilhaben. Doch diese in ihrem Prinzip sehr einfache Bewegung grenzt, wie wir immer wieder feststellen müssen, tatsächlich ans Unmögliche. Warum? Weil ihr prinzipieller, idealistischer Charakter die Annahme unendlich problematisch macht, daß das *Sein* ein *Sein zum Sehen* sei. Wer jedes körperliche Bild aus dem Sein verbannt, findet sich unvermeidlich mit der abrupten Feststellung konfrontiert: das Sein – ein Verb, zwar in substantivierter Form, aber dennoch ein Verb.

Rekapitulieren wir die Grundzüge dieses Arguments: Das Sein, sagt Augustinus, ist nach seiner grundsätzlichen Definition das, was sich nicht verändert. Doch was bleibt immer unverändert sich selbst gleich? Deine Pupille zieht sich zusammen, dein Körper altert, selbst deine Seele wandelt sich im Wechsel der Empfindungen, verdüstert sich manchmal bis fast zum Erlöschen. Unveränderlich, das einzig *wahre Sein (esse verum),* ist nur Gott. Weil er die beiden Attribute der Ewigkeit und der Unveränderlichkeit auf sich vereint, ist Gott nicht nur das höchste Sein *(summum esse)* oder das höchste Wesen *(summa essentia),* sondern auch das einzige »vollkommen wahrhaftige« Sein. Die Bibel verkündet nichts anderes, wenn sie die primäre Äußerung des seinsbegabten Subjekts in einer Art tautologischem Zirkel begründet, der, wenn man so sagen kann, dem absolut Anderen in den Mund gelegt wird, dem Gott, der hier offenkundig in seinem eigenen Namen spricht: »Ich bin, der ich bin« *(ego sum qui sum).*[19]

Doch dieser »eigene Name« ist hier explizit in der Form eines Verbalausdrucks gegeben: *qui sum* – das ist, wer ich bin, das ist, wie ich heiße, sagt dieser absolut Andere. Der Eigenname Gottes erscheint zunächst (und zwar in einer Form, die auszusprechen keinem Menschen gestattet ist) als ein Verb in der ersten Person, in der das reine »ist« eines göttlichen *Ich* sich behauptet. Es sollte also nicht erstaunen, daß der Name der *Person,* von der die Rede ist – in dem strikten Sinn, in dem die Theologie der Dreifaltigkeit das Wort »Person« verwendet –, daß der eigene Name Gottes *das Wort (Verbum)* ist. Erinnern wir uns daran, daß die Christen viele Jahrhunderte lang, mancherorts bis heute, beim Betreten ihrer Kirchen vor der Statue eines Kindes niederknieten, in dessen Händen ein Spruchband die Gewißheit der Existenz bezeugte: *ego sum.* So war die wahre Existenz in ihrer apodiktischsten Form auf Erden allein dem Sohn Gottes, dem Erlöser der Welt gegeben – *ego sum lux mundi* –, und diesen Sohn, dieses Licht nennt die Theologie auch *das Wort.*

Weil er nicht nur Kommentator der biblischen Lehre war, sondern ein Schriftsteller eigenen Ranges, versuchte Augustinus, diesen »Zirkelschluß« des essentiellen Namens – allgemein als *nomen substantiae* bezeichnet – zu erklären, indem er ihn in die Formulierungen seiner Schriften einband. Doch die lateinische Sprache bot weniger als das Hebräische die Möglichkeit für eine solche Verschmelzung der Zeitformen, derer er bedurfte, um etwas zu bezeichnen, das »selbst nicht geworden ist, sondern so ist, wie es war, und immer sein wird«: Ein Sein, in dem das *Gewesensein* und das *Zukünftigsein* enthalten ist, unauflöslich verbunden in »dem Sein allein, denn es ist ewig.«[20] Augustinus erfand daher ein Wort, ein zugleich unmittelbar evidentes und einzigartiges Wort für diese *ewige Gegenwart,* das ihm als Eigenname Gottes »in der dritten Person« diente:

»Was bedeutet das? Gott unser Herr, wie heißt du? – Ich heiße *Ist*, antwortet er. – Aber was bedeutet das: ›Ich heiße *Ist*‹? – Daß ich in Ewigkeit bleibe [...].«[21]

So erforderte die Idee eines Eigennamens Gottes so etwas wie ein menschliches Hapax legomenon als Gegenstück zu dem unaussprechbaren *ego sum* Gottes. Als er sagte: »Gott ist der *Ist*«, bezweckte Augustinus damit eine Benennung, die nichts vergegenständlicht, die das »Subjekt« des *Verbum* unendlich aufschiebt und die ausschließlich in der Zeitlichkeit eines speziellen Präsens zu verstehen ist, nicht das historische Präsens des lateinischen *deest*, sondern das ewige, ewig gegenwärtige Präsens eines reinen *ist*. Ein Präsens, das immer gegenwärtig gewesen ist und es immer sein wird, ein Präsens ohne vorausgegangene Vergangenheit und ohne nachfolgende Zukunft. Mit anderen Worten, eine Gegenwart, die von keiner Veränderung, von keinem »Abgrund des Nichtigen« versehrt ist: Wenn meine Haare weiß werden, sagt Augustinus, ändert sich die Farbe meiner Haare, das heißt, sie vergeht, sie unterliegt der Veränderung, sie neigt zum Nichtigen. Doch in Gott unterliegt nichts der Veränderung, und wenn der Evangelist Johannes schreibt: »Am Anfang *war das Wort*«, ist diese Zeitform im Grunde nur eine Art, das essentielle Imperferkt nachzubilden, das aristotelische *to ti en einai*: Es ist für Augustinus also nur eine Figur des ewigen Präsens, das die Vergangenheit mit umfaßt, denn *das Wort ist* von allem Anfang an und für immer, »es schreitet nicht voran, weil es vollkommen ist, und es vergeht nicht, weil es ewig ist.«[22]

Daß Augustinus so nachdrücklich darauf beharrt, die Benennung Gottes, seinen »substantiellen Namen« in etwas zu fassen, das gerade kein grammatikalisches Nomen ist, sondern in sich eine reine, kristalline Zeitlichkeit darstellt – ein Verb ohne Subjekt und Objekt –, das hat für uns eine bedeutsame und wiederum paradoxe Folge: Es postuliert die Gottheit als vollkommen, als höchste Gegenwart (denn was könnte in höherem Grade *sein* als das, was selbst *Ist* heißt?); doch weil eine solche »kristalline Zeitlichkeit« jede Verkörperung, jede räumliche Ausdehnung ausschließt, ist diese absolute Gegenwart *nirgendwo*. »Gott ist nicht irgendwo«, schreibt Augustinus, weil er kein Körper ist.[23] Die höchste Gegenwart wird daher noch überstiegen von der höchsten – oder, mit einem klassischen Wort gesagt: der transzendentalen – Abwesenheit. Gott wird postuliert als das Wort, *Verbum*, sein Name ist *Ist* ... Aber was ist ein Verb ohne ein verortbares, ausgesprochenes oder sichtbares Subjekt? Bedingt die Unendlichkeit dieses *Ist* nicht, daß es, was auch immer es sei, unendlich fern ist, und selbst wenn es unendlich nah wäre, dir nahe von Angesicht zu Angesicht, du es dennoch nie sehen würdest? Immer wieder von neuem faßt Augustinus diese Paradoxie in Worte – er redet sie sogar an, so wie ein Blinder zu einem sprechen würde, den er nicht fühlen kann:

> »Du aber, Höchster und Allernächster *(altissime et proxime)*, Verborgenster und Gegenwärtigster *(secretissime et praesentissime)*, der du keine größeren und kleineren Glieder hast, der du überall in deiner Ganzheit bist und nirgendwo an einem Ort *(ubique totus es et nusquam locorum es)* [...].«[24]

Vom Tod her sehen?

Wir müssen also versuchen, diese Dialektik zu verstehen, die die höchste Gegenwart mit der tiefsten Verborgenheit verbindet. Daß Gott *praesentissime*, »mehr als gegenwärtig« ist, läßt sich unmittelbar aus dem *Ist* erschließen: Wenn wir sagen, daß Gott das *Ist* ist, ohne dies weiter zu bestimmen, ohne je zu sagen, ob Gott dieses oder jenes ist oder so wie dieses oder jenes ist, bedeutet das, seine Eigenschaft der Gegenwart jenseits jedes Sehens, jedes Urteils und jedes Gedankens anzusiedeln. Augustinus verlangt, daß wir es uns verbieten, zu denken, *was* Gott ist, weil wir nur sagen können, *daß* er ist, unumschränkt und jenseits aller Attribute. Diese Forderung steht auf einem äußerst schmalen Grat – genau auf der Grenze zwischen einer positiven Theologie und einer negativen Theologie, oder anders gesagt, zwischen einer absoluten Affirmation (er ist das *Ist*) und der Verurteilung des Denkens zu einem nicht minder absoluten Schweigen der Negation (was das *Ist* ist, werdet ihr nie wissen, solange ihr auf dieser Erde lebt).

Diesen schmalen Grat benennt Augustinus sehr genau: Er nennt ihn *fruitio,* den Genuß, und sogar *perfruitio,* in welchem Wort er zum Ausdruck bringt, daß die Freude des Genusses nicht weniger als unendlich ist.[25] Hieran läßt sich erkennen, wie essentiell es für den theologischen Diskurs war, den radikalsten symbolischen Wert – Gott als das Wort – Punkt für Punkt auf den Standpunkt einer absoluten Realität zu übersetzen: Gott, das einzig wirkliche Sein, seine unendliche und unvergleichliche »Fülle«, der undenkbare Gott wird hier angerufen als *das einzig mögliche Objekt des Genusses.* Ohne ihn, »der allein genügt«, schreibt Augustinus, kann die Seele des Menschen »sich nicht genügen noch sonst irgend etwas ihr genügen.«[26]

Doch empfindet man keinen Genuß an menschlichen Dingen? Augustinus antwortet mit einer neuerlichen Unterscheidung: Daß es nämlich unter den Dingen dieser Welt solche gibt, die für den Genuß *(fruitio)* geschaffen sind, und andere, die für den Gebrauch *(usus)* geschaffen sind:

> »Genießen heißt, einer Sache um ihrer selbst willen in Liebe anhängen *(inhaerere);* gebrauchen aber heißt, die zum Leben notwendigen Dinge auf die Erreichung des Gegenstandes der Liebe beziehen *(referre),* wenn der Gegenstand überhaupt Liebe verdient. [...] Wenn wir Pilger wären, die nur in ihrem Vaterland glücklich leben könnten und gerade durch die Wanderschaft sich unglücklich fühlten, so würden wir, um dem Unglück ein Ende zu machen, ins Vaterland zurückkehren wollen. Wir benötigten dann Wagen *(vehiculis)* oder Schiffe zu unserem Gebrauch *(utendum),* um ins Vaterland, das Ziel unseres Genusses *(fruendum),* zu gelangen. Träfe es sich nun, daß die Annehmlichkeiten der Reise oder die Bewegungen unserer Fahrzeuge uns so behagten, daß wir uns dem Genusse derjenigen Dinge zuwenden, die wir bloß hätten gebrauchen sollen, so würden wir die Reise nicht schnell beendigen wollen; wir würden uns vielmehr, von falscher Lust verführt *(perversa suavitate implicati),* dem Vaterlande entfremden *(alienaremur),* dessen Süße uns glückselig *(beatos)* machen könnte.«[27]

Die Botschaft scheint klar: Die Welt der irdischen Dinge ist nur ein »Vehikel« für die Zeit des Übergangs von unserem Ausgang gewissermaßen aus dem Nichts – der Geburt – bis zu unserem Eingang in das eigentliche Sein, die Nähe Gottes, das Vaterland – kurz: das Jenseits. Augustinus spricht hier in einer Weise von der irdischen Welt, wie ein Homer von der Zauberin Circe sprechen konnte: Eine falsche Lust umgibt und umgarnt den Reisenden, möchte ihn vergessen machen, nach welchem Gegenstand des Genusses er seit jeher trachten sollte, ungeachtet aller Ablenkung durch den Gebrauch, ungeachtet aller »Entfremdung«. Indem Augustinus der falschen Lust der Welt die *Glückseligkeit* gegenüberstellt – mit welchem Wort er treffend die Wirkung des Genusses benennt –, gibt er uns zu verstehen, daß der wahre Gegenstand des Genusses allein der dreifaltige Gott ist. Gott aber ist keine *Sache*, sondern, worauf Augustinus als Theologe beharrt, die *Ursache* aller Sachen: ein erheblicher Unterschied.[28] Wir könnten, wenn wir den eschatologischen Gesichtspunkt auf den kosmologischen zurückwenden, auch sagen, daß diese Ursache zugleich *das Ziel und das Ende aller Sachen* ist, in dem Sinne nämlich, daß der Mensch offenkundig nur durch den Tod zu ihr gelangen kann.

Der einzige Gegenstand des Genusses ist also nicht »möglich«, ist nicht zu erlangen ohne den vorgängigen *Tod des Subjekts*. Dieser Tod aber erscheint in der Auffassung des Augustinus in der Gestalt einer *Hochzeit*. In seinem Kommentar zum ersten Johannesbrief entfaltet Augustinus diesen Vergleich: »Wenn ein Bräutigam seiner Braut einen Ring gäbe, und wenn die Braut diesen Ring nun mehr lieben würde als den Bräutigam, der ihr diesen Ring verfertigt hat, erkennte man dann nicht in dieser Liebe zu dem Geschenk des Bräutigams ein ehebrecherisches Herz?«[29] Was ist dieser Ring? Die Welt. Und der Bräutigam? Das *Wort*. Das heißt also, daß wir die Welt nicht mehr lieben sollen als ihren Schöpfer und uns nicht dem Genuß der Welt hingeben, bevor wir nicht das Wesen Gottes genießen. Was sollen wir also tun? Warten. Die endlose Freude des

Genusses erwarten, der am Ende kommen wird und in dem uns alles versprochen ist, der alles umfassen wird: die Schau Gottes, die Glückseligkeit, die *inhaerentia* der Ursache ...[30] Genießt ohne Ende, statt nur eingeschränkt zu genießen, lehrt die Religion. Und sie fügt hinzu: Aber wartet, um endlos genießen zu können, erwartet zuerst den Tod. Denn ein endloser Genuß muß zwangsläufig zuvor das Ende des Subjekts erfordern.

Für einen, der Augustinus hört, der ihn liest, ist dieses mythische Ende offenkundig niemals schon da. So erkennen wir es als etwas zutiefst Verborgenes, *secretissime,* denn es wird sich erst am Ende aller Zeiten enthüllen. Nun bedarf es nur mehr einer Kleinigkeit, damit der einzige Gegenstand dieses Genusses, den wir uns jenseits des Todes vorstellen, zum *einzigen Verlangen der Lebenden* wird. Diese Kleinigkeit ist der höchst einfache und grundlegende Akt der Offenheit für den Wunsch, die in dem Moment vorausgesetzt wird, wo der abwesende Gegenstand als Gegenstand eines Versprechens erscheint. Dieser Akt ist eine grundlegende »Lösung«, insofern er eine Sehnsucht erzeugt, die proportional zur Abwesenheit ihres Gegenstands ist: Je ferner das *Wort* ist, um so mehr verlangt es mich nach ihm. Dies ist in gewisser Weise die wunderbare – und poetische – Überbrückung der Spaltung und der Verwerfung, in der die Sterblichen in ihrer Einsamkeit sehnsüchtig nach dem Anderen rufen:

> »Was aber ist es? *(Et quid est hoc?)* Ich fragte die Erde, und sie sprach: ›Ich bin es nicht.‹ Und alles, was auf ihr ist, bekannte dasselbe. Ich fragte das Meer und seine Tiefen und das Getier, das in ihm wimmelt, und sie antworteten: ›Wir sind nicht dein Gott, suche höher, über uns *(quare super nos).*‹ Ich fragte die säuselnden Winde, und das ganze Luftreich mit all seinen Bewohnern gab zur Antwort: ›Anaximenes irrt sich, ich bin nicht Gott.‹ Ich fragte den Himmel, die Sonne, den Mond und die Sterne, und sie sagten: ›Auch wir sind nicht der Gott, den du suchst.‹ Und ich sprach zu allen Dingen, die um die Türen meines Fleisches sind: ›Sprecht zu mir von meinem Gott, da ihr selbst er nicht seid, sagt mir doch etwas von ihm *(dicite mihi de illo aliquid)* [...].«[31]

Dieses »etwas«, das die Dinge über das *Ist* sagen, das über ihnen herrscht, rufen sie mit lauter Stimme aus *(exclamaverunt voce magna)*. Und es ist nicht zufällig ein Loblied, ein Vers aus den Psalmen: »Er ist es, der uns geschaffen hat« *(ipse fecit nos)* ...[32] Damit ist offenkundig viel gesagt, und doch nur wenig. Es sagt uns noch einmal, daß Gott keine Sache ist, sondern eine Ursache, eine Instanz des Ursprungs. Es sagt, daß dort, wohin du zu gehen verlangst, zu dem wahren Sein, daß dort dein eigentlicher Ursprung ist, zugleich konkret und undurchdringlich: Konkret, weil du in ihm *bestehst* – in welcher Weise, bleibt uns noch zu analysieren –; undurchdringlich, weil niemand ganz bis an den Ort seines Ursprungs vorzudringen vermag. »Wer könnte seiner teilhaft werden? [...] Wer dürfte sich anmaßen, bei ihm zu sein?« fragt Augustinus.[33] Der Ort des Ursprungs, dieser Ort jenseits des erfahrbaren Raums, ist der Ort des *Ist,* den du zu sehen suchst. Es heißt, er sei unvorstellbar, und er ist es in der Tat. Doch dieses Wort *unvorstellbar,* das heißt jenseits aller bildhaften Vorstellungen, kann auch bedeuten, daß ein Ort dort erfunden wird, wo *mehrere Bilder* zugleich existieren, sich verdichten, sich verschieben, unzugänglich nur für den Blick dessen, der sich nicht auf den Traum oder den weiten Weg der Ekstase einläßt.

Dieser »Ort« wäre also zugleich schöpferisch (wie das Werk eines Künstlers), subtil (wie der Hauch des Heiligen Geistes), gebieterisch (wie der Name-des-Vaters), wunderbar (wie das Wort, das Fleisch wird, einfach indem es ausgesprochen wird), real (wie die *matrix,* aus der der Mensch geboren ist) ... Und dieser »Ort« und diese Ursache, die immer gegenwärtig, immer verschwunden sind, bilden im Menschen die Dialektik des Umherschweifens und des Enthusiasmus – die Dialektik des Wunsches. Möchtest du das »alleinige Eine«, möchtest du die Ursache selbst sehen? Schließe deine Augen. Schau nicht auf deine faltige Haut oder deine Haare, die schon weiß geworden sind. Fürchte den Tod nicht mehr, sondern erhoffe ihn dir. Und wenn du ihn erhoffst, schließe deine Augen und wünsche. Sprich mit dir selbst in der zweiten Person, rufe in der ersten Person das Jenseitige an, und wünsche, und hoffe, daß dein Wunsch Erwiderung findet in dem Wunsch des Anderen.[34] Das ist der Glaube.

(1988)

1   Augustinus, *Confessiones*, III, 6,10. Aus redaktionellen Gründen habe ich den Fußnotenapparat auf das unbedingt Notwendige reduziert. Die französischen Übersetzungen sind im allgemeinen der *Bibliothèque augustinienne* (Paris 1947–1982) entnommen. Für die in dieser Ausgabe noch nicht erschienenen Schriften wurde die *Patrologia latina* von Migne herangezogen. [Die deutsche Übersetzung folgt weitgehend den Texten in der *Bibliothek der Kirchenväter* und in Carl Johann Perls Ausgabe von Augustinus' *Werken* sowie, für die *Bekenntnisse*, der Übersetzung von Joseph Bernhart. – Anm.d.Ü.]
2   Ders., *Epistula CXLVII*, 42.
3   Ders., *Confessiones*, IV, 13,20.
4   Erwin Panofsky, *Idea. Ein Beitrag zur Begriffsgeschichte der älteren Kunsttheorie* (1924), Berlin 1960, S. 83.
5   Augustinus, *De vera religione*, XXXII, 59.
6   Ebd., XXXII, 59 bis XXXVI, 67.
7   Ders., *Confessiones*, X, 34,51.
8   Ders., *De vera religione*, XXXIV, 64.
9   Vgl. Jean-Louis Schefer, *L'invention du corps chrétien. Saint Augustin, le dictionnaire, la mémoire*, Paris 1975 (insbesondere S. 16, 24–28, 286).
10 Augustinus, *De diversis quaestionibus*, LXXVIII.
11 Ders., *Confessiones*, X, 35,37.
12 Ebd., X, 35,55 (meine Hervorhebung).
13 Ders., *De vera religione*, XI, 21.
14 Ebd., XI, 22, zitiert aus dem *Buch der Weisheit* 1,13.
15 Ders., *De diversis quaestionibus*, XII.
16 Ders., *De agone christiano*, XVI, 18.
17 Ebd., II, 2.
18 Ebd., VII, 8.

19 Exodus 3,14.
20 Augustinus, *Confessiones*, IX, 10,24.
21 Ders., *Sermo VI*, 4.
22 Ders., *In primum Iohannis*, IV, 5.
23 Ders., *De diversis quaestionibus*, XX.
24 Ders., *Confessiones*, VI, 3,4.
25 Ders., *De doctrina christiana*, I, 10,10.
26 Ders., *De trinitate*, X, 5,7.
27 Ders., *De doctrina christiana*, I, 4,4.
28 Ebd., I, 5,5.
29 Ders., *In primum Iohannis*, II, 11.
30 Ders., *De doctrina christiana*, I, 10,10, wo die drei Wörter *perfruere, perspicere* und *inhaerere* nebeneinandergestellt sind.
31 Ders., *Confessiones*, X, 6,9.
32 Ebd., zitiert aus Psalm 100,3.
33 Ders., *Enarrationes in Psalmes*, CI.
34 Ders., *Soliloquiae*, I, 1,2–3.

13

DER SCHRANK DES GEDÄCHTNISSES

Imago: *Die geschlossene Tür und das Gedächtnis der Körper*

Der letzte uns bekannte Gemäldezyklus Fra Angelicos ist von beunruhigender Bescheidenheit: Es ist nichts weiter als eine Tür, die Flügel einer Schranktür. Eine Tür, deren Bemalung nur zu sehen ist, solange sie geschlossen bleibt, und die damit der gängigen Ansicht widerspricht, daß jedes Renaissancegemälde und insbesondere jedes Gemälde der Florentiner Renaissance als ein »offenes Fenster zur Welt« anzusehen sei, und sei es nur die imaginäre Welt der Fabeln, die es uns mit seinen Techniken der optischen Wahrscheinlichkeit überzeugend vor Augen führen will.[1] Im Florenz des Quattrocento beschränkt die optische Wahrscheinlichkeit sich nicht auf die Perspektive: Sie ist auch – anders als in der nordischen Malerei – eine Wahrscheinlichkeit des Maßstabs, eine Wahrscheinlichkeit der Lebensgröße (denken wir nur an Masaccios *Dreifaltigkeit*). Auch in dieser Hinsicht ist Fra Angelicos Gemäldezyklus ungewöhnlich bescheiden; seine fünfunddreißig schachbrettartig angeordneten Bildtafeln (je 38,5 x 37 cm, nicht alle sind Autographen) erscheinen wie eine Art Montage aus aneinandergefügten kleinen Predellen.

Ebenso bescheiden ist, zumindest dem Anschein nach, das ikonographische Programm der – selbstverständlich religiösen – Bildmotive, die zum wiederholten Mal Szenen aus dem Leben Christi aneinanderreihen, von der Verkündigung, in der das Wort Gottes im Schoß der Jungfrau Maria Fleisch wird, über seine Wundertaten, seine Erniedrigung, seinen drei Tage währenden Tod und seiner Auferstehung bis zu seiner Herrlichkeit, in der er mit eigenen Händen die Jungfrau krönt, die ihn auf Erden geboren hatte ... Diese Bescheidenheit der Funktion und des Programms trug das ihre zu der Auffassung bei, der *Armadio degli Argenti*, wie er genannt wird, umfasse nur »einige geringere kleinformatige Werke« des dominikanischen Malers, der zu dieser Zeit – das heißt zwischen 1450 und 1452 – schon hochberühmt war, aber »in seinem künstlerischen Schaffen eingeschränkt«, da er gleichzeitig das beschwerliche Amt eines Priors des Konvents von San Domenico bei Fiesole innehatte.[2]

Trotzdem ist diese Bescheidenheit von einer großen Strenge, die sich ebenso in der globalen Vision der fünfunddreißig Bilder zeigt wie in dem Mikrokosmos ihrer lokalen Eigentümlichkeiten. Wobei das Wort *Strenge* hier ausdrücken soll, daß die ikonographische und religiöse Rigorosität des Malers – ein Schüler des gestrengen Giovanni Dominici, der die Malerei gewiß nicht mit solch mondänen Absichten praktizierte, wie Vasaris Kunstgeschichte sie so häufig schildert –, daß diese Rigorosität hinsichtlich des religiösen Inhalts auch eine gewisse Rigorosität oder Strenge der *Form* erforderte. Die Kunst Fra Angelicos, einschließlich der als »populär« oder didaktisch geltenden Werke, zu denen auch dieses hier zählt, grenzt, wenn man so sagen kann, an eine Art ikonographischen »Minimalismus«, der unmittelbar auffällt, sobald man einen ersten Blick auf die bemalten Schranktüren wirft.

Was sehen wir dort, noch bevor wir die fünfunddreißig dargestellten Szenen im einzelnen erkennen (Abb. 17)? Wir sehen eine Art Raster, das durch das alternierende Spiel des jeweiligen Bildaufbaus und der Farbwerte ein ganzes *Tableau der Zeichen der Offenheit und Geschlossenheit* hervorbringt. Und jedes Einzelbild produziert in sich noch einmal ein weiteres, komplexes Spiel dieser Zeichen der Offenheit und Zeichen der Geschlossenheit. Der Horizont ist spürbar überall auf derselben Höhe, und abgesehen von zwei oder drei Szenen einer seitwärtigen Bewegung ist alles frontal dargestellt, meistens nach einem dreigliedrigen Schema. Vor allem aber weist fast jedes der Einzelbilder seine eigenen Variationen von *Zeichen des Durchgangs* und *Zeichen der Undurchlässigkeit* auf: So die zentrale Öffnung in der *Verkündigung,* hinter der die Fluchtlinien auf eine abschließende Fläche im Zentrum zulaufen, nämlich das Hindernis des Brunnens; so die völlig schwarze Tür in der *Anbetung der Könige* (die graphisch eine Öffnung ist, chromatisch aber opak); so die strenge Architektur der liturgischen Räume der *Beschneidung,* des *Zwölfjährigen Jesus im Tempel* oder des *Abendmahls;* so die beängstigenden kubischen Zellen, in denen Christus verhöhnt und gegeißelt wird – die zu uns hin offen sind, deren Wände aber so dicht zusammenrücken, daß es scheint, als wollten sie sich um die Körper herum schließen; so der offene, aber versperrte Eingang zum Grab; so der Limbus, der klaffende Abgrund einer Welt, die nicht die unsere ist; so schließlich die auffällige *leuchtende Geschlossenheit* der Tür, die die Pfingstgemeinschaft hinter sich beschirmt.

So stehen wir vor diesen subtil geometrischen »Feldern« wie vor den scheinbar offenen Fächern (vor dem »fälschlichen Anschein von Offenheit«, möchte man fast sagen) eines Schranks, die nicht nur in ihrer Narration, sondern auch in ihrer tabularischen Anordnung die Erinnerung an das Mysterium der Menschwerdung Gottes verkünden – genau wie es ein großer Dominikaner des dreizehnten Jahrhunderts namens Giovanni di Genova von jeglichem Bild forderte.[3] Aber wir stehen vor dem *Armadio* auch wie vor dem borgesianischen Karteikasten eines Mysteriums, das überall *visuell* ausgeführt, aber nirgends *sichtbar* beschrieben und erklärt ist: Das Fach ist offen, wir können die »Karteikarte« deutlich lesen – eine Art Resümee, in dem beispielsweise die Verkündigung in der klarsten Symmetrie dargelegt ist –, aber in der Mitte des Bildes macht etwas uns darauf aufmerksam, daß diese Karteikarte tausend andere hinter sich verbirgt, ähnlich wie in derselben *Verkündigung* eine einzige Zypresse eine dichtgestaffelte, weit in den Hintergrund reichende Baumreihe hinter sich zu verbergen scheint. So erweist sich das Werk der Bescheidenheit und der Strenge – der tiefgründigen und sehr eigentümlichen *Einfachheit* – Fra Angelicos als ein Meisterwerk der figuralen *Subtilität.*

Abb. 17: Fra Angelico und Gehilfen, Tür des *Armadio degli Argenti*, 1450–1452 (Details: das mystische Rad in der Vision des Ezechiel, Verkündigung, Beschneidung, Anbetung der Heiligen Drei Könige, Flucht nach Ägypten, Kindermord von Bethlehem). Tempera auf Holz. Museum San Marco, Florenz. Fotografie G. D.-H.

Und diese Subtilität lehrt uns bereits, was ein Maler wie Fra Angelico von einem Bild erwarten konnte, wenn es vor allem dazu diente, einen liturgischen Raum abzuschließen – aber auch, zu seltenen Anlässen, ihn zu öffnen –: daß es, aber nur bis zu einem bestimmten Punkt, die sichtbaren und leicht »lesbaren« Zeichen von allseits bekannten Dingen (eine Tür, eine Zypresse, eine Jungfrau, ein Engel mit bunten Flügeln) aufbieten solle, und daß es darüber hinaus die visuelle Dialektik einer *Beziehung* entfalten solle, die verlangt, daß man, um eine der dargestellten Szenen zu verstehen, alle anderen gesehen haben und in gewisser Weise die Bedeutung dieser biblischen Szene über ihre anekdotische äußere Gestalt hinaus »vertiefen« muß.

Jedenfalls spielte sich dort etwas ab zwischen einem sichtbaren *Außen* und einem nicht mehr sichtbaren *Innen*. Was befand sich eigentlich *in* diesem Schrank? Eine Anzahl merkwürdiger Objekte, die insbesondere mit dem Mysterium – und der Angst – der Körper zu tun hatten. Es waren wertvolle Votivgaben, die reiche Florentiner (aber auch Fürsten aus ganz Europa, bis hin zu den Päpsten) vor dem Gnadenbild der Santissima Annunziata dargebracht hatten für das Heil ihrer Körper. Wer einem politischen Attentat entgangen war (wie Lorenzo de' Medici im Jahr 1478) oder von einer Krankheit geheilt werden wollte, stiftete dem Marienheiligtum ein *Simulakrum seines Körpers:* Bildtäfelchen, Wachsfiguren, ganze Porträts, Objekte aus Edelmetall – eben die *argenti*, die in diesem bemalten Schrank aufbewahrt wurden.[4] Fra Angelicos Gemälde hatten also zur Aufgabe, diese Arme, diese Herzen, diese silbernen und goldenen Kästchen aufzunehmen und sie zugleich vor dem Blick zu verbergen. Um ihren Wert zu bezeugen und ihnen eine gewisse *Aura* zu bewahren (das Mysterium des *Inneren*); aber auch um das allegorische und dogmatische Grundgerüst des Mysteriums dieser Schätze aufzuzeigen, indem sie vor aller Augen die figurative Erinnerung an das größte Mysterium entfalteten, aus dem alle anderen Mysterien hervorgegangen sind: das Mysterium der Menschwerdung Gottes.

Figura: *Die erzählte Vergangenheit und die Erinnerung der Zukunft*

Doch die Bilder des *Armadio* formen nicht nur eine Art Schnittstelle zwischen innen und außen: Sie entwickeln auch eine subtile Dialektik zwischen Vergangenheit und Zukunft, in der die »Gegenwart« der Bilder wiederum eine Art Schnittstelle formt. Weit entfernt davon, einfach nur eine Serie von biblischen Anekdoten zu »erzählen«, erzeugen die Szenen des *Armadio degli Argenti* eine höchst dialektische Spannung in bezug auf den Status der *Figuren,* wie wir sie nun nennen müssen, da Fra Angelico selbst sie so genannt haben muß.

Da ist zum einen die offensichtliche, die entgegenkommende, die *klare* Seite der Figuren: Sie schildern in vereinfachten Szenen und fast signalhaften Farben biblische Erzählungen, denen allerdings eine enorme theologische Komplexität innewohnt. Fra Angelico malte die Evidenz der *figura,* weil die *res,* die Sache selbst – der Inhalt, die Wahrheit des Mysteriums – niemandem vollständig gegeben ist. Seine gemalten Figuren besitzen in diesem Sinn eine gewisse Ähnlichkeit mit dem literarischen Werk eines anderen berühmten Dominikaners: mit der *Legenda aurea* des Jacobus de Voragine. Sie besitzen die Klarheit der mittelalterlichen Legenden, sie sind wie eine Geschichte in gewohnter Weise von rechts nach links zu »lesen« (mit Ausnahme der drei Bildtafeln, die Alessio Baldovinetti malte, die von oben nach unten angeordnet sind). Sie gleichen, wie man oft gesagt hat, einem gemalten Katechismus (tatsächlich stehen in der letzten Bildtafel die Worte des *Credo* auf Spruchbändern geschrieben), in dem, ebenso wie bei Jacobus de Voragine, der narrative Aspekt in den Vordergrund tritt.

Doch man kann nicht genug betonen, daß die *Legenda aurea* weit mehr als eine bloße Sammlung von biblischen Legenden und Heiligengeschichten ist: Ihre *Ordnung* ist nicht einfach historisch, vielmehr richtet die *Struktur* ihres Aufbaus sich nach sehr rigorosen etymologischen, liturgischen und doktrinalen Grundsätzen.

Kurz, die literarische *Einfachheit* des Jacobus de Voragine ging einher mit der allgegenwärtigen Elaborierung einer scharfsinnigen theologischen und exegetischen *Subtilität*.[5] Auch Savonarola wußte in seinem prophetischen Auftreten diese beiden scheinbar widersprüchlichen Aspekte miteinander zu verknüpfen. Fra Angelico zeigt sich in seiner »Sammlung« von figurativen Erzählungen auf einer Höhe mit seinen beiden dominikanischen Mitbrüdern, er entwickelt genau dieselbe Zeichenstrategie: keine »Einfachheit«, kein unmittelbarer Affekt, keine sichtbare Information, die nicht von einer grundlegenden »theoretischen« Subtilität unterfüttert wäre. Keine Erzählung, die nicht auf die *Exegese* ausgerichtet oder gar unter ihrem entscheidenden Einfluß gestaltet wäre (so tragen, um nur ein Beispiel unter vielen zu nennen, die Soldaten in der *Kreuztragung* »sprechende« Wappen mit dem historisch unwahrscheinlichen Zeichen des Skorpions). In dieser Hinsicht ist die narrative Bedeutung der dargestellten Szenen unmittelbar darauf hin angelegt, *sich zu öffnen*, sich über die *historia* hinaus für die »wunderbare Tiefe« (die *mira profunditas*, wie Augustinus sie nennt) des Schriftsinns zu öffnen, den die mittelalterlichen Theologen unermüdlich anhand von Leitwörtern wie *allegoria, tropologia* oder *anagogia* festzustellen suchten.[6]

Wenn die fünfunddreißig Bildtafeln des *Armadio* also »Figuren« sind, dann in einem sehr spezifischen Sinn, in dem ihre Evidenz mit einem hochgesteckten Anspruch einhergeht und die optische *Wahrscheinlichkeit* mit der grundlegenden Frage der dogmatischen *Wahrheit*. In dem also die *Klarheit* der Darstellung sich in den Dienst von etwas stellt, das stets ein *Mysterium* bleiben wird. Diese neuerliche dialektische Spannung deckt sich exakt mit der genauesten Definition des Worts *figura*, die man in einem Dominikanerkloster des fünfzehnten Jahrhunderts formulieren konnte. Daher können wir nicht umhin, die rigorose Einheit des ikonographischen Programms festzustellen, die vermutlich – zumindest in ihrem Grundgedanken – auf Fra Angelico selbst zurückgeht, der dann die Ausführung einzelner Bilder an seine Schüler delegieren konnte, namentlich Zanobi Strozzi, Benozzo Gozzoli, Domenico di Michelino und den »Meister der Zelle 2«, den Pope-Hennessy hier identifiziert hat.[7]

Was ist also eine *figura* in diesem spezifischen Sinn – weit entfernt von Albertis Sprachgebrauch –, dem einzigen, der in den Augen eines Dominikaners oder eines neo-scholastischen Exegeten des fünfzehnten Jahrhunderts zu gelten vermochte? Was ist eine *figura,* wenn der Apostel Paulus von einigen biblischen Geschehnissen schreibt, sie hätten *in figura* stattgefunden? Ebensowenig wie die *imago* ist die *figura* eine Sache: Sondern sie ist eine Beziehung, genauer gesagt eine zeitliche Beziehung. Sie ist eine Erinnerung an die Vergangenheit, die sich auf die Zukunft richtet. Sie beschreibt eines der Grundelemente des Christentums, nämlich die Übernahme der hebräischen Bibel und die Überzeugung, daß der *Neue Bund* den *Alten Bund* nicht nur »vollende«, sondern schon in ihm enthalten sei, in ihm »figuriert« oder präfiguriert.[8] Tatsächlich sind die Bilder des *Armadio* durchgängig durch genau eine solche Beziehung strukturiert: Was hier zu *sehen* ist – die dargestellte *historia* –, ist nur das Zwischenstück einer Beziehung der *figura* (und genau die soll der Betrachter verstehen oder *kontemplieren*), materialisiert in den beiden Spruchbändern mit kanonischen Textstellen, die jede der Szenen oben und unten einrahmen. Was bedeutet dies? Daß alles, was in der heiligen Zeit geschieht, die mit der Inkarnation des göttlichen Wortes begann, schon im *prophetischen Wort* versprochen war (»Seht, die Jungfrau wird ein Kind empfangen, sie wird einen Sohn gebären«, heißt es bei Jesaja und auf dem oberen Spruchband der *Verkündigung*), und daß es durch das neue Geschehen, von dem das *Wort der Evangelien* berichtet (»Sieh, du wirst ein Kind empfangen, du wirst einen Sohn gebären«, sagt der Engel im Lukas-Evangelium zu Maria, und so steht es auf dem unteren Spruchband der *Verkündigung*), einen neuen Platz in der Heilsgeschichte erhält.

Dies ist, summarisch gesagt, die Dialektik der Figuren: das fortwährende *In-Beziehung-Setzen*, das die von Fra Angelico konzipierten Szenen, streng »bewacht« von ihrem textlichen (und zeitlichen) Rahmen, von einem Blick verlangen, der nicht nur auf ihnen ruhen soll, sondern sich in sie vertiefen oder, besser noch, *sich in ihnen öffnen.*

Tabula: *Die hinterlegte Vision und das Gedächtnis des Gesetzes*

Diese Exegese, die in der Serie der figuralen »Felder« entwickelt wird, hätte Fra Angelico letzten Endes wahrscheinlich eine *ars memorandi*, eine »Gedächtniskunst« genannt. Mit ihr produzierte er auf dem Gebiet der Malerei ein Gegenstück dessen, was manche seiner dominikanischen Mitbrüder im vierzehnten Jahrhundert in der Literatur entwickelt hatten. Sein *Armadio* könnte denselben oder fast denselben Titel tragen wie das Werk eines berühmten dominikanischen Predigers, Giovanni di San Gimignano: keine *Summa theologica* im eigentlichen Sinne, sondern eine bescheidenere »Summa der Bilder«, eine kleine *Summa der Exempel und der Ähnlichkeiten Christi.*[9]

Natürlich ist das Werk Fra Angelicos weder ein Codex noch ein Buch. Es ist nur die in leuchtenden Farben bemalte Tür, die die Schatzkammer, den geheimnisvollen Raum der Votivgaben verschließt. Aber es ist auch die tabularische Ausbreitung einer Art Thesaurus der Figuren in einer schachbrettförmigen Anordnung. Alles ist da, ist dargestellt, und wartet nur, daß das Auge von einer Szene zur nächsten wandert, um figurale Beziehungen zu finden (um ein naives Beispiel zu nennen, wenn es das Kind in der *Flucht nach Ägypten* betrachtet und unmittelbar daneben die vielen im *Kindermord von Bethlehem,* die ihm so ähnlich sehen), und letztlich das eschatologische Maß der Zeit zu nehmen. Die *ars memoriae*, lehrte Albertus Magnus, richtet sich vor allem auf die Zukunft; sie ist die Brücke, die wir schlagen müssen zwischen einem vergangenen Tod und einem kommenden Leben – jenem Leben, das der *Armadio* (wie Dantes *Göttliche Komödie*) am Ende des Zyklus in der leuchtenden Herrlichkeit der beiden himmlischen Visionen darstellt, im *Jüngsten Gericht* und der *Krönung Mariä*.

Doch diesem eschatologischen Gedächtnis entspricht auch eine Art *theoretisches* Gedächtnis, das innerhalb des Zyklus eine weitere ikonographische Anforderung erhob: Es gibt uns den Anfang und das Ende des Ganzen, es führt uns vom prophetischen Text zur Vision (oder *theoria,* wie sie auf griechisch heißt) und von der Vision zum doktrinalen Text. So zeigt die erste Bildtafel eine Art *textlichen Himmel* (der sich an den Rändern aufrollt, ein wenig wie Giottos Engel den Himmel des *Jüngsten Gerichts* in der Scrovegni-Kapelle aufrollen), in den die prophetische Vision des Ezechiel eingeschrieben ist (Abb. 17). Eine Vision, in der Bilder und Worte sich vermischen (genau das heißt *theoria*), die sich in der Form eines doppelten Rads vor der liegenden Figur des Propheten entfaltet: das Rad der Patriarchen und Propheten, in seiner Mitte das Rad der Evangelisten, das sich bis zu einem Punkt des reinen Lichts im Zentrum verengt ... Und auch hier formt das Bild – zum Beispiel die »unähnliche« Figur des Evangelisten Johannes mit dem Adlerkopf – die Schnittstelle zwischen zwei notwendigen Extremen des Glaubens: zwischen dem reinen *Punkt der Vision,* exakt figuriert durch das Blattgold im Mittelpunkt der Komposition, und der *Ausbreitung des Texts,* der vom prophetischen Text zum Evangelientext, zur Exegese und schließlich zur Doktrin wird. Aus diesem Grund ist Gregor der Große, der Kommentator des Ezechiel, ihm gegenübersitzend gezeigt, weil er die *figurale* Beschaffenheit der prophetischen Vision beschrieb: »Das Rad innerhalb des Rades ist das Neue Testament innerhalb des Alten.«[10]

Dieses *konzentrische* Modell wird nun zunächst zum *tabularischen* – aber auch *linearen* und narrativen – Modell der dreiunddreißig dazwischenliegenden Szenen, bevor es die *baumförmige* und hierarchische Struktur annimmt, die das letzte »Feld« zeigt, das man tra-

Abb. 18: Fra Angelico und Gehilfen, Tür des *Armadio degli Argenti*, 1450–1452 (Details: Kreuzigung, Grablegung, Himmelfahrt Christi, Pfingsten, Krönung Mariä, *Lex Amoris*). Tempera auf Holz. Museum San Marco, Florenz. Fotografie G. D.-H.

ditionell *Lex Amoris* nennt (Abb. 18). So schließt das System dieses figuralen Schranks mit einer Figur des Gesetzes (eine Personifikation der Kirche), einer Art Stammbaum, gebildet aus einem siebenarmigen Leuchter, aus dessen Mitte die Standarte und das Kreuz Christi hervorragen, beschriftet mit den Namen der Sakramente und den hierarchischen Rubriken des Glaubens, und zu beiden Seiten die zwölf Propheten und die zwölf Apostel, die Spruchbänder halten, auf denen steht, was *prophezeit* worden ist und was wir *glauben* sollen.

Schließt sich damit der Kreis? Ja und nein. Ja, weil die möglichen Beziehungen zwischen Bedeutungen, die man aus diesem *Tableau* – in dem exakten Sinn des Wortes, den Michel Foucault ihm gab: eine »Serie von Serien«[11] – ziehen kann, praktisch das gesamte Ausmaß des christlichen Dogmas abdecken. Nein, weil diese Virtualität die Möglichkeit neuer Serienbildungen offenläßt. Wie sollte beispielsweise ein Kunsthistoriker nicht von dem *internen Gedächtnis* seiner Malerei frappiert sein, das Fra Angelico hier ausbreitet? Siebzehn Sujets des *Armadio* sind von den Fresken von San Marco übernommen, weitere Selbstzitate entstammen der Predella des Altarbilds von Cortone (der *Zwölfjährige Jesus im Tempel*), der Predella des Prado (die *Anbetung der Könige*), et cetera. So gewinnt man den Eindruck, daß der *Armadio* der Santissima Annunziata auch ein »Schrank des pikturalen Gedächtnisses«, eine Art kleine portative Enzyklopädie ist: die »*Boîte en valise*« eines Künstlers, der, viele Jahrhunderte vor Duchamp, offenbar wünschte, daß sein Werk jedenfalls nicht mit seinem Werk enden solle ...

(1995)

---

1 »Ein geöffnetes Fenster, wodurch ich das erblicke, was hier gemalt werden soll« *(una fenestra aperta per donde io miri quello que quivi sara dipintur)*, wie es wörtlich heißt bei Leone Battista Alberti, »Drei Bücher über die Malerei *(De pictura)*« (1435), in: ders., *Leone Battista Albertis kleinere kunsttheoretische Schriften*, Wien 1877, S. 78–79.

2   Und nicht von San Marco, wie Giulio Carlo Argan schrieb, von dem auch die zitierten negativen – und vorschnellen – Urteile stammen, die sich auf den letzten Seiten eines im übrigen sehr scharfsinnigen Buches finden. Vgl. Giulio Carlo Argan, *Fra Angelico*, Genf 1955, S. 109.
3   Giovanni di Genova (Giovanni Balbi), *Catholicon* (13. Jahrhundert), Venedig, Liechtenstein 1497, folio 163 verso.
4   Dieser Schrank wurde möglicherweise 1448 von Piero de' Medici für die Kirche der Santissima Annunziata in Florenz in Auftrag gegeben (nach der *Cronaca* des Benedetto Dei). Eine erste Bilderfolge wurde zwischen 1450 und 1452 von Fra Angelico ausgeführt. Schon 1461 wurde der Schrank auf Anordnung Piero de' Medicis von seinem ursprünglichen Ort entfernt und sein Bildschmuck umverteilt und durch neue Tafeln ersetzt. Er erhielt dann einen Platz im »chiostrino dei Voti«, bis er 1687 in die Feroni-Kapelle und später in die Galli-Kapelle versetzt wurde. Die Türflügel wurden 1782 abgenommen und zunächst in der Bibliothek der Kirche untergebracht, von wo sie 1810 in die Accademia gelangten. Heute werden sie im Museum San Marco aufbewahrt. Zu ihrer Geschichte vgl. insbesondere Eugenio Casalini, »L'Angelico e la cateratta per l'Armadio degli Argenti alla SS. Annunziata di Firenze«, in: *Commentari* 14, Nr. 2–3 (1963), S. 104–124.
5   Vgl. Alain Boureau, *La Légende dorée. Le système narratif de Jacques de Voragine*, Paris 1984, S. 242–249.
6   Zur mittelalterlichen Theorie – und Praxis – des »vierfachen Schriftsinns« vgl. das klassische Werk von Henri de Lubac, *Exégèse médiévale. Les quatre sens de l'Écriture*, Paris 1959–1964.
7   Ein Resümee der Zuschreibungsproblematik bietet M. Cristina Improta, »La pittura su tavola dell'Angelico et del Quattrocento«, in: *La chiesa e il convento di San Marco a Firenze*, Florenz 1990, Bd. 2, S. 110. Vgl. insbesondere John Pope-Hennessy, *Fra Angelico* (1952), London [2]1974, S. 37 u. 218.
8   Vgl. Erich Auerbach, »Figura«, in: *Archivum romanicum* 22 (1938), S. 436–489; Georges Didi-Huberman, »Puissances de la figure. Exégèse et visualité dans l'art chrétien«, in: *Encyclopaedia Universalis – Symposium*, Paris 1990, S. 596–609.
9   Vgl. Giovanni di San Gimignano, *Summa de exemplis et similitudinibus rerum*, Venedig, De Gregori 1499. Vgl. Georges Didi-Huberman, *Fra Angelico – Unähnlichkeit und Figuration*, München 1995, S. 64–83.
10 Gregor der Große, *Homilien zu Ezechiel*, I, 6,15, hrsg. von Georg Bürke, Einsiedeln 1983, S. 110; zitiert und kommentiert von Thomas von Aquin, *Summa theologica*, IaIIa, 107, 3, Bd. 14, Salzburg 1955, S. 35–37.
11 Michel Foucault, *Archäologie des Wissens*, Frankfurt a. M. 1973, S. 20.

14

EIN BLATT DER TRÄNEN,
EIN SPIEGEL DER QUALEN

Eine alte chassidische Tradition erzählt, daß der Rabbi Menachem-Mendel von Kotzk, der »Meister wider Willen« – aber war es wirklich er, oder vielleicht ein anderer? oder mehrere, viele andere? ich weiß es nicht mehr –, jeden Abend eine Seite schrieb, eine Seite nur, die, so wünschte er, vollkommen sein sollte, die er aber an jedem folgenden Morgen, wenn er sie nochmals las, mit Tränen übergoß, so daß sie unter seinen Augen unlesbar wurde, bis daß das Blatt mit seinen im Strom der Tränen ertränkten Schriftzeichen einem toten Meer glich. Und ich stelle mir vor, daß er, wenn der Abend kam, wieder dasselbe, kaum wieder trocken gewordene Blatt nahm, um erneut zu versuchen, der Wahrheit Ausdruck zu schenken.

Aber warum? Warum dieses endlose Fließen und Verfließen des Geschriebenen? Die Tradition gibt hierauf meines Wissens keine klare Antwort. War es womöglich, weil diese Seite das Wesentliche nicht nur mangelhaft und unvollkommen zum Ausdruck brachte? Weil sie es zu gut traf? Weil sie ihren Autor eines zu vollkommenen Scharfsinns beschuldigte und ihn jeden Morgen durch das Geschenk der Tränen in einen ursprünglicheren Zustand des Verlangens zurückführte?

*

In der christlichen Tradition des Mittelalters gibt es die Gattung des »Speculum«, des »Spiegels«, in dem in exemplarischer Weise – und in exemplarischem Widerspruch zum Bild einer starren, glatten, mineralischen, allzu treuen, allzu gefügigen Spiegelbildlichkeit – alles dafür gemacht scheint, daß der Leser ihm Glauben schenkt und buchstäblich in ihn *eintaucht* wie in eine Art Körper. Denn das Buch selbst bildet einen Körper, es öffnet sich, es bietet sich dar wie ein Körper; es ist geschaffen, um Vorstellungen von Körpern zu erwecken, und zugleich, um Körperereignisse, um Symptome, Kinästhesien, aber auch Blicke *hervor*zurufen. Als allumfassende Sammlung angelegt, bildet es ein labyrinthisches Identifikationssystem unter der symbolischen Autorität einer Exegese, die von der Allegorie verlangt, körperliche Gestalt anzunehmen, von der Tropologie, daß sie einem jeden sein vertraulichster Beistand sei, und von der Anagogie, daß sie den Leser dazu bringe, *aus sich herauszugehen,* gleichsam als würde er sich physisch aufschwingen aus den Seiten des Buches, aus seiner *materialis manuductio*.[1]

Im sechsunddreißigsten Kapitel seines *Specchio della Croce,* eines erstaunlichen Buches, das übrigens einen wesentlichen Einfluß auf die Poesie der heiligen Katharina von Siena hatte, schließt Domenico Cavalca den imaginären Kreis zwischen dem Körper des Gekreuzigten, den er Tag für Tag verherrlichte, und dem Buch selbst – dem roten Schnitt, der Faltung der Bögen, den schwarzen Buchstaben und den weißen Flächen der aufgeschlagenen Seiten –, an dem er Tag für Tag arbeitete. In diesem Kapitel beschreibt er den Gekreuzigten als eine *figura di libro*: Als hätte er in einem Moment, da er den ausgebreiteten Körper, die Balken des Kreuzes, das Blut und das in seiner Qual und in seiner Göttlichkeit unerreichbar ferne Leiden *nicht sah* (nicht genügend sah, nicht unmittelbar genug sah), als hätte er es da mit einem Mal gewagt, *den Blick zu senken,* ein wenig nur, auf das Buch, an dem er in diesem Moment schrieb. Und als hätte das, was er da unter den Augen und unter der Hand hatte, die Gestalt dessen angenommen, was er nicht sah, was aber in einer Art materieller Halluzination *ihn anzuschauen* schien.

Vediamo se è così fatto, schreibt er: »Schauen wir, ob der Gekreuzigte so ist wie ein Buch.«[2] Schauen wir: Da ist das Pergament, die Haut eines Lamms, die man glattgeschoren hat, um sie mit lesbaren Zeichen beschreiben zu können; auch Christus, das Lamm Gottes, wurde »geschoren«, bevor er ans Kreuz stieg, als nämlich die Juden ihm den Bart ausrissen, um sein Königtum zu verspotten. Schauen wir weiter: Die Seiten des Buchs sind zwischen zwei »Tafeln« gebunden *(legate fra due tavole)*, so wie die Haut des gemarterten Christus zwischen die zwei Balken des Kreuzes genagelt wurde *(questa pelle così nuda ... confitta fra due legni della croce)*. Betrachten wir schließlich auch die Male, die das Pergament empfängt und die es umgekehrt uns allen gibt als Zeichen der höchsten Wahrheit: Diese Zeichen sind teils schwarz (der Text), teils rot (die Rubrik, die Anfangsbuchstaben der Abschnitte: *gli principali capoversi sono lettere grosse vermiglie)*; so war auch der Leib des gekreuzigten Christus, wie Cavalca schreibt, *annegrita* von den Schlägen, die er empfangen hatte, und von fünf großen, blutroten Wunden gezeichnet *(le quali sono vermiglie di sangue, e sono molto grandi e grosse)*, den erhabenen Zeichen der Wahrheit des Glaubens, die gleichsam die ganze Heilige Schrift in sich zusammenfassen *(abbreviata tutta la Scrittura)*.[3]

So sehen wir, wie hier das Buch und sein Gegenstand einander wechselseitig beschenken, durch die Vermittlung eines – radikalen – Blicks.

(1994)

---

1 Vgl. hierzu allgemein das klassische Werk von Henri de Lubac, *Exégèse médiévale. Les quatre sens de l'Écriture,* Paris 1959–1964.
2 Domenico Cavalca, *Lo Specchio della croce,* hrsg. von Tito Sante Centi, Bologna 1992, S. 282.
3 Ebd., S. 282–284.

15

GESCHENK DES PAPIERS, GESCHENK DES GESICHTS

Stellen wir uns, bevor wir ein Buch öffnen, zunächst vor unseren Augen die »Opferhandlung« vor, »von der der Schnitt der alten Bände blutete.« Stellen wir uns »die Einführung einer Waffe« vor, »eines Papiermessers, um die Besitzergreifung endgültig zu machen.« Die Waffe, die Klinge hat das Papier zerteilt, den Bogen von innen her an der Faltung aufgetrennt: Die Seiten sind geöffnet, doch noch liegen sie nicht offen vor uns. Erst wenn das Buch sich auch unserem Blick öffnet, »die Einfaltung des Papiers und die Tiefen, die sie herstellt, der in schwarzen Typen verstreute Schatten« – wenn all das vor uns liegt und uns anblickt »wie ein Geheimnisbruch an der Oberfläche, in der Spreizung, die der Finger auftut« ... Dann erst beginnt das Lesen, das »unablässige sukzessive Hinundher des Blicks.« Dann vergessen wir vielleicht die papierene Realität der Seite, und mit ihr »die Aufmerksamkeit, die ein weißer Schmetterling erheischt«.[1]

Ist das alles? Nein, gewiß nicht. Denn der aufgefaltete Schmetterling der Seiten, selbst wenn er rein weiß ist, selbst wenn er in Wirklichkeit tot ist, schlägt irgendwann mit den Flügeln, und sei es nur in dem Moment eines unausbleiblichen flüchtigen Lidschlags unserer Augen. In diesem Moment können die aufgefalteten Seiten, ihre Symmetrie, die durch das Umblättern und Herumblättern im Buch jedesmal durchbrochen wird (so fragil ist sie) und sogleich wiederhergestellt (so beharrlich ist sie), kann das aufgeschlagene Buch uns wie eine Art Organismus erscheinen, zumindest wie etwas, das mit einem eigenen Bewegungsvermögen begabt ist: als wäre das Papier ein wenig lebendig.

So wie wir aus anderen Objekten, Gegenständen vergangener Kulte, noch immer auf hunderterlei Weise Zeit und Sinn schöpfen, so neigen wir dazu, den Büchern unbeirrt dieses Eigenleben zuzugestehen, das jedem Anthropomorphismus inhärent ist – um so gewisser, je zweifelhafter, unbegründeter, undurchschaubarer, unwahrscheinlicher er auf den ersten Blick erscheint. So verleihen wir dem Papier eine Bewegung, quasi um ihm etwas von unserer eigenen Kinästhesie mitzuteilen: eine Projektion, zugegebenermaßen, doch werfen wir dies alles nur deshalb auf das Papier, um möglicherweise einen Blick von ihm *zurückzuerhalten*. Solcher Art ist das Geschenk, das lyrische, wechselseitige Geschenk, das das *Subjektil* (das Papier als materieller Träger der Schrift) und das *Subjekt* einander manchmal machen.

*

Es gibt vermutlich kein poetisches Geschenk ohne »Komposition des Schauplatzes«,² und der Schauplatz par excellence, der *Schauplatz der Erfahrung* dessen, der davon schreibt, ist kein anderer als das Papier, auf dem er sie ausbreitet. Das Papier wird zum *Träger* der Erfahrung: Es beschränkt sich nicht darauf, deren willentlich gesetzte Zeichen zu empfangen, sondern gibt ihr auch eine Orientierung, erzeugt sie sogar, gibt ihr eine Form, die seiner eigenen Konfiguration entspricht – ein radikal einfacher Ausgangspunkt, nämlich ein weißes Feld mit einer vorgegebenen Ausrichtung; ein höchst komplexes Resultat, das letztlich darauf (und daraus) entsteht –, die seiner kinästhetischen Virtualität entspricht, seiner Fähigkeit, in Bewegung zu versetzen, in den Blick zu bringen. Dies ist es, was wir zum Beispiel in den bekannten Manuskripten Victor Hugos sehen, in denen er sich nicht darauf beschränkte, die Feder, die Tinte und das Papier in ihrer traditionellen instrumentalen Funktion zu benutzen. Denn das Instrument bestimmt hier selbst die Ergebnisse seiner *offenen* und vielgestaltigen Handhabung, in deren Verlauf es unablässig in Widersprüche verwickelt wird, in Krisen gestürzt, mißhandelt bis zum Zerreißen, exaltiert bis zum Zerbrechen, bis zum Fleck.

So die Feder: mit ihrem angespitzten Ende in die Tinte getaucht, läuft sie der Sprache zu Ehren in der immergleichen Richtung über das Papier, bis sie sich mit einemmal aufbäumt: Dann kehrt die Richtung sich um, die Tinte fließt in die Fahne der Feder, die umgedrehte Fahne zeichnet die Spur einer Bewegung, die an eine durchnäßte schwarze Vogelfeder denken läßt, das heißt an Himmel, Wind oder Sturm, aufgewühltes Meer, eine allzu ferne Landschaft oder einen allzu nahen Organismus.[3] So die Tinte: nicht mehr behutsam aus dem Tintenfaß gesogen, nicht mehr in der magischen Schwebe, in der der Gänsekiel sie eben noch hielt, sondern auf das Blatt gespritzt, getropft, gegossen, und dort mit anderen Flüssigkeiten, Kaffeesatz und anderem vermischt.[4] So das Papier: nicht mehr glatt ausgebreitet, bereit, um beschrieben und gelesen zu werden, sondern verschoben, verdreht, zerschnitten, gefaltet, so daß Volumen entstehen, Vertikalitäten, Schablonen, und in alldem ein Abgrund der Bedeutungen, der sich endlos vervielfältigenden Erscheinungen dessen, was zu sehen ist.[5]

Diese visuelle Heuristik mit den materiellen Mitteln des Schreibens ist nicht nur eine Art, das Manuskript in eine Zeichnung zu verwandeln. Sie läßt auch Figuren entstehen – »figurative« Figuren, wie Schlösser, Bäume, Seelandschaften, vielarmige Ungeheuer ... Doch die konkreten prozessuellen Modalitäten ihrer Entstehung machen daraus ein Feld der *Figurabilität*, in dem die visuellen Spuren so lange wie möglich – und wenn möglich für immer – in einem Zustand gehalten werden, in dem ihre Figürlichkeit noch potentiell und nicht tatsächlich, fixiert, lesbar ist. Sie erzeugt also ein Feld der Gewärtigung, das Erlebnis, *das Unerwartete zu erwarten*, eine Form auftauchen zu sehen, die, eben weil sie instabil ist, zwangsläufig überrascht, beunruhigt, uns *anblickt*. Wie eine dunkle Prophezeiung, die auf ihre Deutung wartet, in einem Chaos, das kurz davor verharrt, figürliche Gestalt anzunehmen.

Die Ausbreitung der Tinte erzeugt also kein sichtbares Zeichen, sondern nur eine »bewegte Form«; die formgewordene Bewegung bildet auf dem Papier eine Masse; und die Masse, je nachdem, ob

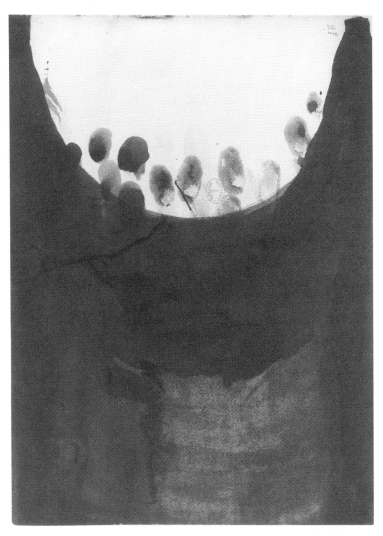

Abb. 19: Victor Hugo, *Taches avec empreintes de doigts (Flecken mit Fingerabdrücken)*, um 1864–1865. Braune Tinte und Lavierung auf Papier. Bibliothèque nationale, Paris, Mss, N.A.F. 13345, f. 28. Fotografie D. R.

man sie in diese oder jene Richtung anschaut, *enthüllt* mit einemmal einen Kopf, einen Schädel oder ein Gesicht, kurz: etwas, das uns

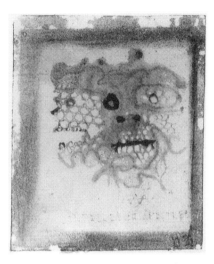

Abb. 20: Victor Hugo, »Dentelles et spectres« (»Spitzen und Gespenster«), um 1855. Federzeichnung mit brauner Tinte, Lavierung, Kohle, Spitzenapplikation auf Papier. Maison Victor Hugo, Paris, Nr. 878. Fotografie D. R.

unvermittelt anschaut. Hier erzeugt das fast ganz von Tinte und Lavierung bedeckte Blatt die Räumlichkeit eines frontalen Hindernisses, doch einige Fingerabdrücke in dem freigebliebenen Bereich im oberen Teil genügen, damit alles in die Froschperspektive kippt und der Eindruck von Köpfen entsteht, die sich über den Rand eines Brunnenschachts recken und uns entgegenblicken (Abb. 19).[6] Anderswo ist die Fläche mit einem Netz von Linien überzogen, indem ein Stück Spitzenstoff mit brauner Tinte getränkt und auf das Papier gepreßt wurde, auf dem nun einige Gesichter *durchscheinen,* die Hugo dann einer Vorstellung von Totenschädeln oder Gespenstern annäherte: Ich meine die berühmte Zeichnung mit dem Titel *Dentelles et spectres,* in der das Zufällige der Textur durch die gezielte Zugabe von drei oder vier Farbtropfen ein gespenstisches Gesicht bildet und das Zufällige ihres Randes ein Profil, in dem eine Lücke im Stoff zum offenstehenden Mund wird und eine Zackenreihe zu den Zähnen des Schädels (Abb. 20).[7]

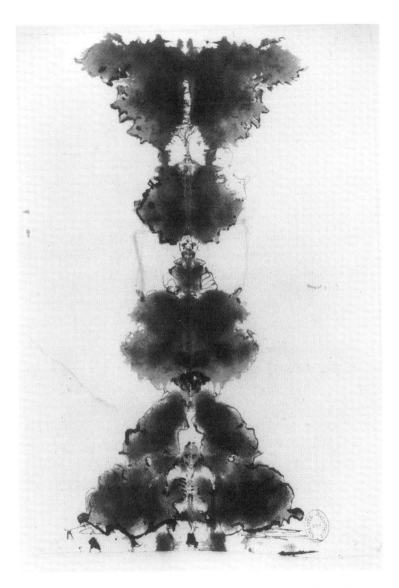

Abb. 21: Victor Hugo, *Tache d'encre retouchée sur papier plié (Retuschierter Tintenfleck auf gefaltetem Papier)*, um 1856–1857. Federzeichnung mit brauner Tinte und Lavierung auf Papier. Bibliothèque nationale, Paris, Mss, N.A.F. 13351, f. 28. Fotografie D. R.

Wieder anderswo (Abb. 21) wurde das Blatt zum Bett für den Fluß der ausgegossenen Tinte, dann vertikal zusammengefaltet und geschlossen wie ein Tresor oder wie ein Buch; wieder geöffnet, wie in dem Kinderspiel von Zu und Auf, Verstecken und wieder Herzeigen, enthüllt es eine Symmetrie der Flecken, eine Ordnung des Chaos, in der der Dichter mit wenigen raschen Strichen nicht weniger als dreizehn oder vierzehn Gesichter, frontal oder im Profil, tragisch oder grotesk, im Positiv oder im Negativ, fand und hervorbrachte: Es ist, als würde das Blatt mit seinen zufälligen Flecken, aber seiner willentlich erzeugten Vertikalisierung uns von überall her vielfach anblicken in dem geeinten Spiel seiner chaotischen Symmetrie.[8] Auf diesem Blatt ist *nichts geschrieben,* doch die Magie der Geste, es zusammenzufalten und dann wieder zu öffnen, hat uns einen wahren Schatz an Gesichtern geschenkt.[9]

*

Hermann Rorschach, Sohn eines Zeichenlehrers, beschäftigte sich bekanntlich ebenfalls mit dem Spiel von Farbflecken und Papierfaltungen, von zufällig gegebenen und zufällig weiterentwickelten Formen, die er dann seinen Patienten vorlegte, um zu ergründen, was ihnen aus dem, was sie zu sehen glaubten, entgegenblickte. Der Abschnitt »Beispiele« seiner berühmten *Psychodiagnostik* nennt allein für die Tafel IV – die ich nicht zu beschreiben wage (Abb. 22) – an die achtzig »Lektüren« oder vermeintlich erkannte Gegenstände, deren Liste, wie man bald merkt, ein relativ geschlossenes System von sich wiederholenden (und insofern zweifellos symptomatischen) Elementen bildet, das sich aber jederzeit für unerwartete (und deswegen nicht minder symptomatische) Neuerfindungen öffnen kann.

Wenn man diese Elemente zusammenträgt und auf ein oder zwei Seiten auflistet, erhält man eine Taxinomie, die nicht weniger faszinierend erscheint als jene wunderbare »chinesische Enzyklo-

Abb. 22: Hermann Rorschach, Tafel IV aus *Psychodiagnostik*, 1921. Fotografie G. D.-H.

pädie«, von der Borges berichtet,[10] ja sogar in einem bestimmten Aspekt noch außergewöhnlicher, da sie nämlich keine ganze Klasse von Objekten beschreibt, sondern nur ein einziges, *ein einzelnes, zufälliges visuelles Objekt,* das in Rorschachs veröffentlichten »Beispielen« von gerade einmal siebenundzwanzig Personen betrachtet wurde. Und es ist nicht belanglos, daß diese Liste mit einem aufgefalteten Schmetterling beginnt und bis zu einem menschlichen Gesicht reicht:

> »Ein Sommervogel [Schmetterling] (die säulenförmige Mittelpartie und die angrenzenden Flügel). Eine Verzierung oben an einem Möbel. Ein indischer Elefantenbrunnen, oben Becken, unten Sockel. Insektenschwanz. Zwei Weiber mit fliegenden Schleiern, um einen Brunnen tanzend. Pferdefüßchen. Hundsköpfe. Ein ausgeartetes Herz. Ein Tier, zwei Flügel. Ein Eskimo. Ein Tier vom Meeresgrund, eine Art Tintenfisch. Eine Brunnen-

figur, es sitzt einer da auf einem Stock. Abgebrauchte Stiefel. Schlangen. Efeublättchen. Moritz aus Buschs ›Max und Moritz‹, wie er in den Teig gefallen ist. Ein kleiner Märchenkönig, der zwei links und rechts herbeieilende Königinnen (in wehendem Schleier) begrüßt. Schwan, am Ufer entlangschwimmend. Eine gebückte alte Frau, vor einem Grabmal stehend. Zwei Profile von Strolchen mit herabhängender Lippe. Zwei Köpfe. Zwei sich den Rücken kehrende Redner. ›Ein Ungetüm, weil alles beisammen ist‹. Eine Eule. Frau mit Hutte voll Holz auf dem Rücken. Ein Polyp. Ein Wappen. Krokodil. Schlange. Hundskopf. Schachfigur Turm. Entweder ein Satyr oder ein Mönch. Greif, von vorne gesehen. Frau, über ein Buch gebeugt. Zusammengestellte Garben. Eine Pappel. Ein Bajazzogesicht. Etwas von einem Elefanten. Zwei knorrige Äste oder Spannerraupen. Schmetterlingskörperteil. Ein Tierfell. Je ein schlafender Eskimo im Schlafsack. Eine Figur auf einem Stuhl. Gebückte Frau, gehend. Laubsägeausschnitte. Ein Tierfell. Zwei Figuren mit wehenden Schleiern, beidseits auf die Mittelsäule zueilend, Rachegöttinnen. Wiesel. Zwei kleine Figürchen, die die Hand an etwas lehnen. Schwäne. Ein Ungetüm im Schafspelz, mit großen Stiefeln. ›Irgendeine Pflanze oder so was‹. Zwei Köpfchen. Ein Mutterleib, ›weil eben zwei Köpfchen drin sind‹. Ein Känguruh, ›weil ungefähr in der Mitte der schwarzen Fläche einige Köpfe sichtbar seien und das Känguruh so eine Bauchtasche habe‹. Wie ein Gambrinus auf Wirtshausschildern. Seehunde. Ein Phantasieteppich. Ein Bär, beugt sich. Ringfessel. Ein Krönchen. Zwei Tierköpfchen. Eine Strickerin, auf dem F... sitzend. Ein Floh. Ein Knochen. Zwei Beine. Fledermaus. Die Form von einer Person, aber es stellt sie nicht gut dar, eine sitzende Figur. Friesbänder. Rückgrat. Fische. Zwei Hundsköpfe. Ein Riesenmensch mit gewaltigen Füßen sitzt da. Bären mit offenem Rachen. Eine Fledermaus sperrt ihren Rachen auf. Ringelnattern. Ein Eisbär. Eine betende Jungfrau. Ein bedächtig seinen Zinsen nachsinnender Mensch. Ein fliegender Falke. Vögel. Ein menschliches Gesicht.«[11]

Als ich diese Liste erstellte, entdeckte ich zufällig zwischen den zehn kartonierten Tafeln eines Exemplars der *Psychodiagnostik,* das ich in meiner Bibliothek gefunden hatte, zehn von Hand beschriebene, numerierte Seiten, deren Handschrift ich nicht erkannte. Es handelte sich, wie ich rasch sah, um die vollständige Transkription – nicht nur eine bloße Zusammenfassung, wie in Rorschachs Beispielen – eines Protokolls dieses Experiments. Ich erinnerte mich wohl, daß ich an dem Experiment einmal teilgenommen hatte, und es wäre logisch, wenn die vergilbten Seiten, die ich in diesem Buch aufbewahrt fand, mir damals von der hübschen jungen Frau *gegeben* worden waren, die den Versuch geleitet hatte. Doch daran konnte ich mich nicht mehr recht erinnern, und vor allem hatte ich beim Durchlesen dieser Aufzeichnungen die merkwürdige Empfindung, das, was dort beschrieben war, in den Bildern, die ich sichtbar vor meinen Augen hatte, *nicht wiederzuerkennen*. Ein einziges, doch unsicheres Detail, übrigens ebenfalls auf die Tafel IV bezogen, ließ mich vermuten, daß es sich tatsächlich um meine Antworten handeln könnte. Wirklich sicher bin ich mir aber nicht; und es ist mir lieber, einen gewissen Zweifel über die Identität dieser zufällig gefundenen Seiten bestehen zu lassen, über dieses eventuelle, nicht eindeutig erkennbare Selbstporträt, das nicht von meiner eigenen Hand ist – und ich hoffe, das mir gemachte Geschenk angemessen zu würdigen, wenn ich es hier wiedergebe, ungeachtet des bleibenden Gefühls des Nicht-Wiedererkennens:

> »(Unschlüssig) Ich weiß nicht, was ich sagen soll. Von oben gesehen. Hm, der Rücken eines Tieres. Ein Tierfell. Diese Tiere als Bettvorleger. Oben der Kopf und die vier Tatzen und der, ich muß schon sagen, sehr große Schwanz. Ich bin überrascht [*étonnée*, in der weiblichen Form: Ich vermute, daß die hübsche junge Frau, die dies protokollierte, hier ihren Automatismus beim Schreiben in der ersten Person mit dem *Ich* des Sprechenden vermischte] über diesen Schwanz. Die Schöne und das Biest. Ein Kopf-Tier (global). Geschlossene Augen, die innerlich weinen, und ein geschlossener Mund, trotz des Weiß. Ein Felltier, eine Art Löwe. Ein verschlossenes Gesicht. Äußerste Grenze. In dem Weißen, zwei Karikaturen, die sich den Rücken zuwenden ... nostalgisch, einfach, unzufrieden, einfach. Sie gucken in die Luft, hochtoupierte Haare.«

*

Die Lehrbücher der Philosophie haben uns daran gewöhnt, ohne Zögern zwischen einem halluzinierten und einem wahrgenommenen Bild zu unterscheiden. Ersteres, so heißt es, ist wesenhaft *innerlich*, soweit es nicht bloß eine »wahnhafte« und absolut inobjektive Vorstellung ist, wogegen das zweite sich definitionsgemäß auf *äußerliche* Gegenstände bezieht. Doch die Eröffnung des Experimentierfelds der Hypnose im 19. Jahrhundert, verbunden mit den faszinierenden Entdeckungen der Wunder des hysterischen Körpers, der Extremfälle, der Hyperästhesien, der vielzähligen Beobachtungsverfahren mit ihren mitunter perversen Zwängen – all dies führte schließlich dazu, die traditionelle dualistische Konzeption zu durchbrechen und das Verständnis der, wenn man so sagen kann, psychischen Potenz des Blicks infolge der aufgekommenen Zweifel zu einer höheren Komplexität zu entwickeln.[12] Das positivistische Zeitalter sammelte unentwegt Tatsachen, Erfahrungstatsachen, und diese erwiesen sich oft genug als Widerlegungen der Theorien, von denen man zunächst ausgegangen war. Es bedurfte der Hypothese des Unbewußten, um zu verstehen, in welcher Weise eine *visuelle Objektbeziehung* sozusagen die Grenze zwischen *Außen* und *Innen* untergräbt.

Doch schon fünfunddreißig oder vierzig Jahre vor Rorschach begannen französische Psychologen mit einer experimentellen Erforschung der Übertragung von Sinneseindrücken von einem Wahrnehmungsbereich auf einen anderen, beispielsweise von visuellen auf kinästhetische Wahrnehmungen. Alfred Binet hat einen Teil dieser Experimente zusammengefaßt und aus ihnen die interessante Hypothese der »Anhaltspunkte« abgeleitet, die das Vorkommen authentischer Wahrnehmungselemente (von äußerlichen und sogar objektiven Wahrnehmungen) in den durch die Hypnose hervorgerufenen Halluzinationen zu erklären vermag. Die Experimente, von denen Binet berichtet, sind hier insofern von Interesse, als sie einen Prozeß der *Umwandlung von Flächen in Gesichter* erkennen lassen. So beispielsweise der perspektivische und zerklüftete Raum einer Landschaftsfotografie, der in allen seinen visuellen Anhaltspunkten »objektiv« – wenn auch unter Suggestion, also wahnhaft – als ein *Porträt* erkannt wird, in dem die Versuchsperson sich selbst sieht, und zwar nackt:

»Von Monsieur Londe, dem Chemiker der Salpêtrière, wurde uns die folgende Begebenheit berichtet, die unsere These stützt: Während Wit... sich im Somnambulismus befand, zeigte er ihr das Klischee einer Fotografie, die eine Pyrenäenlandschaft darstellte, auf der Esel einen Bergpfad hinauftrotteten; dabei sagte er ihr: ›Schauen Sie, das ist Ihr Porträt, Sie sind völlig nackt.‹ Als die Patientin wieder erwachte, erblickte sie durch Zufall das Klischee, schnappte es und zerriß es im Zorn darüber, sich dort in einem allzu natürlichen Zustand dargestellt zu sehen. Doch man hatte bereits zwei Abzüge davon angefertigt, die sorgfältig aufbewahrt wurden. Jedesmal, wenn die Patientin sie sieht, zittert sie vor Wut, da sie sich dort stets nackt dargestellt sieht. Nach Ablauf eines Jahres dauert die Halluzination immer noch an.«[13]

Noch bemerkenswerter als die Suggestion selbst ist ihre Andauer – also die exakte visuelle Erinnerung, die die Fotografie der Landschaft mit dem Porträt gleichsetzt. Die Theorie der visuellen »Anhaltspunkte« geht davon aus, daß der Blick der Patientin im Moment der Wahrnehmung bestimmte räumliche Konfigurationen, bestimmte *visuelle Bezugspunkte* fixiert hat, denen sie Punkt für Punkt bestimmte herausragende Konfigurationen, bestimmte *phantasmatische Bezugspunkte* ihres eigenen Körpers hinzuassoziiert. Die Beständigkeit der Halluzinationen hat also ihre Grundlage – oder zumindest das Instrument ihres Wirkens – in einer äußerst präzise und »objektiv« wiedererkennenden Wahrnehmung des Bildes, das hier der halluzinativen Umdeutung unterworfen worden war: »[...] denn die Patientin muß die visuellen Anhaltspunkte tatsächlich *sehen*, um ihre Halluzination zu entwickeln« ... obwohl sie nie soweit kommt, zu *erkennen,* daß sie in ihrem sichtbaren Zusammenhang eine Pyrenäenlandschaft bilden.[14]

Doch es gehört zu Experimenten, daß sie immer noch einen Schritt weitergehen. So trieb Alfred Binet seine »Theorie der Anhaltspunkte« bis zum Äußersten: bis zur leeren Fläche des weißen Papiers. Das Beunruhigendste an dem Experiment, von dem er berichtet, ist nicht einmal, daß die hypnotisierte Person auf einem leeren Blatt Papier ihr Gesicht in allen Einzelheiten, bis hin zur kleinsten Sommersprosse, »sehen« kann; das Beunruhigendste ist, daß diese Halluzination sich auf eine *Hyperästhesie des Bildträgers,* des *Subjektils* stützt, die ohne jede gegenständliche Markierung, ohne jede »figurative Figur« auskommt – denn die Person erkennt das fragliche Blatt (und kein anderes, das der Leiter des Experiments selbst als absolut identisch ansieht) allein an der Körnung des Papiers, an mikroskopischen Unebenheiten als ihr unverwechselbares Bild, als das ihr geschenkte Gesicht:

> »Man zeigt der Versuchsperson einen völlig weißen Zeichenkarton, und man sagt ihr: ›Schauen Sie, das ist Ihr Porträt.‹ Sogleich sieht sie auf der weißen Fläche ihr Porträt erscheinen, beschreibt ihre Pose und ihre Kleidung, ergänzt mit eigenen Einbildungen die suggerierte Halluzination; und wenn es sich um eine Frau handelt, ist sie meistens unzufrieden und findet das Porträt wenig schmeichelhaft. In einem Fall sagte eine Frau von recht hübschem Äußeren, deren Gesicht aber von kleinen Sommersprossen übersät war, als sie eines Tages ihr imaginäres Porträt ansah: ›Es stimmt, ich habe Sommersprossen, aber nicht dermaßen viele.‹ Wenn die Person den weißen Karton eine Zeitlang betrachtet hat, nehmen wir ihn weg und mischen ihn unter ein Dutzend anderer Kartons derselben Art; so haben wir dreizehn gleich aussehende Kartons, und wir wären nicht in der Lage, denjenigen herauszufinden, auf dem die Halluzination beruhte, wenn wir ihn nicht gleich, nachdem wir ihn der Patientin abgenommen haben, mit einem Erkennungszeichen markieren. Die Patientin dagegen benötigt keine solche Markierung: Wenn man ihr die Kartons hinhält und sie auffordert, ihr Porträt herauszusuchen, findet sie den zuerst gezeigten Karton, zumeist ohne sich zu irren, und zeigt ihn zudem immer in derselben Richtung; wenn man den Karton umdreht, sieht sie ihr imaginäres Porträt kopfüber. Und mehr noch: Wenn man den weißen Karton fotografieren läßt und nach zehn Tagen, zwanzig Tagen, einem Monat der Patientin einen Abzug der Fotografie zeigt, erkennt sie darin noch immer ihr Porträt.
>
> Die einfachste Möglichkeit, diese Lokalisierung des imaginären Porträts zu erklären, besteht in der Annahme, das halluzinatorische Bild habe sich – unbewußt – mit dem visuellen Eindruck des weißen Kartons assoziiert, so daß jedesmal, wenn der visuelle Eindruck erneuert wird, er aufgrund dieser Assoziation das Bild suggeriert. Ein Zeichenkarton mag noch so weiß sein, er weist doch immer noch einige kleine Unregelmäßigkeiten auf, die wir bei aufmerksamer Betrachtung finden können; die Patientin erkennt sie dank ihres hyperästhetischen Gesichtssinns sofort wieder; und

diese Unregelmäßigkeiten dienen ihr als Anhaltspunkte für die Projektion des Bildes. Sie sind wie Nägel, die das imaginäre Porträt auf der weißen Oberfläche festhalten. Dies zeigt sich auch darin, daß das Experiment mit größerer Sicherheit gelingt, wenn man gewöhnliches Papier benutzt, als mit Bristolkarton.«[15]

Vieles, was in bezug auf den Akt des Sehens und die Wahrnehmung der sichtbaren Welt im allgemeinen evident erscheint, wird durch dieses außergewöhnliche Experiment in Frage gestellt, wird zur *offenen Frage*. Der Hypnotiseur – also derjenige, der angeblich über die »Macht des Blicks« verfügt – entdeckt in dieser Situation das relative Unvermögen seines geschärften Auges gegenüber einer in den »Schlaf« versetzten Versuchsperson, deren Gesichtssinn gerade in diesem somnambulistischen Zustand zu stupenden Hyperästhesien fähig ist. Ist der *Schauplatz des Schlafes* – oder vielmehr der Schauplatz der paradoxen Nacht, die dieser somnambulistische Zustand darstellt – vielleicht der Schauplatz des *schärfsten Sehvermögens*? Ist er die Sphäre einer Zeit der unmittelbareren Berührung mit dem eigenen Gesicht, dem »wenig schmeichelhaften Porträt«, welches das Experiment erscheinen ließ, so wie er auch die Sphäre einer Zeit ist, in der der Mensch »an den Tod rührt«?[16]

Andererseits stellt die beschriebene Situation das Verfahren auf den Kopf, nach dem der Experimentator sie überhaupt herbeigeführt hat: Es gibt hier keine klare Unterscheidung mehr zwischen einem Beobachter (einem Wissenschaftler, der »objektiv« sieht) und einem Beobachteten (einer Patientin, die in ihrer »subjektiven« Symptomatik betrachtet wird). Hier sieht der Beobachter trotz hellwacher Augen auf dem weißen Zeichenkarton nichts Bemerkenswertes, während der Beobachtete mit zitterndem Blick nicht allein sein Gesicht herbeihalluziniert, sondern gerade in seiner Halluzination der konkreten visuellen Textur eine exemplarische »objektive« Aufmerksamkeit widmet. Offenbar »beeindruckt« die subliminale Konfiguration der Oberfläche und selbst der Tiefe des Papiers – Körnung, Äderung, filigrane Muster, Papiergewicht – den Beobachteten mit der Präzision einer fotografischen Platte, das heißt mit der Präzision eines optischen Instruments, das schärfer ist als das »natürliche« Auge und das im 19. Jahrhundert als »das wahre Sehorgan des Forschers«[17] bezeichnet wurde ... nur daß der Forscher hier nicht in der Lage ist, zu erkennen, was dieses »wahre Sehorgan« ihm zeigt, während der Halluzinierende es perfekt unterscheiden kann. Kann der *Schauplatz der Beobachtung* eine solche psychische *Verschiebung* erfahren?[18] Und kann diese Verschiebung ihrerseits bewirken, daß der erblickte Gegenstand – das Blatt Papier – immer weniger »sichtbar« ist und zugleich visuell immer intensiver, das heißt, eine *weiße Fläche, die uns anschaut?*

Eine dritte Merkwürdigkeit schließlich betrifft den *Schauplatz des Papiers.* Wenn wir die Frage nach seiner eigentümlichen Paradoxie stellen, eröffnet sich uns auf diesem Weg vielleicht ein besseres Verständnis jener komplexen Ordnung der Realität, die man den *Anthropomorphismus* nennt. Was ist dies für eine Form, eine *morphe,* die nur eines Bildträgers bedarf – eines leeren, weißen Blatts als Ankergrund für »Anhaltspunkte« –, um jemanden intensiver anzuschauen als jedes Spiegelbild? »Die Patientin benötigt keine Markierungen« (das heißt, sie benötigt keine Zeichen), schreibt Binet in seiner Schilderung des Experiments; doch der Zeichenkarton, schreibt er weiter, braucht »Nägel« oder formale Anhaltspunkte, um das leere weiße Feld zu strukturieren. Das opake Weiß, die Farbe des Kopfkissens, *in* das die Patientin ihr Gesicht drückt, braucht diese *Stigmata,* deren Konstellation die Fläche strukturiert, *vor* der sie ihr Gesicht berührt.

Die ästhetische Lehre aus diesem Experiment dürfte eine Frage betreffen, die mit der anthropomorphen Prägnanz der »nicht-ikonischen«, ungegenständlichen Formen zusammenhängt. Für den Beobachter, der etwas *sieht* und der versucht, das *Sichtbare* zu erkennen, es zu lesen, stellt die Fotografie eine Pyrenäenlandschaft dar und stellt der weiße Karton nichts dar: Er ist »leer«, es gibt nichts zu »sehen«. Für die Patientin, die *anschaut,* aber in dem Sichtbaren keine Formen und keine Zeichen erkennt, sind die Fotografie und der weiße Karton reine *visuelle* und virtuelle Felder; sie *stellen sich selbst dar* in der Unverrückbarkeit und dem Chaos ihrer formalen Konstellationen, ihrer »Anhaltspunkte«. Und so werden sie zu guten oder schlechten Sternen, die aufgehen, aufeinander zugehen und die ihr ein Gesicht schenken, in der Entfaltung des Schauplatzes eines einfachen Blatts Papier. Und darum kann man von einem weißen Blatt Papier nicht mehr sagen, es sei »abstrakt«, »leer« oder »unmenschlich«: Es schaut uns an, weil es sich darstellt, es ist ein Gesicht, weil es uns anschaut, es berührt uns, weil es ein Gesicht ist.

Und um seine ganze visuelle Intensität zu erfahren, muß die halluzinierende Patientin in gewisser Weise selbst zum Forscher werden, oder genauer: zum *Materialisten* (weil für sie ein Blatt gewöhnliches Papier nichts mit einem Blatt Bristolkarton gemeinsam hat) und zum *Formalisten* (weil für sie vor allem die Konfigurationen des visuellen Feldes zählen, das ihr vorgelegt wird und in dem sie sich ihren Himmel voller Gesichter erträumt). Oder anders gesagt, die wahren Träumer sind nie in ihren »süßen Träumen« versunken, sondern sind authentische Forscher.

(1994)

1 Die Zitate entstammen – mancher Leser wird es erkannt haben – Stéphane Mallarmés Reflexionen »Das Buch betreffend« (1895), in: ders., *Kritische Schriften*, hrsg. von Gerhard Goebel u. Bettina Rommel, Gerlingen 1998, S. 257–263. [Im Schlußsatz bezeichnet das französische Wort *papillon* nicht nur den Schmetterling – den Mallarmé meint –, sondern auch das lose, bewegliche Blatt Papier: Der »Schmetterling« ist also nicht nur metaphorisch, sondern wirklich das Papier, von dem hier die Rede ist. – Anm.d.Ü.]
2 So wie es keine »geistige Übung« ohne »Komposition des Schauplatzes« gibt. Zu diesem grundlegenden Begriff vgl. Pierre-Antoine Fabre, *Ignace de Loyola. Le lieu et l'image. Le problème de la composition de lieu dans les pratiques spirituelles et artistiques jésuites de la seconde moitié du XVIe siècle,* Paris 1992.
3 Vgl. im Katalog der Ausstellung in der Ca' Pesaro (Venedig): *Victor Hugo peintre,* Mailand 1993, Nr. 49 (mit der Unterschrift »Toujours en ramenant la plume«), 50, 53, 95 etc.
4 Zwei berühmte Texte, der eine von Georges Hugo, der andere von Philippe Burty, berichten von diesen »Zeichentechniken«: »Er vergoß die Tinte, wie der Zufall es wollte, indem er die Gänsefeder bog und knickte, bis sie knirschend zerbrach und die

Tinte aufs Papier spritzte. Dann modellierte er, wenn man so sagen kann, aus dem schwarzen Fleck eine Burg, einen Wald, einen tiefen See oder einen Gewitterhimmel; er befeuchtete vorsichtig die Fahne seiner Feder und ließ damit eine Wolke aufplatzen, aus der es auf das feuchte Papier regnete [...]. Mit den Fahnen der Gänsefedern läßt er die Wolken Tränenströme vergießen. Alle Mittel sind ihm recht, der Bodensatz aus einer Kaffeetasse auf ein altes Blatt Papier gegossen, der letzte Rest aus dem Tintenfaß über einen Briefbogen gekippt, mit den Fingern verschmiert, mit einem Schwamm abgetupft, dann mit einer dickeren oder dünneren Feder nachgearbeitet, mit Gouache oder Zinnober laviert, mit Blau abgesetzt oder mit Gold gehöht. Manchmal dringt die schwarze Tinte durch das Papier hindurch und läßt auf der Rückseite eine verschwommene zweite Zeichnung entstehen.« Zitiert ebd., S. 95–96.

5 Ebd., Nr. 14, 37, 40, 69, etc. Über das Fehlen von »oben« und »unten« in diesen Bildern vgl. Jean-Jacques Lebel, »Hugo et la chaosmose«, ebd., S. 33–34.
6 »Taches avec empreintes de doigts«, ebd., Nr. 38.
7 »Dentelles et spectres«, ebd., Nr. 27.
8 »Tache d'encre retouchée sur papier plié«, ebd., Nr. 35.
9 In der Tat war der größte Teil dieser visuellen Produktion von Victor Hugo in der Optik der Gabe, des Geschenks oder des Liebesbriefs gedacht. Zu Hugos Tintenfleckenbildern und Papierfaltungen vgl. die einführenden Erläuterungen von Judith Petit im Katalog der Ausstellung *Soleil d'encre. Manuscrits et dessins de Victor Hugo*, Paris 1986, S. 118–119.
10 Und die bekanntlich am Anfang von Foucaults *Ordnung der Dinge* steht. Vgl. Michel Foucault, *Die Ordnung der Dinge. Eine Archäologie der Humanwissenschaften*, Frankfurt a. M. 1971, S. 17.
11 Hermann Rorschach, *Psychodiagnostik. Methodik und Ergebnisse eines wahrnehmungsdiagnostischen Experiments (Deutenlassen von Zufallsformen)* (1921), hrsg. von Walter Morgenthaler, Bern 1946, S. 121–178 (nur auf Tafel IV bezogene Antworten).
12 Zur Geschichte dieser Beobachtungsverfahren vgl. Jacqueline Carroy, *Hypnose, suggestion et psychologie. L'invention de sujets*, Paris 1991.
13 Alfred Binet, *La Psychologie du raisonnement. Recherches expérimentales par l'hypnotisme*, Paris 1886, S. 57–58. Ein Experiment mit derselben Patientin, namens Blanche Wittman, gab zu dieser Zeit Anlaß zu der Frage, »wie weit die hypnotische Suggestion gehen kann«. Vgl. Georges Didi-Huberman, *Die Erfindung der Hysterie. Die photographische Klinik von Jean-Martin Charcot,* München 1997, S. 333–335.
14 Alfred Binet, *La Psychologie du raisonnement*, S. 58.
15 Ebd., S. 56–57.
16 »Der Mensch zündet sich in der Nacht ein Licht an, wenn er gestorben ist und doch lebt. Im Schlaf rührt er an den Tod ...« Heraklit, Fragment 26; vgl. hierzu den Kommentar von Pierre Fédida, »Le rêve a touché au mort«, in: ders., *Crise et contre-transfert*, Paris 1992, S. 37–44.
17 Albert Londe, *La Photographie moderne. Traité pratique de la photographie et de ses applications à l'industrie et à la science,* Paris 1896, S. 546. Vgl. hierzu Denis Bernard und André Gunthert, *L'Instant rêvé. Albert Londe*, Nîmes 1993.
18 Über die psychische Verschiebung als »Mittel der Beobachtung« vgl. Patrick Lacoste, »Le sens de l'observation«, in: ders., *Contraintes de pensée, contrainte à penser. La magie lente,* Paris 1992, S. 47–79.

IV
VERSCHWINDEN

16

EINE HEURISTIK DER UNERSÄTTLICHKEIT

Der Mensch, der aß, um besser zu töten
Meine erste Geschichte spielt in einem unermeßlichen Urwald. Dort lebt der Herr des Waldes: ein kleiner Falke mit rotem Schnabel – ein wahrhaft meisterlicher Jäger. Sein Auge ist so scharf, daß er selbst aus beträchtlicher Höhe noch einen Wurm entdecken kann, der zwischen zwei modrigen Blättern über den Boden kriecht. Hat er ihn erspäht, dann stürzt er herab, ergreift ihn mit blitzartiger Schnelligkeit und Präzision und entschwindet mit seiner Beute in den Himmel.

In diesem Urwald ist der kleine rotschnablige Falke dank seiner unerreichbaren Schnelligkeit und seines unübertrefflichen Auges eine Art Gott. Der Mensch, der hier haust, vergißt darüber fast, für sich selbst zu jagen: Er wird nicht müde, diesen prächtigen Vogel anzuschauen, Stunde um Stunde bewundert er, den Kopf in den Nacken gelegt, mit trockenen, brennenden Augen die hypnotische, souveräne Ruhe seines kreisenden Flugs, während der Falke nach Beute späht; bis dann der rote Strich seines Schnabels den Himmel durchzuckt, ein Zeichen – ein zugespitztes, blutiges Zeichen – seiner magischen Jagd.

Natürlich beneidet der Mensch diesen Vogel. Er liebt ihn, er verehrt ihn, er bewundert die Schärfe seines Auges und sein Können als Jäger. Aber sie erwecken auch seine Eifersucht, und darum haßt er die animalische Kraft seines Blicks und seine Virtuosität in der Kunst des Tötens. Wie Menschen es in solchen Fällen fast immer tun, tötet er ihn schließlich – nutzt die Gunst eines Moments, als der Falke gerade ein verirrtes Murmeltier erspäht und schon mit Blicken verschlingt. Nach langer Suche im Dickicht des Urwalds findet der Mensch endlich den leblosen Körper des prächtigen Vogels. Er ergreift ihn mit beiden Händen, hält ihn hoch über sein Gesicht und drückt ihm die Augen aus, so daß die glasige Flüssigkeit wie eine Medizin in seine eigenen Augen tropft. Dann begibt er sich wieder auf die Jagd, in der Gewißheit, daß ihm nun niemand mehr entkommen könne.

Frazer, bei dem ich diese Geschichte aus dem Amazonasdschungel fand, nennt dies »homöopathische Magie«.[1] Zweifellos vereinfacht er, wenn er süffisant bemerkt, daß »unser naiver Wilder naturgemäß erwartet, daß er zugleich mit der materiellen Substanz einen Teil des göttlichen Wesens in sich aufnimmt.«[2] Trotz des üppigen Lokalkolorits ist hier nichts »naturgemäß«. Dennoch berührt Frazers Bericht ein zentrales Problem sowohl der Anthropologie als auch der Ästhetik: das Problem der *Kunst der Einverleibung,* in der die Einverleibung dazu dient, sich die magische Kraft – vielleicht die Essenz – der *Ähnlichkeit* zu erschließen und nutzbar zu machen. Offenkundig steckt in diesem Problem die Formulierung jener ältesten Weisheit der Medizin: *similia similibus curantur,* nur das Gleichartige kann das Gleichartige heilen ...[3] Oder nennen wir es einen imaginären Imperativ, der den Menschen buchstäblich verpflichtet, *das zu essen, dem er gleich sein möchte,* kurz, *zu essen, was er sein möchte.*

Der Kobeua-Indio preßt also das Auge, das er sein möchte, in sein eigenes Auge: Aug um Auge – ein Auge *für* ein anderes, in dem Sinne des Wortes *»für«,* das »dazu dient, die Beziehung zwischen einer einwirkenden Sache und der Person, auf die sie einwirkt, zu bezeichnen.«[4] Und auch in dem Sinne, daß die symbolische Prozedur, die Ersatzhandlung sich hier in einem Akt der Einverleibung vollzieht, in einer Direktheit, die uns abstoßend erscheinen mag. Genaugenommen müßten wir sagen, daß der Indio *ißt, um zu sehen.* Denn wenn er sich die Augenflüssigkeit des Vogels zwischen die Lippen seiner eigenen Augenlider tropft, ist dies schon eine Art des Essens, oder vielmehr in diesem Fall des Trinkens. In anderen Urwäldern pflegten andere Menschen die Augäpfel von Eulen zu essen, um im Dunkeln sehen zu können.[5] Wieder anderswo aßen die Auguren die Innereien bestimmter Vögel – Krähen und Falken –, um in die Zukunft zu blicken.[6]

So bildet das Essen die Idealform eines Übergangsritus, eine Initiation zur Macht – insbesondere zur Macht des Tötens. Die junge Mutter, die ihrem Kind einen Löffel Suppe gibt und dabei scherzhaft droht: »Iß, du weißt nicht, wer dich sonst essen wird«, weiß natürlich, daß man essen muß, um nicht zu sterben, was auch heißt, um nicht getötet zu werden. Aber sie weiß vielleicht nicht, daß man überall auf der Welt auch essen muß, um töten zu können, und gerade das essen, was man töten möchte, das heißt, was man bereits auf die eine oder andere Art getötet hat. Die erdrückende Aufzählung derartiger Bräuche, die Frazer zusammengetragen hat, erschüttert den Leser immer wieder, läßt ihn schwanken zwischen Beklemmung und krampfhaftem Lachen – so wie sie die Bedeutung des Wortes »Allesfresser« in jeder Hinsicht erschüttert, mit dem man bekanntlich verschiedene Vogelarten, Schweine, Ratten und andere bezeichnet und selbstverständlich auch den Menschen: ein Allesfresser bis zum Wahn (das heißt, bis zur Methode), Allesfresser bis zum Kannibalismus. Diese Unersättlichkeit ist ein universaler Bestandteil der Rituale, der Religionen. Ein Abschnitt von wenig mehr als einer Seite – mag er auch unendlich lang erscheinen – aus Frazers mehrere tausend Seiten umfassendem Werk sollte genügen, um uns die Augen zu öffnen:

> »Die Krieger der Theddora- und Ngarigostämme Südostaustraliens aßen die Hände und Füße ihrer getöteten Feinde, in dem Glauben, auf diese Weise etwas von den Fähigkeiten und vom Mut der Toten zu erwerben. Wenn beim zentralaustralischen Stamm der Dieri ein Mann zum Tode verurteilt und von den dafür bestimmten Stammeskriegern hingerichtet worden war, wusch man danach die verwendeten Waffen in einer kleinen hölzernen Schale und verabreichte die blutige Flüssigkeit diesen Kriegern in einer vorgeschriebenen Prozedur, bei der sie sich auf den Rücken legten und die Ältesten ihnen die Flüssigkeit in den Mund gossen. Auf diese Weise glaubten sie doppelte Stärke, Mut und Kühnheit für zukünftige Taten zu erhalten. Die Kamilaroi aus Neusüdwales aßen Herz und Leber eines tapferen Mannes, um seine Tapferkeit zu erlangen. Auch in Tonkin gibt es einen verbreiteten Aberglauben, nach dem die Leber eines tapferen Mannes tapfer machen soll. Als 1837 in Tonkin ein katholischer Mis-

sionar enthauptet wurde, schnitt der Henker ihm die Leber aus dem Leib und aß einen Teil davon, während ein Soldat versuchte, einen anderen Teil roh zu verschlingen. In derselben Absicht schlucken die Chinesen die Galle berühmter Banditen, die hingerichtet worden sind. Die Dyaken aus Sarawak aßen die Handflächen und das Kniefleisch der Getöteten, um ihre eigenen Hände sicher zu machen und ihre Knie zu stärken. Die Tolakali, berühmte Kopfjäger in Zentral-Celebes, trinken das Blut und essen das Gehirn ihrer Opfer, um tapfer zu werden. Die Italonen von den Philippinen trinken das Blut ihrer erschlagenen Feinde und essen einen Teil ihres Hinterkopfs und ihrer Eingeweide, um ihren Mut zu erwerben. Aus demselben Grunde saugen die Efuagos, ein anderer philippinischer Stamm, das Gehirn ihrer Feinde aus. Ebenso essen die Kais in Neuguinea das Gehirn ihrer Feinde, um deren Stärke zu erlangen. Wenn bei den Kimbundas in Westafrika ein neuer König den Thron besteigt, wird ein tapferer Kriegsgefangener getötet, damit der König und sein Gefolge sein Fleisch essen und damit seine Kraft und seinen Mut erwerben. Der berühmte Zulu-Häuptling Matuana trank die Gallen von dreißig Häuptlingen, deren Völker er vernichtet hatte, in dem Glauben, dies werde ihn stark machen. Die Zulus glauben, daß sie, wenn sie die Mitte der Stirn und die Augenbrauen eines Feindes verzehren, die Kraft erlangen, einem Gegner standhaft ins Auge zu blicken. Auf Tud oder Warrior Island, einer Insel in der Torresstraße, tranken die Männer vom Schweiß berühmter Krieger und aßen den Schmutz unter ihren Fingernägeln, der mit Menschenblut getränkt war. Auf diese Weise hofften sie ›stark wie Stein und furchtlos‹ zu werden. Auf Nagir, einer anderen Insel der Torresstraße, nahm ein Krieger, um Knaben Mut einzuflößen, das Auge und die Zunge eines Mannes, den er getötet hatte, zerhackte sie und vermischte sie mit seinem eigenen Urin; diese Mischung verabreichte er dem Knaben, der sie mit geschlossenen Augen und geöffnetem Mund zwischen den Beinen des Kriegers sitzend empfing. Die Bewohner von Minahassa auf Celebes pflegten vor jedem Kriegszug die Haarlocken eines getöteten Feindes mit kochendem Wasser zu übergießen, um den Mut herauszuziehen; dieser Tapferkeitsextrakt wurde dann von den Kriegern getrunken.«[7]

Et cetera. Wie man sieht, ist der Mensch nicht nur ein Wolf für den Menschen: Er kann auf eine raffiniertere (und das heißt: grausamere) Art auch ein Tee für den Menschen werden, eine kräftigende Mahlzeit, ein Bravourgericht, das die Kraft verleiht, besser zu töten. Gib mir die Mitte deiner Stirn zu essen, damit ich dir ins Gesicht sehen kann und deinen Tod beherrschen, und damit auch den meinen. Um die Macht, dich zu töten, vollkommen zu erlangen, und um selbst tapfer zu sein, wenn eines Tages du mich essen wirst.

In der Logik der von Frazer zusammengetragenen Berichte zielt dieser rituelle Verzehr letzten Endes auf den Wunsch, *ein Gott zu sein*. Der höchste Traum ist vielleicht, ganz naiv, *den Himmel zu essen*. Etwas ähnliches geschieht tatsächlich in einem anderen Wald, wo ein Mensch eines Tages beschließt, nur noch zu essen, was vom Himmel kommt. Er ißt Vögel, er trinkt Regenwasser. Vor allem aber giert er nach allem, was vom Blitz berührt wurde: Aus den Spuren des himmlischen Feuers – vom Blitz erschlagene Tiere, verkohlte Baumstümpfe, Meteore – bereitet er sich seine Mahlzeiten, aber auch Salben, die er sich in die Haut einreibt, die er hierfür aufritzt, als wolle er hundert Münder öffnen. So verleibt er sich den Himmel ein. Und allmählich wird er selbst zum Himmel, oder zu seinem Hüter auf Erden, seinem *Stellvertreter,* wie er selbst sagt:

> »Wenn der Himmel sich bald verdunkeln wird, noch bevor die Wolken heranziehen und der Donner ertönt, verspürt der Himmelswächter das nahende Gewitter, denn ihm wird inwendig heiß und der Zorn erregt ihn. Sobald der Himmel sich dunkel zuzieht, verdunkelt auch er sich; wenn es donnert, runzelt er die Stirn, damit sein Gesicht ebenso schwarz wird wie das erzürnte Gesicht des Himmels.«[8]

Ich stelle mir vor, daß er auch weint, wenn es regnet, und daß er brüllt, wenn es stürmt. Ich stelle mir vor, daß diese unersättlich verzehrende Arbeit der Ähnlichkeit ihm hilft, nicht zu sehr zu spüren, wie er unter der Sonne stirbt.

Der Mensch, der aß, um besser zu sterben

Meine zweite Geschichte kann ich nur aus der Erinnerung erzählen, mit dem ungewissen Gefühl, manches vergessen und anderes ein wenig verändert zu haben. Es ist eine Geschichte aus der reichen chassidischen Tradition; sie erzählt eine Episode aus dem Leben des großen Rabbi Baal Schem Tov. Eines Nachts hat der Rabbi im Traum ein Gesicht: Er sieht sich tot, im Himmel, und sieht genau, welchen Platz er unter den Auserwählten im Gefolge des Messias einnehmen wird. Doch erstaunt bemerkt er einen plumpen, dickwanstigen Menschen, der neben ihm sitzt – neben ihm, aber *ein wenig näher zum Messias* als er selbst ... Gibt es denn einen, der noch heiliger ist als der gottergebene Rabbi Baal Schem Tov? Ja, denn es gibt immer einen, der heiliger ist als man selbst. Das ist der Sinn oder die Moral des Traums.

Als er erwacht, gibt der Rabbi sich nicht mit dem Sinn oder der Moral des Traums zufrieden. Er beschließt, zu ihm hinzureisen – selbstverständlich inkognito –, um diesen Gerechten zu sehen, der ihn an Heiligkeit übertrifft und der dereinst sein Nachbar im Paradies sein wird. Der Baal Schem Tov verkleidet sich also wieder einmal als Bettler (wofür er, nebenbei gesagt, sein Äußeres nicht sehr zu verändern braucht) und begibt sich auf eine jener langen, langen Reisen, von denen es in den jüdischen Legenden so viele gibt. Einige Wochen später steht er, von der langen Wanderung erschöpft, vor dem ärmlichen Haus dessen, den er in diesem Leben einmal gesehen haben möchte, bevor er im Jenseits sich in Ewigkeit mit ihm unterhalten wird. Es ist Winter, irgendwo in Rußland, der Wind weht kalt, und die Nacht bricht herein. Vor allem aber ist es der Vorabend des Sabbat, die Zeit, zu der die Juden überall zusammenkommen, um die Gott geheiligte Ruhe des siebten Tages zu feiern. In jedem jüdischen Haus herrscht an diesem Abend die Freude über das gemeinsame Mahl, über die Kerze, die man anzündet, über das Brot, das man segnet. An diesem Abend ist Traurigkeit eine Sünde. An diesem Abend hält man an jedem Tisch einen Platz frei für den reisenden Gast, der an der Tür klopfen könnte.

Der Baal Schem Tov klopft also an die Türe, voller Vorfreude auf die geheiligten Stunden, die er in herzlicher Freude mit dem verbringen wird, der heiliger ist als er selbst. Er hört schwere, stampfende Schritte, und als die Tür sich einen Spaltbreit öffnet – aber nur einen Spaltbreit –, erscheint ein aufgedunsener, fast bösartig blickender Kopf, der ihn auffordert, er solle fortgehen. Der Baal Schem Tov mag es nicht glauben: Welcher Jude würde am Vorabend des Sabbat die Gastfreundschaft verweigern? Aber er beharrt: »Ich habe kein Bett für diese Nacht ... Ich werde es dir bezahlen ...«

Unwillig öffnet ihm der Koloß, und – oh Schande! Sünde! – steckt das Geld ein. Was nun folgt, versetzt den Baal Schem Tov in Verwunderung und Bestürzung, Enttäuschung und sogar Angst. Sein Gastgeber ist ein unersättlicher Esser, ja die Gefräßigkeit in Person. In seinem Haus liegt überall nur Eßbares, in ungeordneten Haufen, aus denen schon Fäulnis stinkt. Kein einziges Buch. Kein einziger Kerzenleuchter. Und sein Gastgeber ißt, er ißt die ganze Zeit, er ißt wahllos alles. Keine entzündete Kerze, keine Freude, keine Gebete, kein Platz für den Fremden. Nur ein stumpfer, mysteriöser und unnahbarer Wille, so viel wie möglich in sich hineinzustopfen.

Welche Heiligkeit mag ein solcher Mensch besitzen? Der Baal Schem Tov beginnt zu zweifeln, ob sein Traum vielleicht einen Doppelsinn hatte, der ihm entgangen war, oder gar der böse Streich eines Dämonen war. Mehrere Tage lang fragt der Rabbi sich das, ohne es zu verstehen, und kämpft gegen seinen Ekel. Tag um Tag bezahlt er seinen widerwärtigen Gastgeber, um bei ihm zu bleiben und ihn insgeheim noch ein wenig länger beobachten zu können, denn er sagt sich, daß all das vielleicht nur eine List, eine Verstellung ist, mit der der Heilige seine Heiligkeit verbergen möchte. Also belauscht er nachts seinen Schlaf: ein grobschlächtiges lautes Schnarchen. Er belauscht ihn morgens beim Erwachen: ein grobschlächtiges Brummen – aber keine Gebetsriemen um die Stirn, nie auch nur das geringste Gebet. Und danach beginnt wieder das unaufhörliche, infernalische Essen.

Endlich nimmt der Baal Schem Tov bedrückt Abschied von diesem Menschen und macht sich bereit für die traurige Rückkehr in seine Heimat. Auf der Türschwelle drückt er ihm noch einen Rubel in die unförmige Hand und ergreift die letzte Möglichkeit, ihn zu fragen: »In all diesen Tagen haben wir nicht viel miteinander gesprochen, weil du fast ununterbrochen gegessen hast. Aber bevor ich dich verlasse, möchte ich dir trotzdem eine Frage stellen: *Warum ißt du das alles?* Wohin soll das führen?« Und der Mensch antwortet plötzlich: »Gewiß, dir kann ich es wohl sagen. Als ich noch ein Kind war, wurde mein Vater von den Kosaken gefangengenommen. Sie hielten ihm ein Kruzifix hin und befahlen ihm, es zu küssen, aber er, ein frommer Jude, weigerte sich. Da schlugen sie ihn, aber er weigerte sich noch immer. Da übergossen sie ihn mit Öl und zündeten es an. Ich habe mit eigenen Augen meinen Vater verbrennen gesehen – aber nur sehr kurz, verstehst du: Mein Vater war sehr mager, er war nur Haut und Knochen. Er verlosch zu schnell, verstehst du? Darum habe ich mir geschworen, daß ich länger brennen werde, viel länger – ich werde eine so gewaltige Fackel sein, daß selbst die Kosaken mein Feuer schön und prachtvoll finden werden.« Darauf sagt der Baal Schem Tov: »Jetzt verstehe ich, und ich danke dir … Aber wir werden später noch darüber sprechen.«

In einem seiner Werke über den jüdischen Messianismus erwähnt Gershom Scholem einen chassidischen Kommentar über den fünften Vers des Psalms 107 (»Sie hungerten und dürsteten und ihre Seelen verhüllten sich«), der vermutlich um 1760 von dem Prediger Mendel von Bar, einem Freund und Schüler des Baal Schem Tov, kompiliert wurde, den die Tradition aber dem großen Rabbi selbst zuschreibt:

> »Hier ist ein großes Geheimnis: Warum hat Gott die Speisen und Getränke geschaffen, nach denen es den Menschen verlangt? Der Grund ist, daß sie erfüllt sind von den Funken des ersten Menschen, Adam, die sich nach seinem Fall verhüllten und in den vier Sphären der Natur verbargen, in den Steinen, den Pflanzen, den Tieren und den Menschen, und die nun danach streben, zurückzukehren und sich wieder mit der Sphäre der Heiligkeit zu vereinen. Wenn also der Mensch ißt und trinkt, so sind es seine eigenen Funken, die er aufheben muß, daß sie sich wieder vereinen. Davon spricht der Psalmist in den Worten: *Die Hungrigen und Dürstenden* –

das heißt die Dinge, nach denen es die Menschen hungert und dürstet –, *ihre Seelen verhüllten sich* – das heißt, ihre Seelen sind in der Verbannung, in fremden Formen und Kleidern. Wisset also, daß die Dinge, nach denen der Mensch hungert, insgeheim seine eigenen Kinder sind, die in Verbannung und Gefangenschaft gerieten.«[9]

Der Mensch, der aß, um besser aufzuerstehen

Die dritte Geschichte ist die eines Menschen, der weiß, daß seine Stunde gekommen ist. Was tut er? Er lädt seine Freunde zu einem Festmahl ein, das er mit den Worten eröffnet: »Ich habe mich sehr danach gesehnt, dieses Mahl mit euch zu essen, bevor mein Leiden beginnt.« Er nimmt Brot, bricht es in Stücke, teilt es aus und sagt: »Nehmt und eßt, das ist mein Leib, der für euch hingegeben wird; tut dies zu meinem Gedächtnis.« Er nimmt Wein, teilt ihn aus und sagt: »Das ist mein Blut, das Blut des Bundes, das für viele vergossen wird ...«[10]

Was bedeutet der Akt des Essens in diesen berühmten Worten der Einsetzung der Eucharistie? Ohne daß wir auf die abgründigen Probleme der Transsubstantiation eingehen müßten, sind diese Worte hinreichend klar: Indem er zu essen gibt, sagt Christus zunächst, daß er *Grund gibt, das Schlimmste zu befürchten* – »mein Blut, das vergossen wird«. Und das Schlimmste kommt zudem mitten aus dem Mahl, bei dem man zusammensitzt, denn derjenige, der dieses Schlimmste herbeiführen wird – Judas –, ist selbst dabei und ißt mit den anderen. »Einer von euch wird mich verraten und ausliefern, einer von denen, die mit mir essen«, heißt es im Evangelium des Markus. Und bei Matthäus: »Der, der die Hand mit mir in die Schüssel getaucht hat, wird mich verraten.«[11] Aber dieses Schlimmste, das Blut, das einmal für alle Male vergossen werden wird, es begründet in der Eucharistie die Institution eines sakramentalen Ritus, der dazu dient, das Gedenken an diesen Akt bis in alle Zeiten zu wiederholen. Indem er zu essen gibt, gibt Christus also *Grund, sich zu erinnern* – »tut dies zu meinem Gedächtnis.« Womit er zugleich verkündet, daß das, was er zu essen gibt, sein »Leib«, bereits eine

Wiederholung ist (was zugleich auch heißt: eine Vorwegnahme), eine Mnemotechnik seines nahenden Todes. Schließlich kehrt Christus die düstere Bedeutung dieser ganzen Zeremonie radikal um, indem er seinen Gästen verspricht, eines Tages wieder mit ihnen zusammenzukommen zu einem ewigen Festmahl, bei dem sie ohne Ende gemeinsam essen und trinken werden im Haus des Vaters.[12] So zeigt sich, daß der Sinn des eucharistischen Mahls auch ist, *Grund zu geben, das Beste zu hoffen* (das heißt: das Unmögliche). Der Akt des Essens dient, wie wir sehen, all diesen Zielen zugleich.

Noch merkwürdiger ist eine Verschiebung, die sich durch diesen Text oder vielmehr diese Sammlung von Texten hindurchzieht. Zunächst *sehnt* Christus sich danach, zu essen – »zu essen, bevor mein Leiden beginnt«, wie er selbst sagt. Dann *gibt* er zu essen: Er gibt das Brot, teilt es aus, nach dem Bild seiner Worte, jener Lehre, die er hier ein letztes Mal seinen Jüngern mitteilt. Und um seine Lehre zum Abschluß zu bringen, um ihren heilbringenden Wert zu vollenden, *gibt er sich selbst* zu essen, gibt er seinen Leib in der greifbaren und geheimnisvollen Gestalt von Brot und Wein.

Tatsächlich zeigte Christus schon lange vor dieser Begebenheit jene bezeichnende Eigenart, die selbst manchen von seinen Jüngern allzu bizarr erschien – daß er sich für Brot hielt. Weil er sich danach sehnte, geliebt zu werden oder gegessen zu werden wie wohlschmeckendes Brot. Seine Rede in der Synagoge von Kapharnaum – nicht zufällig unmittelbar nach dem Wunder der Brotvermehrung – trägt die Stigmata einer fast delirierenden Selbstgewißheit: »Ich bin das Brot des Lebens ... Ich bin das lebendige Brot, das vom Himmel herabgekommen ist. Wer von diesem Brot ißt, wird in Ewigkeit leben. Das Brot, das ich geben werde, ist mein Fleisch, ich gebe es hin für das Leben der Welt. ... Wahrlich, das sage ich euch: Wenn ihr das Fleisch des Menschensohnes nicht eßt und sein Blut nicht trinkt, habt ihr das Leben nicht in euch. Wer mein Fleisch ißt und mein Blut trinkt, hat das ewige Leben ... Wer mein Fleisch ißt und mein Blut trinkt, der bleibt in mir, und ich bleibe in ihm.«¹³ Abgründige Worte – sexuell abgründig. Worte einer mystischen Liebe, und daher einer absoluten Unersättlichkeit: Liebe mich, komm in mich herein, bleibe in mir – *iß mich.* Und du wirst ewige Freude genießen.

Der Evangelist Johannes berichtet uns auch von der entrüsteten Reaktion der Zuhörer auf diese ungewöhnliche Rede über das Brot: »Was er sagt, ist unerträglich. Wer kann das anhören?« In der Tat, wer kann den strahlenden Glanz dieses Kristalls der Freude ertragen? Vergeblich erklärt Jesus am Ende seiner Rede, daß er »geistig« und nicht vom Körper sprach – »Daran nehmt ihr Anstoß? ... Die Worte, die ich zu euch gesprochen habe, sind Geist« –, es ist schon geschehen, der Leib hat schon dem Über-Ich der Zuhörer seinen gehörigen Schrecken eingejagt. Und in knappen Worten beschreibt Johannes die abschreckende Wirkung dieses Appells zum unersättlichen Essen: »Daraufhin zogen sich viele Jünger zurück und wanderten nicht mehr mit ihm.«¹⁴ Das Phantasma des Gottes, der sich selbst zu essen gibt für das Leben der Menschen, bildet dennoch – als eine kontinuierliche Linie, die vom Opfer zum Sakrament führt¹⁵ – das Fundament des ganzen christlichen Glaubens und der ganzen christlichen Liturgie. So sah es auch der heilige Thomas von Aquin, der die zwölf Artikel der achtzigsten Frage im dritten Teil seiner *Summa theologica* mit dem Wort *sumptio* (»Verzehr«) überschrieb.¹⁶

Sumptio, der Akt des Essens, ist dort in ungefähr den Worten beschrieben, die ein Vater gebrauchen müßte, um seinem Sohn zu erklären, *warum man essen muß* (vergessen wir nicht, daß die *Summa* sich in erster Linie an Novizen, an Kinder richtete): Du ißt, mein Sohn, um zu wachsen. Dein Körper ist noch klein und ihm fehlt die Kraft. Du ißt, damit das Leben in dir erwächst. Thomas von Aquin spricht von der eucharistischen Nahrung als *alimentum:* So wie die Taufe die geistige »Geburt« des christlichen Leibs ist, so erlaubt ihm die Teilnahme am eucharistischen Sakrament *(usu sive sumptio),* sich zu nähren und zu wachsen.¹⁷ Und wie groß wachsen? könnte das

Kind nun fragen. Das ist tatsächlich eine wesentliche Frage. Denn der sakramentale Akt, Gott in der Gestalt von geweihtem Brot und Wein zu essen – seine im Mund spürbare »wirkliche Gegenwart« –, dieser Akt zielt offensichtlich auf so etwas wie eine unendliche Ausdehnung des Körpers, der ihn verzehrt.

Und es ist nicht nur eine zeitliche Ausdehnung, eine Quelle der Gnade und der immerwährenden Wiedergeburt: »Wer mein Fleisch ißt und mein Blut trinkt, hat das ewige Leben.«[18] Es ist noch unmittelbarer eine lokale Ausdehnung, die den christlichen Körper erfüllt und ihn allmählich zu einer gewaltigen Größe und Menge anwachsen läßt. Denn in der eucharistischen Liturgie »sind die vielen eins in Christus« *(multi sunt unum in Christo)*, und »jeder wird viele«.[19] Als würde der Verzehr des einen Leibes Christi – unendlich verteilt in allen Körnchen der Hostien und allen Tropfen des geweihten Weins – durch die vielen einzelnen Leiber sie untereinander verbinden und zu einem unermeßlichen Welt-Körper vereinen. Die Eucharistie, das *sacramentum coniunctionis*, gilt seit Paulus und den Kirchenvätern als ein »Mysterium der Einheit« der Leiber *(mysterium unitatis)*, denn in ihr, so heißt es, erwächst ein einziger, großer, »mystisch« genannter Leib aus all denen, die denselben Gott verzehren – die *unitas corporis* der gesamten Kirche, die sich in der Meßfeier vollzieht, bevor sie sich für alle Ewigkeit in dem großen immerwährenden Hochzeitsfest am Ende der Zeiten verwirklicht.[20]

Was aber genau ißt man eigentlich in den wenigen Krumen Brot und den wenigen Tropfen Wein, die den Leib Gottes und all derer, die ihn sich in dieser Gestalt einverleiben, darstellen sollen? Das, was ihr eßt – erklärt Thomas von Aquin im Grunde –, ist etwas, das ständig zwischen Materie und Repräsentation wechselt. Denn zunächst eßt ihr eine materielle Gestalt *(ex speciebus in quibus traditur hoc sacramentum)*: Wein, der aus vielen Trauben gekeltert ist, und Brot, das aus vielen Weizenkörnern gebacken ist. Sodann eßt ihr eine Modalität *(ex modo quo traditur hoc sacramentum)*: etwas, das euch geistig verwandelt, weil es eine geistige Gnade bedeutet. Drittens eßt ihr einen Inhalt *(ex eo quod in hoc sacramentum continetur...)*, nämlich Christus selbst *(... quod est Christus)* in seiner »wirklichen Gegenwart«. Und schließlich eßt ihr eine Repräsentation *(ex eo quod per hoc sacramentum repraesentatur...)*, schreibt Thomas von Aquin, nämlich das Leiden Christi *(... quod est passio Christi)* – sein Opfertod, sein todbringender Übergangsritus zum Eingang in euer Gedächtnis.[21] Um das Leben in dir wachsen zu lassen, mein Kind, mußt du den Tod essen und mußt dir das Leiden deines Gottes einverleiben.

Ein höchst merkwürdiges Gesetz. Seine Paradoxie rührt nicht nur daher, daß in ihm der Tod das Leben nähren muß. Sie rührt auch von einer phantasmatischen Topologie, derzufolge *derjenige, der ißt, von dem einverleibt wird, was er ißt*, nämlich von dem Leib Gottes. Christus hatte die skandalösen Worte gesagt: »Wer mein Fleisch ißt und mein Blut trinkt, der bleibt in mir, und ich bleibe in ihm.«[22] Ein Liturgist des Mittelalters ging noch einen Schritt weiter: »Wer ißt und einverleibt wird *(incorporatur)*, hat das Sakrament und die Wirklichkeit *(res*, die Sache selbst) des Sakraments. Wer ißt, aber nicht einverleibt wird, hat das Sakrament, aber die Wirklichkeit des Sakraments hat er nicht.«[23] Darin liegt eine extreme Deutung des Wortes *communio*: Wer die Eucharistie empfängt, spürt magisch, wie er »in den Leib Christi eingeht«.[24] Was letzten Endes – nach dem urtümlichen Prinzip einer wahrhaft mystischen Autophagie – den Schluß erlaubt, daß *der Leib, der ißt, selbst das wird, was er ißt*, nämlich eine Substanz der göttlichen Gnade.[25] Esset einander, ihr, die ihr die Glieder dieses großen Leibes Gottes seid, den ihr euch im Sakrament einverleibt. Das ist der Imperativ dieser Form der Liebe und dieses unersättlichen Bundes mit Gott – eine Liebe, ein Bund des Fleisches, das man ißt, und des Bluts, das man trinkt.

Doch auf den universellen Imperativ dieses Phantasmas der Leiber reagiert jeder auf seine Weise. Es gibt die Gottesweisen und die Gottesnarren, und sie alle variieren das allgemeine Gesetz des Verzehrens mit mehr oder weniger großer Unersättlichkeit. Es gibt die Maßlosen, die sich mit nichts Geringerem als dem Höchsten zufriedengeben. Sie setzen alles ans Werk, um das von Christus zu essen, worin er seine Seele gegeben hat: Sie tränken das Brot des Lebens, das sie essen, mit dem Wein des Todes. Das heißt, sie essen sein Herz. Sie möchten sich mit dem Herzen das Leiden Christi *(quod per hoc sacramentum repraesentatur)* einverleiben, und die paradoxe Topologie des gegenseitigen Einschlusses führt sie schließlich dazu, in sein Herz einzugehen, in ihm zu wohnen und *von ihm verzehrt zu werden:*

> »Derselbe Unterschied herrscht zwischen dem, der sich darauf richtet, die geheimen Schmerzen Christi zu schauen, und jenem, der sich nur auf die Schmerzen seiner Menschlichkeit beschränkt, wie zwischen dem Honig oder Balsam in einem Gefäß und den wenigen Tropfen, die das Gefäß von außen benetzen. Wer die Leiden Christi kosten will, darf sich daher nicht damit zufriedengeben, seine Zunge über den äußeren Rand des Gefäßes zu führen, das heißt die Wunden und das Blut, das an dem heiligen Gefäß der Menschlichkeit Christi haftet ... Sondern er trete in das Gefäß selbst ein, das heißt in das gebenedeite Herz Christi, denn dort wird er gesättigt und wird sein Verlangen über alle Maßen erfüllt.«[26]

Diese Zeilen der seligen Camilla Battista da Varano (1458–1524), diese leidenschaftlichen Worte, die den Akt des Essens als ein Eingehen in das deuten, was man ißt, um von ihm verzehrt zu werden, stehen offenkundig in einer großen Tradition, die ihren Höhepunkt im ausgehenden Mittelalter hatte.[27] Zahllose Beispiele ließen sich hier anführen, eines so stupend wie das andere. Denken wir an den »eucharistischen Hunger« *(esuries)* der heiligen Katharina von Siena, die sich mit einem eigens dafür gefertigten Stäbchen zum Erbrechen zwang, um das unvergleichliche Festmahl des Fleischs und Bluts Gottes noch intensiver zu genießen, dem sie sich mit ungestümer Leidenschaft hingab – mit derartigem Ungestüm, daß sie eines Tages mit solcher Kraft in den ihr hingehaltenen Kelch biß, daß der Abdruck ihrer Zähne sich in das Metall einprägte und der Priester ihn nur mit äußerster Mühe aus ihrem Mund lösen konnte. Oder denken wir an Dorothea von Montau

(1347–1394), in deren Kanonisationsakten berichtet wird, daß der Verzehr des eucharistischen Sakraments sie »in Erregung versetzte, so wie Wasser aufwallt, das zum Kochen gebracht wird«; daß »wenn man es ihr gestattet hätte, sie die Hostie aus den Händen des Priesters gerissen hätte, um sie in ihren Mund zu führen«; daß sie nach dem Empfang des Sakraments das Gefühl verspürte, als trage sie einen Fötus in sich – den Fötus des göttlichen Bräutigams, des *sponsus,* der sie mit seiner Gegenwart durchdrang, der ihren ganzen Körper erfüllte mit seiner *consolatio,* seiner *suavitas,* seiner *delectatio* ... mit dem, das sie selbst schließlich als *copula intima peracta* bezeichnete, das heißt als Orgasmus.[28] Wie Maria bei der Verkündigung, so empfand offenbar auch Dorothea von Montau die Gegenwart Christi in dem rhythmischen Schlagen eines unerklärlichen Geschehens, das sie erfüllte und ihr zugleich das Gefühl gab, völlig zu zerfließen.

Der Mensch, der aß, um besser zu verwesen

Zum Schluß möchte ich noch eine kurze, augenscheinlich weniger ernsthafte Geschichte erzählen. Es ist die Geschichte von einem sehr süßen Menschen, der nichts mehr liebte als den Honig. Sein ganzes Leben verbrachte er damit, Süße zu verbreiten und Honig zu essen. Im Laufe der Jahre waren selbst seine Exkremente zu Honig geworden. Als er starb, legte man ihn, gemäß seinem Wunsch nach immerwährender Süße, in einen steinernen Sarg, der bis zum Rand mit Honig gefüllt wurde. Hundert Jahre vergingen, und in dieser Zeit löste sein Körper sich völlig in dem Honig auf. Nach hundert Jahren öffnete man den Sarg wieder und verteilte diese Substanz nun an Kranke, denn sie vermochte die verschiedensten Gebrechen zu heilen.

Diese Geschichte findet sich in einem chinesischen Werk mit dem Titel *Cho-keng lu* aus dem Jahre 1366. Der Autor fügt hinzu, daß sie fremden Ursprungs ist: »Der volkstümliche Ausdruck ist ›Honigmensch‹; das ausländische Wort ist *mu-nai-i*.«[29] Letzteres aber ist das chinesische Wort für Mumie. Der »Honig« in dieser Geschichte ist vermutlich eine schlechte (oder allzu gute) Übersetzung aus dem Arabischen oder Persischen, von *mûmîa* oder *mûmiâî*, Wörter für das Bitumen oder Erdpech, mit dem man im Orient Leichen einbalsamierte, bevor man sie mumifizierte.

Der magische Honig unserer Geschichte könnte somit seinen Ursprung in einem eigenartigen Handel haben, der in der damaligen Zeit die Länder des Orients mit ganz Europa verband, aber auch bis nach Japan und China vordrang: der Handel mit einer Arznei, die aus ägyptischen Mumien gewonnen wurde. Diesem *Mumienpulver* widmete Ambroise Paré sogar eine kleine Monographie – natürlich um es zu verspotten. Paré erklärt dort, daß man im Altertum Bitumen verwendete, um Leichen darin einzulegen oder zu »konfitieren«, um so aus den Körpern der Toten wohltuenden Honig und Konfituren für die Körper der Lebenden zu gewinnen.[30]

*

Warum essen wir so unersättlich? Aus allen guten und schlechten Gründen. Aus Gründen des Lebens, aus Gründen des Sterbens. Aus verschiedenartigen und widersprüchlichen Gründen, die aber nicht völlig zusammenhanglos sind. Essen hilft uns, besser zu töten (das war der Sinn meiner ersten Geschichte). Essen hilft uns, besser zu sterben (das war der Sinn meiner zweiten Geschichte). Essen hilft uns, besser aufzuerstehen (das war der Sinn meiner dritten Geschichte). Die letzte Geschichte lehrt uns, daß das Essen auch dazu helfen kann, besser zu verwesen, um anderen ein Mittel zu geben, daß sie nicht sterben. So scheint es, als ob das, was dem Akt des Essens zugrunde liegt, eine Art Heuristik des Todes ist.

(1991)

1 James George Frazer, *The Golden Bough*, Bd. 5,2: *Spirits of the Corn and of the Wild*, London ³1912, S. 138.
2 Ebd., S. 138–139.
3 Vgl. Hippokrates, »Die Stellen am Menschen«, *Werke*, Bd. 8, Stuttgart 1936, S. 82–83.
4 Émile Littré, *Dictionnaire de la langue française* (1866), Monte Carlo 1966, Bd. 3, S. 4897.
5 James George Frazer, *The Golden Bough*, Bd. 5,2, S. 144–145.
6 Ebd., S. 143. Es scheint schon fast selbstverständlich, daß umgekehrt, wer Hühnerfleisch ißt, ängstlich wird, und wer Schildkrötenfleisch ißt, danach nur langsam laufen kann (ebd., S. 140).
7 Ebd., S. 151–153. Dieser Auszug ist demselben Kapitel über »homöopathische Magie durch fleischliche Nahrung« (S. 138–168) entnommen, was einmal mehr zeigt, daß wir uns jenseits von Gut und Böse befinden und daß in diesen kriegerischen (zerstörerischen) Riten dieselben Mechanismen gelten wie in der Heilkunst. Géza Róheim verzeichnet eine Vielzahl verwandter Praktiken in dem Kapitel »The medicine man and the art of healing« in seinem Buch *Animism, Magic and the Divine King* (1930), London 1972, S. 105–202.
8 James George Frazer, *The Golden Bough*, Bd. 5,2, S. 160.
9 Gershom Scholem, *The Messianic Idea in Judaism* (1971), New York 1995, S. 189–190.
10 Lukas 17,14–15 u. 19; Matthäus 26,26; Markus 14,24.
11 Markus 14,18; Matthäus 26,23. So auch Lukas, 22,21: »Doch seht, der Mann, der mich verrät und ausliefert, sitzt mit mir am Tisch.«
12 Matthäus 26,29; Markus 14,25; Lukas 22,16–18.
13 Johannes 6,48–56.
14 Johannes 6,60–66.
15 Eine Linie, welche die moderne Theologie vergeblich – und gänzlich anachronistisch – zu durchbrechen versucht. Dagegen sei die treffende Bemerkung von Henri de Lubac festgehalten: »Hier wird man vor allem die – gleichwie bequeme und begründete – in modernen Abhandlungen vertretene Trennung zwischen ›Eucharistie als Opfer‹ und ›Eucharistie als Sakrament‹ vergessen müssen. Denn das Sakrament läßt sich nicht ohne das Opfer verstehen, in dessen Verlauf es sich verwirklicht und zu dem es auch in seiner Beständigkeit eine notwendige Beziehung behält: *In sacramento corporis Christi mors eius annuntiatur*. Und das Opfer selbst ist seinerseits ein Sakrament [...].« Henri de Lubac, *Corpus mysticum. Kirche und Eucharistie im Mittelalter* (1949), Einsiedeln 1969, S. 76–77.
16 Thomas von Aquin, *Summa theologica*, IIIa, 80: *De usu sive sumptione hujus sacramenti* (»Vom Gebrauch oder Verzehr dieses Sakraments«).
17 Genauer: »Wie für das geistige Leben die Taufe als die geistige Wiedergeburt *(generatio)* und die Firmung als das geistige Wachstum *(augmentum)* nötig ist, so ist das Sakrament der Eucharistie als die geistige Nahrung *(alimentum)* nötig.« *Summa theologica*, IIIa, 73,1.
18 Johannes 6,52, kommentiert von Thomas von Aquin, *Summa theologica*, IIIa, 79,2.
19 Thomas von Aquin, *Summa theologica*, IIIa, 82,2.
20 *Summa theologica*, IIIa, 79,7; Matthäus 22,1–14. Vgl. Henri de Lubac, *Corpus mysticum*, S. 29.
21 Thomas von Aquin, *Summa theologica*, IIIa, 79,1.
22 Johannes 6,56.

23 Hugo von St.-Victor, »De sacramentis« II,8, in: *Patrologia latina*, Bd. 176, Paris 1880, Sp. 465.
24 *Sicut enim nos de uno pane et de uno calice percipientes, participes et consortes sumus corporis Domini*. Hrabanus Maurus, zitiert und kommentiert von Henri de Lubac, *Corpus mysticum*, S. 35; vgl. auch ebd., S. 56–59.
25 Ebd., S. 56–57: »Der Leib Christi – von den Gläubigen als seinen Gliedern gebildet – mußte sich von dem Fleische Christi nähren: *Ut simus in eius corpore, sub ipso capite, in membris eius, edentes carnem eius*. So redet Augustinus, dessen Sprache Beda und Alkuin weiter ins Volk tragen. Eine wundersame Verlängerung der Inkarnation ...«
26 *Acta Sanctorum* (1643–1770), Mai, Bd. 7, Paris 1866, S. 492.
27 Aus der umfangreichen wissenschaftlichen Literatur seien zwei Studien hervorgehoben: André Vauchez, »Dévotion eucharistique et union mystique chez les saints de la fin du Moyen Age«, in: *Atti del Simposio internazionale cateriniano-bernardiano*, Siena 1982, S. 295–300; und Caroline Walker Bynum, *Holy Feast and Holy Fast. The Religious Significance of Food to Medieval Women*, Berkeley 1987.
28 Zitiert bei André Vauchez, »Dévotion eucharistique et union mystique«, S. 296–298. Man könnte diese Passage mit der Frage vergleichen – die Thomas von Aquin für wichtig genug hielt, um ihr einen ganzen Artikel der *Summa theologica* zu widmen –, ob der nächtliche Samenerguß die Teilnahme am eucharistischen Sakrament verhindert *(utrum nocturna pollutio impediat aliquem a sumptione corpori Christi)*. Die (selbstverständlich bejahende) Antwort stützt sich auf eine Vorschrift aus Levitikus 15,16: »Hat ein Mann einen Samenerguß, soll er seinen ganzen Körper in Wasser baden und ist unrein bis zum Abend.« Thomas von Aquin, *Summa theologica*, IIIa, 80,7.
29 Vgl. Herbert Franke, »Das chinesische Wort für ›Mumie‹«, in: *Oriens* 10 (1957), S. 253–257.
30 Ambroise Paré, »Discours de la mumie« (1582), in: ders., *Œuvres complètes*, Genf 1970, Bd. 3, S. 476. Vgl. auch Roland Pécout, *Les Mangeurs de momie. Des tombeaux d'Égypte aux sorciers d'Europe*, Paris 1981.

17

IN DEN FALTEN DES OFFENEN

Der Abdruck – am Rande des Verschwindens

>»Eine Binde über den Augen, eine ganz straffgezogene Binde, über dem Auge vernäht, unerbittlich niederfallend, wie ein eiserner Rolladen über ein Fenster herabstürzt. Doch eben *mit* dieser Binde sieht er. Überall, wo er vernäht ist, trennt er auf, näht er wieder zusammen. Gerade indem er Mangel leidet, besitzt er, erwirbt er.«
>
> Henri Michaux, La Vie dans les plis [1]

Vermutlich gibt es keinen Glauben ohne das *Verschwinden* eines Körpers. Und man könnte eine Religion, wie beispielsweise das Christentum, als eine immense kollektive Arbeit begreifen, die auf Dauerhaftigkeit, auf Wiederholung, auf ihre permanente obsessive Selbst-Erzeugung angelegt ist: als die immense symbolische Bewältigung dieses Verschwindens. So hört Christus niemals auf, sich zu manifestieren, zu verschwinden und schließlich sein Verschwinden selbst zu manifestieren. Fortwährend öffnet er sich und verschließt sich wieder. Fortwährend kommt er uns zum Greifen nahe und zieht sich wieder zurück bis ans Ende der Welt: Beispielsweise wenn er in seinem demütigen Tod und seinem Begräbnis entschwindet, aber bald darauf in seiner glorreichen Auferstehung zurückerscheint. Seine Auferstehung bedeutet zugleich aber auch, in einer dialektischen Wendung, daß mit ihr die Zeit eines erneuten Verschwindens beginnt, die nun aber durch den Glauben ausgezeichnet ist: die menschliche Zeit, die Zeit der Gemeinschaft und der Liturgie, in der seine Abwesenheit zum Warten auf seine Wiederkehr, auf seine »ewige Herrschaft« wird.

Ein Verschwinden zu bewältigen, es in eine »Herrschaft« zu verwandeln, bedeutet, die logischen und visuellen Zeichen dieses Verschwindens zu erfinden und in Umlauf zu bringen. Morphologisch sind diese Zeichen nichts anderes als »Falten« (um mit Gilles Deleuze zu sprechen) oder »Katastrophen« (um mit René Thom zu sprechen):[2] Sie sind vor allem subtile Formen des Spiels der Grenze, zwischen dem Offenen und dem Geschlossenen, dem Sichtbaren und dem Unsichtbaren, dem Hier und dem Jenseits, der erfaßten Sache und dem, was sie erfaßt hat, dem Außen und dem Innen. In der Ikonographie der Auferstehung scheint dieses Spiel der Grenzen in seiner elementaren figuralen Version vorzuliegen: Handelt es sich doch einfach darum zu zeigen, wie der Körper Christi, »in den Himmel emporgehoben«, wie es in der Apostelgeschichte heißt, sich dem Blick der Anwesenden entzieht und dabei dieses Verschwinden in ein visuelles Ereignis umwandelt, das in der Lage ist, die Abwesenheit zu einer Sache des Glaubens zu machen, das heißt die Unsichtbarkeit als ein *visuelles Zeichen der entzogenen Gegenwart* zu konstituieren.

Einem solchen Zeichen kann es jedoch nicht genügen, die einfache Grenze zwischen zwei Räumen darzustellen. Wenn die Grenze zwischen dem sichtbaren Hier und dem unsichtbaren Jenseits eine visuelle »Falte«, eine topologische »Katastrophe« ist, dann kann sie, wie elementar das Bild auch sein mag – wie in den schlichtesten Holzschnitt-Andachtsbildern des fünfzehnten Jahrhunderts (Abb. 23) –, nicht einfach sein. Sie ist wie ein bebender Schleier, der sich im Windhauch der *Aura* bewegt. Sie ist, mit einem in der mittelalterlichen Scholastik häufig verwendeten Wort gesagt, *multiplex*, vielfach: Zunächst ist sie in der Umrahmung des eigentlichen Bildes, die sich in unterschiedlich farbige Zonen gliedert (schwarz, grün, schwarz, gelb); dann ist sie in den Falten des roten Gewands, das den Körper Christi verhüllt; natürlich ist sie auch in der grünen Wolke, die eine Art Fältelung um seine entschwindende Gegenwart herum bildet; und schließlich erscheint sie in der Form eines Teils einer leuchtenden Gloriole, die ihre gelben Strahlen wie geschliffene Schwerter gegen die Blicke der anwesenden Zeugen richtet.

Abb. 23: Anonym (aus Deutschland), *Christi Himmelfahrt*, um 1460. Kolorierter Holzschnitt. Graphische Sammlung Albertina, Wien. Fotografie des Museums.

So entzieht sich (*subtractus*, wie Thomas von Aquin in seinem Kommentar über die Himmelfahrt schreibt[3]) Christus also den

Blicken der Menschen. Die ikonographische Formel seines *Verschwindens*[4] vereint in sich die beiden klassischen Formen des *Erscheinens* Gottes im Alten Testament, nämlich die verhüllende Wolke und das Feuer, das blendende Licht seiner Herrlichkeit.[5] Die Theologen des Mittelalters betonten, daß die glorreiche Wolke in der Himmelfahrt nicht das Vehikel *(vehiculum)* des Verschwindens war, sondern sein Zeichen *(signum)*: So deutete man das Verschwinden Christi nicht in dem Sinne, daß Gott sich in sich selbst verschließe, sondern als eine Art, den Menschen »den Weg zu öffnen«.[6] Wenn Christus zum Himmel auffährt und damit aus dem *Blick* der Menschen enthoben wird, heißt es, daß er »auch im Herzen des Menschen aufsteigt«,[7] gemäß jenem phantasmatischen Umkehreffekt, der jeder exegetischen Interpretation zu eigen ist, die nicht nach dem Sichtbaren strebt, sondern nach *Visionen*.

Diese Umkehrung – aufzusteigen, in die Höhe aufzufahren, um tiefer in uns zu sein – findet ihre visuellen Zeichen auch in der Komplizierung des Schleiers, der Grenze, die den Kontakt und die Kluft zwischen der religiösen Gemeinschaft der Zeugen (die zwölf Apostel und die Jungfrau Maria) einerseits und dem glorreichen Geschehen andererseits bestimmt. Zwischen den Menschen im Vordergrund und Christus, der den Rahmen ihres – und unseres – Gesichtsfelds verläßt, besteht eine merkwürdige reversive Doppelung, eine merkwürdige Symmetrie zwischen der Herrlichkeit und der *sichtbaren Spur* dieser Herrlichkeit: Die frontal gezeichneten, stigmatisierten, fleischfarbenen Füße (denn vergessen wir nicht, daß Christus hier in leiblicher Gestalt aufsteigt zur Rechten des Vaters[8]) haben auf der Erde einen Abdruck *(vestigium)* ihrer blitzhaften Gegenwart hinterlassen. Dieser Abdruck ist für menschliche Augen bestimmt: materiell, schwarz, perspektivisch dargestellt. Er existiert in der Sphäre des *Blicks* (als Reliquie ist er jederzeit und für jeden zu sehen), nicht der Sphäre der *Vision* (wie das, was unmittelbar über ihm schwebt und was zu sehen allein den Aposteln gegeben war). Er hat sich in den Stein eingeprägt, an dem Ort, wo Christus ein letztes Mal (vor dem Ende der Zeiten) das letzte Stück seines Körpers sehen läßt: Noch ist es der Fels eines Berges (der *historia*), aber auch schon eine regelmäßige Form, die fast an einen Altar denken läßt (eine liturgische *figura*). Der Abdruck ist wie das Negativ der ursprünglichen Vision, die er verewigt. Er ist, was den Menschen bleibt, um sich eine Vorstellung zu bilden, wie sie selbst dereinst ihre irdischen Grenzen glorreich überwinden werden.[9]

Die Montage – Allgegenwart des Organs

> »Die Vollmacht seiner Wunde entrückt ihn dem Zufall. Er leidet, wie man herrscht.«
>
> Henri Michaux, *La Vie dans les plis* [10]

Unter dem Gesichtspunkt der Geschichte Christi (der *historia*) spricht man bekanntlich von der »Seitenwunde«. Von der rechten Seite her dringt die Lanze des Longinus bis ins Herz Christi und vollendet das Opfer des menschgewordenen Gottes. Durch diese »Seitenwunde« beginnt die Ur-Verletzung aus der Rippe Adams – die Erschaffung Evas, die Versuchung und der Sündenfall –, geheilt oder gesühnt zu werden.[11] Die Maler stellen die tödliche Wunde des gekreuzigten Christus allgemein auf der rechten Seite seines gemarterten Körpers dar. Dies ist der Gesichtspunkt der Geschichte, der Gesichtspunkt des *Sehens*.

Doch vom Gesichtspunkt der *Vision*, die eine ganz andere symbolische Konfiguration voraussetzt – eine Verschiebung des Symbolismus, die die mittelalterliche Exegese eine *figura* nennt –, überschreitet die Wunde Christi oft die normalen körperlichen Grenzen: Sie wird das Offene, die *verkörperte Öffnung*, die hier zwei Engel tragen, um sie unserem Blick als das zentrale Objekt einer Kontemplation oder Meditation über den Opfertod des Erlösers entgegenzuhalten (Abb. 24). So ist die Seitenwunde wieder auf das Herz, auf den »Kern des Lebens« zentriert. Das aufgerichtete Kreuz, das die-

Abb. 24: Anonym (aus Deutschland), *Das heilige Herz, von Engeln gehalten*, um 1484–1492. Kolorierter Holzschnitt. Graphische Sammlung Albertina, Wien. Fotografie des Museums.

se Vision überragt, die ins Zentrum gerückte Überkreuzung von Lanze und Pike, alles unterstreicht die zugleich offene und axiale Position der Wunde Christi als Gegenstand der Vision, als mystische

»Falte« oder »Katastrophe«. Die *Arma Christi* – die dreißig Silberlinge, die drei Würfel, die Anspeiung, die Rute der Geißelung und so fort – sind in offenbar zufälliger und unvollständiger Anordnung um sie herum verteilt.[12]

Zu was wird hier der Körper Christi? Auf diese Frage könnte man antworten, daß der Glaube und die Andacht eine *Montage* erfordern, die aus dem angebeteten Leib einen buchstäblich »unglaublichen«, einen zugleich zerteilten (zerstückelten, auseinandergerissenen) und wieder zusammengesetzten Organismus macht: einen wie in einem Rebus oder in einem Traum fortwährend verschobenen und verstellten Körper. Die Montage dramatisiert und fokussiert den Blick, indem sie neue organische Hierarchien erfindet. So ist das offene Herz hier der Teil, der beinahe monströs für das Ganze steht; es ist so *zentral,* daß es das Bild fast völlig ausfüllt. Die dramatische »Nahaufnahme«[13] dringt bis ins Innere des Leibes vor, sie wird zur paradoxen Endoskopie eines abwesenden Körpers. Gleichzeitig erfindet die Montage unerhörte Zusammenhänge, indem sie den Organismus der Passion überall ausbreitet. Sie zwingt den Blick zu einem Zickzackkurs von einer Figur zur nächsten, um aus jeder isolierten Figur (das *figurative* Prinzip des Details) die exegetische Figur aller anderen Figuren zu machen (das *figurale* Prinzip der Assoziation und der Montage, das weitaus fundamentaler ist, da es nicht von Gegenständen, sondern von Beziehungen zwischen ihnen handelt). So wird die von drei Nägeln durchstoßene Dornenkrone zu einer Figur der Wunde, das von den Engeln »gehaltene« Herz gleichgesetzt mit dem Schweißtuch der Veronika, das von der Anspeiung fast wie mit der Gewalt einer Lanze angegriffen wird.

Doch damit diese Montage, damit diese vielfältigen Beziehungen bestehen können, muß auch das Organ selbst *unmögliche Grenzen* haben, »Falten«, die seinen räumlichen Status unendlich wandelbar machen. Das offene Herz ist hier das ausgebreitete weiße Papier, der *Schleier,* der sich dem Blick des Betrachters darbietet, aber es ist auch der blutige *Riß* in diesem Schleier, und es ist das dreifach anschwellende *Volumen* dieses Organs, das genauso groß ist wie das Kreuz. Die *Wunde,* deren klaffende Öffnung von einem tiefen, satten Rot versperrt wird, die Wunde, von der eine Inschrift uns sagt, daß sie in der genauen Größe der wirklichen Wunde Christi dargestellt ist, diese Wunde ist auch ein lebensgroßer *Mund,* den der Gläubige auf die Lippen küssen soll.[14] Und sie ist auch ein weibliches Geschlechtsorgan, in einigen berühmten Texten explizit als *Uterus* bezeichnet,[15] in der mystischen Imagination explizit zum Gegenstand der Penetration oder der Einverleibung erhoben.

Die heutige Kritik läßt sich leicht von diesen kruden sexuellen Metaphern faszinieren. Doch wo sie sich allzusehr auf eine sogenannte »Sexualität Christi«[16] fixiert, verfehlt sie deren essentielle phantasmatische Wirkung, die vielmehr in der *Poly-Organizität* dieses umsäumten klaffenden Risses liegt. Wunde, Mund und Geschlechtsorgan zugleich, besitzt dieses Lippenpaar keinen realistischen Status, strenggenommen nicht einmal einen metaphorischen, sondern es wirkt vielmehr wie eine unablässige metonymische Verschiebung, in der die organischen Teile sich dem deskriptiven »Sehen« nur entziehen, um unsere Vision herbeizuführen, das heißt, um *uns anzublicken* – Aug in Auge, Tränen des Bluts um Tränen der Andacht.

Die Faltung – Topologie des mütterlichen Todes

> »Er dehnt die Oberfläche seines Körpers aus, um sich wiederzufinden. Er verleugnet seine eigene Gegenwart, um sich wiederzufinden. Er hüllt ein paar leere Stellen in ein Hemd, um ein klein wenig Fülle vorzutäuschen, bevor er in die andere Leere eintritt.«
>
> Henri Michaux, *La Vie dans les plis* [17]

Es gibt keinen Glauben ohne einen »unglaublichen« Organismus, in den ein visueller Akt der Andacht sich schmiegt – sich faltet, entfaltet, einfaltet, enthüllt, verhüllt. Das hier gezeigte Kreuz (Abb. 25)

Abb. 25: Anonym (aus Deutschland), *Das Jesuskind im heiligen Herzen*, um 1460–1475. Kolorierter Holzschnitt. Graphische Sammlung Albertina, Wien. Fotografie des Museums.

trägt die Gliedmaßen des Körpers Christi *aufgefaltet* vor sich, seine stigmatisierten Hände und Füße, bei denen vor allem die frontal dargestellten Wunden zählen (der Künstler des fünfzehnten Jahrhunderts zeigt uns die Füße zwar in leicht diagonaler Ansicht, doch er *öffnet* die Stigmata, spart sie sorgfältig aus, um sie mit vier Tupfen roter Farbe zu füllen).

Doch in der Mitte des durch die Radikalität der Gliedmaßen emphatisch hervorgehobenen Körperraums – natürlich deutet diese vierfache Entfaltung eine Kreuzfigur an – herrscht die Ellipse, die Verkürzung, die *Einfaltung* des Körpers Christi, der hier auf eine umränderte, zunächst undefinierbare Masse reduziert ist. Man kann sich schwerlich einen un-vitruvischeren Organismus vorstellen: Er erscheint wie ein zerknittertes, annähernd kugelförmig zusammengeballtes Stück Stoff, ein Körper, der buchstäblich um sein zentrales Organ herum zusammengefaltet ist – ein bizarres, hypertrophes Herz, das von einer übergroßen Lanze durchbohrt wird. Das Eindringen der schwarzen Lanzenspitze findet seine Entsprechung in dem Schwarz der Wunde, die sie schlägt, in den spitzen schwarzen Nägeln, die das Ganze einrahmen, und in der merkwürdigen schwarzen Gloriole – der gedemütigten Glorie, Glorie der Demütigung –, die dem Christuskind, das dort vor uns auf irgend etwas Unkenntlichem sitzt, als Krone dient.

Der gewaltsame Akt, den dieses Bild uns darstellt, bedeutet, summarisch gesagt: *Christus lebt in dem Geschehen seines eigenen Todes* – und zuvor in seiner Passion, symbolisiert durch die beiden Marterwerkzeuge, die er wie zwei düstere Rasseln in seinen Händen hält – *wie ein ungeborenes Kind im Schoß seiner Mutter lebt*. Nicht nur, daß der Gott der Christenheit sich eine unbefleckte Jungfrau zur Mutter wählte, nicht nur, daß er es sich zur Aufgabe machte, selbst eine Mutter zu sein,[18] sondern er gab sich selbst den Tod zur Mutter. Und auch hier sind wieder all die figuralen Gleichungen im Spiel, von Uterus und Herz, Herz und Wunde, Wunde und dem gesamten, dem Tod und der Wiederauferstehung geweihten Körper. Man könnte endlose Betrachtungen anstellen über die kombinierten und fortwährend wandelbaren Bedeutungen dieser Zeichen der Geburt, die zugleich Zeichen des Todes sind, dieser Figuren des Leidens, die auch Figuren der Herrlichkeit sind. Dem formalen Geschehen dieser Bildkomposition kommen wir aber näher mit der Frage nach den *topologischen Paradoxien,* die in ihr veranschaulicht sind.

Denn der Mittelteil – der Knotenpunkt, müßte man fast sagen – dieses Bildes bietet dem Blick die verwirrende Räumlichkeit einer Sache, die zugleich konvex (das gewölbte Herz) und konkav (die Höhlung des Uterus) ist; die Öffnung darin bedeutet zugleich die Qualen des Todes (das verwundete Herz) und die Geburt (der Schoß, der sich öffnet), in der doppelten Interpretation, die die Farbe Rot hier erlaubt: Sie deutet sowohl auf die Konsistenz eines festen Organs (die von der Lanze verletzten Muskelfasern) als auch auf das flüssige Element des Bluts, das im Uterus durch den göttlichen Samen gerann. Blut, das in anderen Bildern desselben Typus eucharistisch interpretiert wird, in denen unter jeder Wunde im Vordergrund ein Kelch plaziert ist. Letztlich bildet, was sich hier dem *Blick* als eine unhaltbare Paradoxie der Körperlichkeit darstellt, den eigentlichen Sinn einer *Vision* der göttlichen Inkarnation, in der die figurale Umkehrung und die »Logik der imaginären Einfaltung«[19] bestrebt sind, das organische Detail (etwas, das *im Körper* ist) umzuwandeln in einen wirklichen morphogenetischen Ort (etwas, *in dem der Körper entsteht*).[20]

Denn Christus stellt sich der Vision des Gläubigen hier als ein unglaublicher Organismus dar, der keiner natürlichen Räumlichkeit gehorcht. Der Anthropomorphismus ist zwar allgegenwärtig, doch er unterliegt einer spektakulären Zerstückelung. Tatsächlich zeigt dieses Bild uns Christus als umhüllte Figur und als Umhüllung zugleich, als aufgerissenes Organ und als Ursprung, als Matrix dieses Risses. Es entfaltet sich als eine Verflechtung von mindestens drei Ebenen – den drei kontradiktorischen Ebenen des *äußeren Raums* des Opfertods (Golgotha, das aufgerichtete Kreuz), einer *Nahaufnahme des Körpers* (die stigmatisierten Hände und Füße) und schließlich eines schicksalhaften *morphogenetischen Orts* (der Schoß, wo alles entsteht, das durchbohrte Herz, wo alles stirbt) –, die die Geschichte Christi in der ganzen Ausführlichkeit der Evangelienerzählungen entwickelt.

Doch diese Einfaltung, wenn man so sagen kann, diese exegetische Kondensierung, die die verblüffende Montage dieses Bilds voraussetzt, ist formal nur möglich dank der scharfsinnigen Erfindung eines *komplizierten Rands,* der die drei heterogenen Ebenen miteinander verbindet. Dieser Rand, diese Falte in actu ist nichts anderes als eine *Gloriole,* die das Herz mit einem Geflecht von Fältelungen von derselben wässerigen, bläulichen Farbe umgibt, die der Künstler in einem Streifen am oberen Rand des Bilds über dem Kreuz als Himmel wiederholt, man könnte fast sagen als »Über-Himmel« über dem Opfertod des Sohns (also als eine Andeutung des »Himmelreichs« des Vaters). Und auch hier muß die Vision sich in die topologischen Paradoxien dieser merkwürdigen Umrandung versenken: Die Ikonographie mag im strikten Sinn von einer Mandorla sprechen, die auf die himmlische Herrlichkeit und auf die Idee eines Reiches *über* den irdischen Dingen deutet (das Bild der *Auferstehung* [Abb. 23] zeigt übrigens eine vergleichbare Umfältelung der göttlichen Wolke). Aber wie sollte man in diesem beklemmenden, verschlungenen Herz-Kranz nicht einen organischen Rand sehen, der sich *im Inneren* entfaltet? Kurz, der *komplizierte Rand,* der hier die Figur Christi umgibt, ist nichts anderes als ein Grenzbereich zwischen zwei extremen Maßstäben, während der menschliche Körper – der vitruvianische Maßstab, wenn man so will – völlig ausgeschlossen ist. Wir sind hier im Zwischenraum zwischen einem Himmel und einem Herzen. Und das seltsam gewundene Profil dieses Rands deutet auf die *doppelte Distanz,* in die er uns versetzt: irgendwo zwischen dem tiefsten Inneren und dem fernsten Jenseits.

Die Furche – Häresie des Geflechts

»In einem Netz verhängnisvoller Linien verfängt sich der Vorwitzige, der ein unüberlegtes Wort aussprach.«

Henri Michaux, *La Vie dans les plis* [21]

Wenn man die erhebliche Bedeutung bedenkt, die dem Medium des *Kupferstichs* in der religiösen Kunst des Spätmittelalters und der Renaissance zukommt, kann man sich der Vermutung kaum erwehren, daß zwischen dem bildnerischen Prozeß und seinem Zweck, der religiösen »Botschaft«, ein überdeterminierter Zusammenhang bestehe. Vor allem ist es die *Reproduzierbarkeit*, die im Rahmen einer Glaubensstruktur einen wesentlichen Vorteil des Stichs gegenüber den anderen bildenden Künsten bedeutet. In dieser Hinsicht gleicht der Kupferstich den Münzen und der Eucharistie: Alle drei besitzen dieselbe Macht, sich unerschöpflich zu vervielfältigen, zu verbreiten, präsent und verfügbar zu sein; und es ist kein Zufall, daß die Hostien (wie die hier [Abb. 26] dargestellte) zumeist als geprägte »Münzen Christi« erscheinen.[22] Doch die Übereinstimmung reicht noch weiter: Der Kupferstecher sticht, das heißt, er vollführt auf dem dichten Schleier der Kupferplatte mit Hilfe eines Grabstichels oder einer »Lanzette« einen Akt der minutiösen Grausamkeit. Die Darstellung entsteht nicht aus aufgetragenen Linien, sondern aus *eingegrabenen Furchen*, Einschnitten, Verletzungen der Fläche, die bei unzähligen Andachtsbildern in auffälliger Übereinstimmung mit der Gewalttätigkeit der Bildmotive stehen. Longinus könnte mit gutem Grund der Patron aller Kupferstecher der Passion Christi sein.

Hans Sebald Beham war ein Maler, vor allem aber ein außerordentlich produktiver Kupferstecher: Mehr als tausend Arbeiten sind von ihm bekannt, die – mehr noch als bei Dürer, dessen Schüler er war – eine *graphische Verbissenheit* erkennen lassen, mit der er die Platten geradezu marterte.[23] Millionen von Strichen, in unendlich ver-

Abb. 26: Hans Sebald Beham, *Christus mit Kelch und Hostie,* 1520. Kupferstich. Graphische Sammlung Albertina, Wien. Fotografie des Museums.

dichteten Liniengeflechten in die Kupferplatten geritzt und gekerbt. Sein *Christus mit Kelch und Hostie* entstand fünf Jahre, bevor Beham wegen »ketzerischer Gedanken« aus Nürnberg verbannt wurde. Eine ausführliche ikonologische Untersuchung könnte zweifellos Aufschluß über die Einzelheiten seiner Glaubenshaltung und ihre Folgen für die Darstellung traditioneller religiöser Themen geben.

Doch ein erster, fast naiver Blick genügt, um zu bemerken, wie in diesem Stich die graphische Proliferation das erwartete, das dogmatische Bild *von innen her* ins Schwanken bringt. Zu bemerken, wie die Überbetonung der Linien die essentielle *Schwärze* des Bildes hervorruft. Die Dürersche Genauigkeit übersteigert sich, verkompliziert sich in merkwürdiger Weise – die scheinbare Willkür des »Manierismus« – in dem *figurativen* Geflecht, das zugleich auch ein assoziatives und *figurales* Netz ist. Die gitterartige Textur des Bildes schließt also nichts ein; sie produziert im Gegenteil eine endlose Vervielfältigung von Grenzen und von Gleichsetzungen, von Falten, die von nun an *die Darstellung verschleiern,* in ein heimliches Chaos stürzen, einer exzessiven Doppelung aussetzen, in der jede Figur zugleich ins Unbestimmte aufgelöst und erdrückt wird.

Denn einerseits erschüttert die Intensität des graphischen Geflechts die Proportionen und verleiht dem ganzen Raum etwas *Bedrückendes:* Ein disproportionierter und überdeutlich gezeichneter Körper (man beachte, wie der Künstler mit dichten Kreuzschraffuren die Konturen des Rückens und der Schulter übertreibt); architektonische Elemente, deren eigenartige Positionierung (die wiederholte Schrägstellung) eine ins Kippen geratene Geschlossenheit des Raums akzentuiert; die enigmatische, in alle Richtungen schraffierte Textur der Wand, die rechts im Hintergrund verläuft; der roh behauene Stamm des Kreuzes, aus dem Christus buchstäblich »herauszutreten« scheint – sein linker Fuß ist noch verdeckt – wie aus einer Türöffnung; die irrationalen Bruchlinien in dem mit kreuzförmigen Markierungen übersäten Boden ... All das bildet bereits einen *häretischen Raum* der Kreuzigung oder der eucharistischen Liturgie.

Andererseits erzeugt dieses Geflecht auf einer mikroskopischeren Ebene immer wieder einen Effekt von verschobenen Grenzen, von *figuralen Verschiebungen:* So in dem Einklang zwischen der Äderung des Kreuzstamms, seiner Knoten und Spalten, und den Äderungen des Körpers und den Knoten des Perizoniums; in der ungewöhnlichen Behandlung des Nimbus, der, inwendig von einer Reihe auffälliger Strichelungen gesäumt, ungleichmäßig geformt ist und gleichsam von den vorstehenden Spitzen der Dornenkrone abgestoßen scheint; in dem Kontrastverhältnis zwischen dem dünnen weißen Strahl, der aus der winzigen, geschlossenen Wunde strömt, und den vertikalen schwarzen Schraffuren, die weit eher an verströmendes Blut gemahnen, auf der anderen Seite des Kelchs, dessen Unterseite sich vor unseren Augen wie eine übergroße offene Wunde öffnet. Überall drängen die Katastrophen der Materie in den Blick: Brüche im Stein, Knoten im Holz, gewundene Haarsträhnen, Dornen, komplizierte Faltenwürfe, das exzessive Schwarz der Hostie – das unablässige Auf-die-Spitze-treiben, das den christlichen Ausdruck des Glaubens, der Hoffnung und des Todes Christi kühl, fast *à faux* dramatisiert.

Die Flecken – Salbung des Fernen

> »Zwischen den Marmorblöcken ein großes Hin- und Herlaufen von Geschundenen. (...) Das grausame Profil des Herrn zeigt sich wieder und wieder über der langgestreckten Mauer. (...) Hier sind die Stätten des Marsches der Blutüberströmten. Jetzt erhebt sich ein Gewitter. Zwischen diesen Marmorblöcken? Wer hätte es geglaubt?«
>
> Henri Michaux, *La Vie dans les plis* [24]

Es scheint, als hätten wir mit dieser Fra Angelico zugeschriebenen Zeichnung[25] (Abb. 27) die »unglaublichen Organismen« und die zerstückelnden Montagen, die die Kunst des Nordens während der lan-

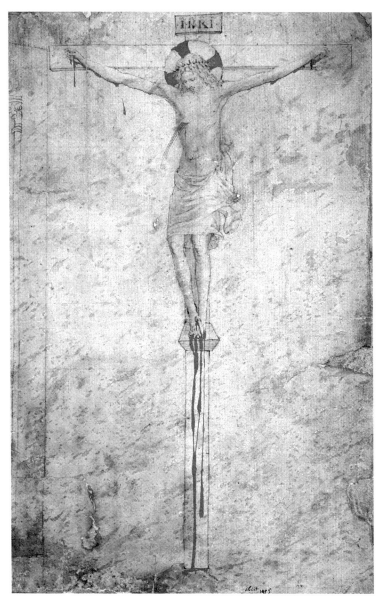

Abb. 27: Fra Angelico (?), *Kruzifixus,* um 1438–1446. Tusche und Tempera auf Papier. Graphische Sammlung Albertina, Wien. Fotografie des Museums.

gen »Herbstzeit des Mittelalters« entfaltete, hinter uns gelassen und die vitruvischen Proportionen, die ausgeglichenen, nüchternen, nicht manieristischen Proportionen wiedergefunden, die dem Leib Christi geziemen. Humanistische Proportionen, in denen nichts schief oder entstellt erscheint: Der Körper des Gekreuzigten ist frontal dargestellt, das Kreuz ermöglicht eine »legitime« Konstruktion der Perspektive, die skizzierte Architektur am linken Rand ist vollkommen klassizistisch. Nichts erweckt mehr den Eindruck eines Rebus, die symbolische Überladenheit ist verschwunden. Eine schlichte *Kreuzigung,* die sich dem Blick des Gläubigen (des Dominikaners oder Künstlers oder beides zugleich) ohne weiteres darbietet, die keine interpretatorische Anstrengung zu verlangen scheint, in der nichts »verschleiert«, keine verborgene Bedeutung eingeschlossen zu sein scheint.

Doch wie so oft bei Fra Angelico – und bei den besten seiner Schüler – ist gerade diese Einfachheit von einer eigenen Komplexität, in der nach und nach ein höchst subtiler Prozeß der Verschiebung, der Verbergung zutage tritt, ein Prozeß, der gerade dort ansetzt, wo die Ikonographie ihn nicht erwartet. Die *Nacktheit des Bildes* in der ganzen negativen Theologie des Mittelalters und der Renaissance, wie sie von einigen dominikanischen Kommentatoren des Pseudo-Dionysius fortgeführt wurde,[26] diese »Nacktheit« ist ein *komplexer Prozeß,* der das Bild sozusagen von innen her »auffaltet«. Zwar begnügt sich die kleine Zeichnung aus der Wiener Albertina mit einer Darstellung des Gekreuzigten, die ohne jene liturgische Dimension auskommt, die in den Fresken von San Marco allgegenwärtig ist, wo der Kreuzigung immer einige Zeugen (der heilige Petrus Martyr oder der Ordensgründer Dominikus, die dem Mönch in seiner Zelle als Figuren einer gestischen Identifikation dienen[27]) beigegeben sind. Sie zeigt nur einen *offenen Gott,* der geschichtslos, ohne narrative Elemente, ohne »Lokalkolorit«, ohne Zeugen der Einsamkeit seines andächtigen Betrachters dargeboten ist. Mit seinen ausgebreiteten Armen, dem auf die Brust gesenkten

Gesicht, erscheint er *aufgefaltet* wie ein Schmetterling in der Sammlung eines Naturforschers, aber zugleich auch mit seinen bewegenden geschlossenen Augen, dem eingesunkenen Kopf, in sich *zurückgezogen*.

Diese ganze Einfachheit, diese ganze Demut der Darstellung geht mit einem faszinierenden materiellen und symbolischen Prozeß einher. Der verweist zwar wiederum auf das liturgische Register, doch in einer Art, die keine Identifikation und keine Spiegelbildlichkeit anstrebt, sondern subtil das Figurative in das Figurale, das Sehen in die Vision übergehen läßt. Das ganze Gewicht dieses Bildes scheint mir in der Gewalt zu liegen, die der letzte Akt im Prozeß des Zeichnens barg, die Verwendung einer einzigen Farbe – einer schweren, opaken, satten Farbe –, um die Darstellung des Gekreuzigten zu verdeutlichen und zugleich zu erschüttern: Das Rot *oben* in dem kreuzförmigen, sorgsam hinter dem Kopf des Gekreuzigten plazierten Nimbus, das Rot des Bluts, das im ganzen Bild versprengt ist, das an den Armen herunterläuft (und sich für einen Moment auf dem Papier zu verselbständigen scheint, gleichsam ein *absolutes Zeichen* des göttlichen Opfertods), aus dem Rumpf quillt und vor allem in breiten Rinnsalen zu Boden *fällt*. Die Einfachheit Fra Angelicos verbindet sich hier mit zwei komplementären Eigenschaften: mit einem *anagogischen* Streben, das uns über den Nimbus nach oben drängt, und einem *erdgerichteten* Streben, das aus dem Schock des Bluts eine Bewegung nach unten erzeugt, die den Blick auf den Fuß des Kreuzes senken läßt.

Doch das ist nicht alles. Diese Blutflecken, gleichsam ein gestisches Attentat auf den Zeichengrund, fordern, daß wir unsere Aufmerksamkeit auf das Papier selbst richten: Denn der Künstler vergoß das fiktive Blut hier bewußt auf einen *bereits befleckten* Schleier. Das Blatt scheint beschädigt; doch die Restauratoren der Albertina vermuten seit einiger Zeit, daß die verwaschenen bräunlichen Flecken, von denen es übersät ist, älter sind als die Zeichnung selbst; jedenfalls waren sie schon vor der roten Farbe vorhanden, die *dar-*

über aufgetragen ist. Was bedeutet das? Daß der Maler hier einen Regen von Flecken in seine Bildschöpfung und in seinen Willen, darin die Blutstropfen des Opfers Christi darzustellen, integriert hat. Was ein schlechter Restaurator vielleicht »reinigen« und verschwinden lassen würde, um die Figur deutlicher lesbar zu machen, war tatsächlich – und sei es aus Zufall – an der Entstehung des Bilds beteiligt. Und möglicherweise sogar das eigentliche Thema dieses Bildes: Denn Christus (der unendlich Ferne, der schlechthin Abwesende) steht hier schließlich für das, was er in absoluter Nähe dargibt, nämlich sein Blut, das fortan für immer in der Transsubstantiation verwandelt ist, ob in der eucharistischen Liturgie oder in der *pikturalen Salbung,* die auf diesem Stück Papier gleich doppelt gegeben ist. Wie der »formlose« gemalte Marmor in San Marco[28] ist auch dieses Bild ebenso in seinem Prozeß als »figurierende Figur« aufzufassen wie in seinem Resultat als »figurierte Figur«. Selbst wenn dieses Blatt nur eine bloße Skizze ist, eine *Gedächtnisstütze,* eine Anweisung des Meisters zur Weitergabe an seinen Schüler, müssen wir doch das Wort *Gedächtnis* in seiner gewichtigsten Bedeutung nehmen, so wie es der Dominikaner Giovanni di Genova als die eigentliche Bedeutung eines jeden figurativen Bilds verstanden wissen wollte: *incarnationis mysterium ... in memoria nostra.*[29]

So erscheint in diesem subtilen Prozeß so etwas wie der Effekt einer *Falte*: zwischen der Ebene der Darstellung (dem frontal, optisch, aus einer gewissen Distanz betrachteten Christus) und dem Regen der Flecken, der dem Betrachter (und das heißt: dem, der in diesem Bild eine Vision sucht) fast schon taktil, in größter Nähe dargeboten ist. Und diese Falte, dieses *hymen* macht uns empfänglich für die ergreifendste Wirkung des Bilds: für das Auftauchen des Fernen – sogar des Unsichtbaren – in der visuellen und »haptischen« Nähe eines eher defigurierend wirkenden Ereignisses, beispielsweise eines Regens von Flecken. Eine wunderbare Weise – wenn wir hierin Walter Benjamins Definition folgen wollen –, auf einem einfachen Blatt Papier eine *Aura* zu erzeugen.

»Umfaltet von den endlosen Schleiern dunklen
Wollens.
Umfaltet von Falten.
Umfaltet von Nacht.
Umfaltet von ungewissen Falten, den Falten
meines Ausgucks.
Umfaltet von Regen.
Umfaltet von Brüchen, von Trümmern,
von Haufen von Trümmern.
Von Schreien auch, vor allem von Schreien.
Umfaltet vom Ersticken.
Langsamer Wolkenbruch.«

Henri Michaux, *La Vie dans les plis* [30]

(1995)

---

1 Henri Michaux, »Konterfei der Meisodemen«, in: ders., *Dichtungen, Schriften,* Frankfurt a. M. 1971, Bd. 2, S. 189.
2 Vgl. Gilles Deleuze, *Die Falte. Leibniz und der Barock,* Frankfurt a. M. 1995; René Thom, *Morphogenèse et imaginaire,* Paris 1978.
3 Thomas von Aquin, *Summa theologica,* IIIa, 57,1.
4 Vgl. die klassische Analyse von Meyer Schapiro, »The Image of the Disappearing Christ« (1943), in: ders., *Late Antiquity, Early Christian and Medieval Art. Selected Papers III,* London 1980, S. 267–287.
5 Vgl. Exodus 40,38: »Bei Tag schwebte über der Wohnstätte die Wolke des Herrn, bei Nacht aber war ihr Feuer vor den Augen des ganzen Hauses Israel, solange ihre Wanderung dauerte.«
6 Thomas von Aquin, *Summa theologica,* IIIa, 57,4 u. 6.
7 Ebd., IIIa, 57,2, Zitat aus Psalm 83,6.
8 Ebd., IIIa, 57,5.
9 Jacobus de Voragine berichtet folgende Legende über diesen Fußabdruck: »Simplicius der Bischof von Jerusalem erzählt, und auch in der Glosse steht es geschrieben, daß an der Stätte, da Christus auffuhr, hernach eine Kirche ward gebaut, aber da, wo des Herrn Füße waren gestanden, blieb kein Stein, den man in die Erde wollte fügen, sondern immer sprang der Marmor den Arbeitsleuten wieder ins Gesicht. Daß der Herr auf diesem Erdreich stund, des ist auch ein Zeichen, als Simplicius spricht, daß man seine Fußstapfen auf dem Boden sieht; denn noch jetzt mag man in der Erde Spuren erkennen gleich Fußstapfen.« Jacobus de Voragine, *Legenda aurea* (ca. 1290), hrsg. von Richard Benz, Jena 1917, Bd. 1, Sp. 475. In späterer Zeit vereinten die Steinmetzgesellen sich in »Bruderschaften von der Himmelfahrt des Herrn« und erhoben diesen Fußabdruck bezeichnenderweise zum Emblem ihres Berufsstandes.
10 Henri Michaux, »Konterfei der Meisodemen«, S. 181.

11 Vgl. Joseph Ledit, *La Plaie du côté*, Rom 1970.
12 Vgl. insbesondere Rudolf Berliner, »Arma Christi«, in: *Münchener Jahrbuch der bildenden Kunst* 6 (1955), S. 35–152; Robert Suckale, »Arma Christi. Überlegungen zur Zeichenhaftigkeit mittelalterlicher Andachtsbilder«, in: *Städel-Jahrbuch* 6 (1977), S. 177–208.
13 Vgl. Sixten Ringbom, *Icon to Narrative. The Rise of the Dramatic Close-Up in Fifteenth-Century Devotional Painting*, Doorspijk ²1984.
14 Vgl. den Kommentar von Jean Wirth, *L'Image médiévale. Naissance et développements (VIe–XVe siècle)*, Paris 1989, S. 325–334.
15 Zitiert in Auguste Hamon, *Histoire de la dévotion au Sacré-Cœur*, Paris 1928, Bd. 2, S. 174.
16 Vgl. Leo Steinberg, *The Sexuality of Christ in Renaissance Art and in Modern Oblivion*, London 1984.
17 Henri Michaux, »Konterfei der Meisodemen«, S. 201.
18 Vgl. Caroline Walker Bynum, *Jesus as Mother. Studies in the Spirituality of the High Middle Ages*, Berkeley 1982.
19 Vgl. Georges Didi-Huberman, *Fra Angelico – Unähnlichkeit und Figuration*, München 1995, S. 224–239.
20 Über den mittelalterlichen Begriff des »locus« als Operator der Morphogenese vgl. Albertus Magnus, »De natura loci«, in: ders., *Opera omnia*, Bd. 5,2, Münster 1980, S. 1–46. Vgl. auch die Studie von Augustin Delorme, »La morphogenèse d'Albert le Grand dans l'embryologie scolastique«, in: *Revue thomiste* 36 (1931), S. 352–360.
21 Henri Michaux, »Unbeschreibliche Orte«, in: ders., *Dichtungen, Schriften*, Bd. 2, S. 157.
22 Über das eucharistische Paradigma in seinem Verhältnis zur Staatsmacht und zur Münzprägung vgl. die Analyse von Louis Marin, *Le portrait du roi*, Paris 1981, S. 145–168.
23 Vgl. Gustav Pauli, *Hans Sebald Beham. Ein kritisches Verzeichnis seiner Kupferstiche, Radierungen und Holzschnitte*, hrsg. von Heinrich Röttinger, Baden-Baden 1974.
24 Henri Michaux, »Unbeschreibliche Orte«, S. 145–147.
25 Langton Douglas (*Fra Angelico*, London 1900, S. 199) hielt sie für eine Vorstudie für den *Christus am Kreuz* im Korridor von San Marco. Bernhard Berenson (*The Drawings of the Florentine Painters*, Chicago 1938, Bd. 1, S. 5) schrieb sie einem »unbekannten, reizenden Imitator« Fra Angelicos zu. John Pope-Hennessy (*Fra Angelico*, London 1974, S. 236) betrachtet sie als das Werk eines Schülers. Dagegen wird sie von Bernhard Degenhart und Annegrit Schmitt (*Corpus der italienischen Zeichnungen, 1300–1450*, Bd. 1,2, Berlin 1968, S. 448) als Autograph anerkannt.
26 Vgl. Dionysius Areopagita, »Über die himmlische Hierarchie« XV, 1–9, in: ders., *Über die himmlische Hierarchie. Über die kirchliche Hierarchie*, hrsg. von Günter Heil, Stuttgart 1986, S. 63–71; Albertus Magnus, *Commentarii in Librum B. Dionysii Areopagitae. Opera omnia*, Bd. 14, Paris 1892; Wolfgang Wackernagel, *Ymagine denudari. Éthique de l'image et métaphysique de l'abstraction chez Maître Eckhart*, Paris 1991.
27 Vgl. William Hood, *Fra Angelico at San Marco*, New Haven 1993, S. 147–165, der sich auf eine dominikanische Schrift *De modo orandi* aus dem 13. Jahrhundert (Vatikanische Bibliothek, MS Rossianus 3) bezieht.
28 Vgl. Georges Didi-Huberman, *Fra Angelico*, S. 19–110.
29 Giovanni di Genova, *Catholicon* (13. Jahrhundert), Venedig, Liechtenstein 1497, folio 163 verso.
30 Henri Michaux, *La Vie dans les plis*, Paris ²1972, S. 66.

18

IM LEUCHTEN DER SCHWELLE

Ein Realismus des Dunklen

Wie soll man beim Anblick eines Grabmals, angesichts der schmerzlichen Trennung und des Verlusts, den es verkündet, wie soll man sich da nicht im tiefsten Inneren gegen die Vorstellung eines »universalen Daseins« auflehnen? Gegen die Vorstellung eines Systems ohne Verlust und ohne unüberwindliche Trennung, in dem auch der Tod seinen fernen Platz hätte, seinen Platz im ewigen Reich der Ideen? Vor einem Grabmals ist der Tod nicht uns allen gemeinsam, nicht allgemein und schon gar nicht ideal. Er ist *da*, aber nicht »an seinem Platz«, denn dieses *Da* geht uns an, geht uns nahe, ergreift unser Leben. Er ist geteilt, er betrifft unseresgleichen und er betrifft uns gleichermaßen. Und doch ist er jedesmal ein einschneidendes, einmaliges Ereignis, er läßt sich nicht völlig abstrahieren, unausweichlich setzt er uns dem Unähnlichen aus. Er ist nicht »der Tod«, sondern »der Tote« oder »die Tote«. Trotzdem ist er *da*, in dem Grab und dem toten Körper, der *darin* liegt, für unseren lebendigen Körper, der *davor* steht und den kühlen Stein berührt, ihn fast umarmen möchte.

Yves Bonnefoy hat diese Erfahrung behutsam beschrieben, als er, in entschiedener Auflehnung gegen das »ewige Reich« der Begriffe – und gegen den Begriff des Todes an erster Stelle –, die Grabmäler, diese paradoxen Stätten des Verschwindens als schmerzliche und entscheidende Gegenstände des Denkens, der Kunst, der Poesie in Erinnerung rief.[1] Der Geist erforscht das Dasein, sagt Bonnefoy, er erkennt dem Tod seinen »rechtmäßigen Platz« zu; doch von den Steinen, von der Materie der Grabmäler wendet er sich ab, läßt sie in der »Lüge des Begriffs« dem Vergessen anheimfallen.[2] Es ist der Idealismus, es ist Hegel, gegen den Bonnefoy sich hier stellt, es ist

»die einschläfernde Kraft und die schmeichelnde Wirkung des Systems«, denn in diesem System »ist der Tod immer nur eine Idee, die sich zur Komplizin anderer Ideen macht, in einem ewigen Reich, das kein Sterben kennt.«[3]

Die Ungerechtigkeit eines solchen Protests gegen die Hegelsche Philosophie (tatsächlich wollte Hegel die Philosophie »auf die Höhe des Todes« stellen; tatsächlich sah er in Grabmälern, angefangen mit den ägyptischen Pyramiden, einen privilegierten Gegenstand der Herausforderung für das Denken[4]) ist im Grunde belanglos. Das Entscheidende liegt in dem Protest selbst, in seiner Forderung, dem Tod das Lebendige der *Berührung* zu gewähren, die jedes Grabmal – sein *wahrer Ort,* wie Bonnefoy es in der Ausdrucksweise der altgriechischen Philosophie nennt[5] – einfordert. Das Entscheidende liegt darin, daß diese Forderung unser Denken dem Anstoß des *sinnlichen Objekts* unterwirft – oder es für ihn öffnet: Das Grab ist keine Metapher, sondern ist die sinnlich wahrnehmbare Stätte des Toten. Es berührt ihn und berührt darin auch uns. Bonnefoy sucht sich dem anzunähern, wenn er von dem »Ort«, der »Gegenwart«, der »Anwesenheit«, dem »Entgleiten« schreibt.[6]

Ich sehe darin weniger eine Ontologie – zu der sich diese Wörter gewiß eignen würden – als vielmehr eine konkrete ästhetische Haltung, nicht nur des Sehens, sondern auch des Schreibens. Ein Neubeginn des Sehens, Neubeginn des Schreibens, der hier, in der Reflexion über »Die Grabmäler von Ravenna«, den Weg eines *Realismus des Dunklen* einschlägt. Nicht umsonst steht dieser Text am Beginn eines Buchs mit dem Titel *Das Unwahrscheinliche,* dessen poetische Widmung unsere Gedanken einhalten läßt, so wie einst eine Grabmalsinschrift den Wanderer auf der *Via Appia antica* einhalten ließ:

> »Ich widme dieses Buch dem Unwahrscheinlichen, das heißt dem, was ist. [...] Einem großen Realismus, der undurchdringlicher macht, statt aufzulösen, der das Dunkel benennt, der die Klarheiten für Wolken hält, die immer wieder aufreißen können. Der sich um eine hohe und unverfügbare Klarheit bemüht.«[7]

Doch was ist ein Realismus der aufreißenden Wolken, der immer wieder zerrissenen Klarheiten? Was ist ein Realismus des Dunklen, wenn das *Dunkle* trotz allem, und gerade in seinem höchsten Anspruch, etwas bezeichnet, das Bonnefoy unbeirrt eine *Klarheit* nennt, und sei es eine »unverfügbare« Klarheit? Und was ist das für eine Klarheit, die sich unserer Verfügung entzieht? Der Leser denkt hier vielleicht an die Welt der Oxymora, die die negative Theologie so vielfach aufbot und die Yves Bonnefoy ausdrücklich in Parallele zu seiner eigenen »ersehnten Dichtung« stellt.[8] Aber »Die Grabmäler von Ravenna« bieten dieser merkwürdigen Dialektik von Dunkelheit und Klarheit ein greifbareres Fundament, den Gedanken einen konkreteren und faßbareren Stoff.

Das umgewendete Bild

Denn es gibt Gegenstände, die abgründiger sind als alle Ideen der Welt, sichtbare und faßbare Gegenstände, die schwindelerregender sind als alle rhetorischen Figuren (und das ist möglicherweise einer der poetischen Gründe, weshalb Yves Bonnefoy sich immer wieder mit der Kunstgeschichte einließ, sich so scharfsichtig mit einigen speziellen Objekten auseinandersetzte, die »undurchdringlicher machen, statt aufzulösen«). Einer dieser Gegenstände ist ein Sarkophag, »der mir vor einiger Zeit im Museum von Leiden auffiel« (Abb. 28, 29):

> »Nichts im Äußeren dieses Sarges, der aus einem römischen Lager im Rheinland kam, was nicht zu der allergewöhnlichsten Art gehört. Es handelt sich um Ganggestein, unregelmäßig wie die Wand einer Höhle. Ich kenne den Namen dieses erdigen Steines nicht, dessen Oberfläche unbearbeitet ist. Sie erscheint wie ein altes Laken, das man um einen Körper schlang. Aber der Deckel ist entfernt, der Sarg leer. [...] Welcher die Himmel spaltende Blick kann das Haus der Idee tiefer öffnen, welcher Blitz mit einem Schlag eine stärkere und freiere Seele retten? Die Innenwände des Sarkophags sind aus einer freudigen und feinen Substanz. Alle wurden mit Skulpturen versehen. Und wie Anschauungen, die der lange Zeit ver-

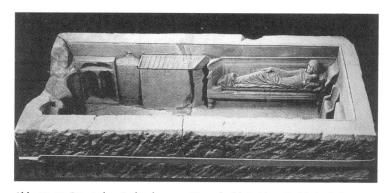

Abb. 28–29: Römischer Sarkophag von Simpelveld. Leiden, Archäologisches Museum. Fotografie D. R.

bannte Geist wiederentdeckt, sind hier im Basrelief zusammengedrängt, in dem Raum des Sarges als einem wirklichen Ort ihres Seins, das Haus und seine Nebengebäude, und die Hauseinrichtung, Sessel, Schränke und Tische, und das Bett, auf dem die Tote liegt; dazu Amphoren, in denen Öl und Wein aufbewahrt wurden. In dem Staub dieses Steins ist ein unendliches Beben von Vorhängen, die sich nicht mehr bewegen.«[9]

So erscheint also der privilegierte Gegenstand eines »Realismus des Dunklen«. Die Historiker haben ihm, soweit mir bekannt, nicht die Aufmerksamkeit zukommen lassen, die er verdiente: In gewisser Weise ist er in seiner Ikonographie schon zu vertraut, da man längst gewohnt ist, das Grab als *domus aeterna* des Toten gestaltet zu sehen; da man eine beachtliche Zahl von Graburnen aus den prähistorischen Nekropolen der frühen Eisenzeit kennt, die verschiedenen Haustypen nachgebildet sind; da man die keltischen Grabstelen als verkleinerte Abbilder der Wohnstätte des Toten ansieht; da man in den grandiosen Totenstädten der Etrusker eine exakte Reproduktion des Baus und der Einrichtung ihrer Wohnhäuser hat, wie in dem berühmten »Grab der Stuckreliefs« von Cerveteri, an dessen Säulen und Wänden im Basrelief dieselben Hausgeräte dargestellt sind, die auch an den Wänden wirklicher Häuser zu hängen pflegten.[10] Andererseits ist der Sarkophag von Leiden vielleicht auch

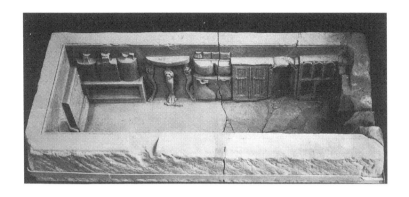

zu merkwürdig, zu eigenartig, als daß der Archäologe oder der Historiker – die ihrerseits die »ewige« Beständigkeit der Allgemeinheiten zu schätzen wissen – aus ihm eine gesicherte Lehre über Stil oder Ritus ziehen könnten.[11] Ich erinnere mich allenfalls an einen Sarkophag im Museum von Syrakus, der in ähnlichem Maßstab dieselbe Eigenheit aufweist wie der von Bonnefoy beschriebene.

Welche Eigenheit? Vor allen Dingen die, daß er sich nicht der evidentesten formalen Regel der abendländischen Grabmalkunst unterwirft, die seit den Meisterwerken der römischen Epoche unangefochten besteht: der Regel der *Sichtbarkeit,* der jede figurative Arbeit auf einem Grabmal verpflichtet ist. Die Grabmäler des Abendlands sind gemacht, um gesehen zu werden: Sie sind *Kunstwerke für die Lebenden.* Sie richten sich nach außen. Das Objekt, das Bonnefoy beschreibt, ist dagegen ein *Kunstwerk für die Tote,* der es als letzte Behausung diente, eine Behausung, die gleichsam »nach innen blickt« und sich in sich zusammengezogen hat, bis daß sie den Körper der Toten berührt, ihn eng umschließt. In dieser Hinsicht stellt der Sarkophag von Leiden eine formale Besonderheit oder einen Anachronismus dar, am ehesten vergleichbar vielleicht mit den ägyptischen Särgen mit ihren inwendigen Bemalungen, beispielsweise den Darstellungen der Göttin Nut, die mit ausgebreiteten Armen die Mumie in ihrem Behältnis buchstäblich umfaßt. Das Bild ist hier nach *innen* zurückgezogen, oder genauer, es öffnet sich paradoxerweise in den geschlossenen Raum des Sarkophags. Das ist seine verborgene Kraft, sein »Realismus des Dunklen«. Es hat eine nicht absolut unsichtbare, sondern heimliche *visuelle* Existenz, die wir mit Bonnefoys Worten eine »unverfügbare Klarheit« nennen dürfen. Bis dieses Grab sich öffnet, sind die Blicke, die auf es gerichtet werden – auf seine »unbearbeitete Oberfläche« –, verwaist, gegenstandslos, bar jeder Figuration.

Aber das ist nicht alles. Dieser Schatz von Bildern, die der Einsamkeit einer Toten vorbehalten sind, dieser heimliche Skulpturenschatz vollführt eine merkwürdige Operation, die man in formaler Hinsicht als eine *Umkehrung* bezeichnen muß: Nicht nur ist das Äußere nach innen gewendet, das Sichtbare ins Verborgene, der Stoff zum Futter, sondern alle räumlichen Werte der abgebildeten Wohnstätte sind gewissermaßen umgewendet wie die Finger eines Handschuhs. Dies dürfte auch der Grund gewesen sein, weshalb der Bildhauer sich bemühte, auf den vier Wänden dieses rundum geschlossenen *Innenraums* die ständige Ambiguität von Innen und *Außen* bis ins letzte aufrechtzuerhalten: Zwar deuten die meisten der dargestellten Gegenstände auf das Innere eines Hauses – der Tisch, das »etruskische« Bett, ganz abgesehen von der liegenden Figur der jungen Frau, die mineralische Miniatur derjenigen, deren wirklicher Körper den Raum des Sarkophags ausfüllte –, doch der Blickpunkt von außen auf die beiden Gebäude zerstört diese figurative Kontinuität, ganz abgesehen von der unweigerlich ambivalenten Darstellung einer zweiflügligen Tür, die sowohl das Innen als auch das Außen bezeichnet.

Die häusliche Welt dieser jungen Frau ist also nicht nur auf Miniaturgröße reduziert und im Stein versteckt, sie ist auch räumlich manipuliert wie ein umgewendeter Handschuh. Sie sagt uns, daß das Bild nicht nur die Darstellung, sondern auch die *Umkehrung* einer Welt ist. Daß das Bild nicht dann Vollendung erreicht, wenn es die (ob unmittelbare oder kodierte) »Projektion« einer Welt darstellt, sondern wenn es die Welt umkehrbar macht, wenn es sie umstülpt, subvertiert und umwendet zu spezifischen (das heißt nichtmimetischen) Formen, zu *unwahrscheinlichen* Formen (in denen die Kodifizierung durchbrochen wird, und sei es nur im Geheimen). Beschreibt Yves Bonnefoy nicht etwas ähnliches, wenn er vom poetischen Bild sagt, es sei »der Eindruck von einer endlich vollständig verkörperten Realität, der uns paradoxerweise aus Worten entgegenscheint, die sich gerade von ihrer Verkörperung abwenden«?[12] Die *Verkörperung* und die *Abwendung* definieren demnach zwei zusammengehörige Operationen des Bildes, die es dem gestalteten Raum ermöglichen, den Status eines *Ortes* zu erlangen, und dem figurierten – oder vielmehr transfigurierten, transformierten – Sichtbaren, sich von dem *visuellen* Schwindelgefühl einer kleinen, wie ein Handschuh umgestülpten Welt erfassen zu lassen.

Schwelle, Leuchten, Ornament

Die Umkehr ist eine Frage der Schwelle. In der Umkehr dreht eine Schwelle sich um sich selbst, ein Innen berührt beinahe ein Außen, und der *virtuelle Kontakt,* der sich zwischen ihnen ergibt, wird zur *visuellen Schwelle.* Sind die intensivsten Bilder nicht gerade diejenigen, in denen die Frage der Schwelle – in Gestalt des Spiels der Faltungen, Auffaltungen und Entfaltungen – am intensivsten zum Vorschein kommt? Und bietet der Sarkophag uns nicht das Paradigma des Bildes, wenn es denn stimmt, daß der Sarkophag für unseren Blick das privilegierte Objekt der Schwelle und ihrer schmerzlichen Frage darstellt? Zwischen den verschlossenen Augen der Toten und den Tränen des Witwers, zwischen der »unbearbeiteten Oberfläche« der Außenseite und dem »wahren Ort« im Inneren, zwischen dem sichtbaren »Ganggestein« und der visuellen »Substanz«, zwischen »Abwendung« und »Verkörperung« stellt der merkwürdige Sarkophag von Leiden immer von neuem die Frage der Schwelle. Noch bevor er uns – metaphorisch und indirekt verneinend – etwas über ein Jenseits mitteilt, plaziert er uns unausweichlich und konkret zwischen einem *Hier* und einem *Dort:* Er trennt uns von dem Körper, dem *Soma,* den wir nicht mehr berühren werden – *hier* bin ich, *dort* ist die Tote. Doch zugleich produziert er den Übergangsritus von Trauer und Erinnerung, von Mahnmal und *Sema: Hier* ruht sie – in mir, der ich zurückbleibe in der Erinnerung an sie und um sie weine, in meiner Seele, die zu ihrem Grabmal wird –, *dort* bin ich, in dem Stein, in der Erwartung, daß ich mich einst wieder mit ihr vereine.[13] Die Operation der *Schwelle (seuil)* enthüllt uns die Operation der *Trauer (deuil).* Und sie sagt uns auch etwas über den fundamentalen – wenn auch schwer begreiflichen – Zusammenhang zwischen dem Psychischen und dem Mineralischen.[14]

Vielleicht verlangt jeder Text von Yves Bonnefoy nach der Lektüre aller anderen. Ich zumindest kann das Gedicht »Im Trug der Schwelle« nicht lesen, ohne daß sich meinem geistigen Auge das Bild des Sarkophags von Leiden aufdrängt, das Bonnefoy zwanzig Jahre zuvor beschrieben hatte. Ich erblicke die liegende junge Frau in »diesem Auf-immer stillen nächtlichen Atmens«, den Deckel des Sarkophags und die kleine Basrelief-Tür in dem »versiegelten Tor«, dem »Absolut der Steine« und dem »*Vor* dem Bild«, von denen das Gedicht spricht; ich erblicke den ungewöhnlichen Wunsch des trauernden Auftraggebers in diesem Objekt, »wo die Hoffnung von alters sich über / die Lippen des Bildes beugt«.[15] Schließlich erblicke ich auch eine Theorie des Bildes, die sich in diesen fragenden Zeilen abzeichnet:

> »[...] Und warum zwingt,
> was nicht Erscheinung, nicht einmal trüb ein Traum ist, warum
> das Bild sich auf, dem doch
> das Sein verweigert bleibt?«[16]

Die Beharrlichkeit des Bildes bezeichnet vielleicht die eigentliche Macht der Schwelle. Und die spontane Gegenüberstellung der beiden Texte erzeugt sogleich eine neue Verschiebung, eine neue theoretische Spekulation: Ist der *Trug (leurre)* der Schwelle nicht eigentlich ein *Leuchten (lueur)*? In dem Verhältnis zwischen dem rohen »Ganggestein« und der bildnerisch gestalteten »Substanz« des Sarkophags von Leiden, zwischen seiner »unbearbeiteten Oberfläche« und der bewegenden Figuration in seinem Inneren liegt gewiß eine Art Trug: Trug, weil für die, die ihn nicht kennen, sich etwas darin verborgen hält, etwas dort lauert, in dem der Blick sich wie in einer Falle verfängt. Doch sobald man einmal das Innere des Sarkophags erblickt hat, wendet auch die Operation des Trugs sich wie ein Handschuh um und wird zu einer Offenbarung, die Bonnefoy wiederum im Vokabular der »unverfügbaren Klarheit« beschreibt: ein »die Himmel spaltender Blick«, ein »Blitz«, ein plötzliches Aufleuchten des paradoxen »Lichts« der Gräber.[17] Unser Blick in das Innere des Sarkophags erzeugt so die Paradoxie einer erhellenden Verletzung der Grabruhe: Er tut der Trauer Gewalt an,[18] doch diese Gewalt dient nur dazu, einen poetischen Zugang zur psychischen Wahrheit der Trauer zu eröffnen.

Ein *Leuchten* möchte ich daher das Ereignis der Wahrheit nennen, die auf der Schwelle zwischen dem »Dunklen« und der »Klarheit« auftaucht. Ein *Leuchten* möchte ich das Aufkommen dieses »unverfügbaren Realismus« nennen, der sich in dem verborgenen Basrelief des Sarkophags von Leiden manifestiert. Das Leuchten ist weder das Dunkel noch das Licht, sondern das Unwahrscheinliche ihres Zusammentreffens, ihrer Schwelle, der Moment ihrer doppelten Umkehrung, das *Blitzhafte* ihrer Umwendung.[19] Es überrascht mich nicht, daß Yves Bonnefoy unter den Grabmälern von Ravenna besonders das Mausoleum der Galla Placidia bewunderte, das »in vier gemauerten Wänden die feierliche und traurige Perfektion in sich vereint, derer die Todessehnsucht fähig ist.«[20] Was sind diese vier gemauerten Wände von feierlicher Perfektion? Es sind vier Wände voller Paradoxien des Raums und des Lichts: Die Frontalität verfängt sich beständig in den Bögen der Blendarkaden, die generelle Dunkelheit dieses Ortes macht die Mosaiken zu Trägern einer »unverfügbaren Klarheit«, die in dem teils höhlenartigen, an manchen Stellen wiederum blendend hellen Gemäuer dem unwahrscheinlichen Spiel der Sonnenstrahlen unterworfen ist; die Alabasterfenster versetzen den Betrachter in einen wahren Schwellen-Taumel: Diese Fenster – opak wie der Marmor der Sarkophage, dann wieder durchscheinend wie Bernstein oder manche Edelsteine –, diese Fenster sind Mauern, die uns in der Grabkammer einschließen; doch dann flammen sie plötzlich auf und verströmen etwas, das eigentlich kein Licht ist, sondern ein rotädriges, lebendiges, kaum faßbares *Leuchten* (von dem die Fotografie allenfalls eine schwache Ahnung vermitteln kann) (Abb. 30). Das ist die Magie, das Leuchten der Schwelle: ein visueller Rhythmus von Undurchlässigkeit und Durchlässigkeit, von Außen und Innen, von *Dort* und *Hier*. Eine unvorhersehbare, ständig wandelbare visuelle Komposition – eine »unverfügbare Klarheit«, ein Realismus des Dunklen.

Doch all dies bezeichnet Bonnefoy merkwürdigerweise als Heiterkeit und *Freude*. »Ich habe mich an den Sarkophagen erfreut«, bekennt er nach seiner Ravenna-Reise.[21] In seiner Schilderung des Basreliefs von Leiden beschreibt er dessen Taktilität, im Gegensatz zum »erdigen Stein« der Außenwände, als eine »freudige und feine Substanz«: so daß man begreift, daß die feine und vermutlich *seidige* Substanz der Schwelle hier etwas schenkt, das eine Freude ist.[22] Eine melancholische Freude zwischen den Grabmälern von Ravenna – eine Freude, die Bonnefoy schließlich mit dem Wort *Ornament* bezeichnet.[23] Es mag überraschend erscheinen, wenn man in diesem Text, der an sich einer Poetik der »Italienreise« angehört, mit einemmal der Hypothese einer »Theorie des Ornaments«[24] begegnet. Doch der Dichter widmet sich ihr – wenn auch nur in einer mit wenigen Strichen skizzierten Geste –, insofern seinem ganzen Text, wie ich schon sagte, der Protest gegen die »ewige Herrschaft« der universellen Ideen zugrunde liegt. Bonnefoy nennt das Ornament in einem ersten Anlauf »eine Abstraktion, die nur das Wesen festhält«; dann kehrt er diese Hypothese um zugunsten der

Abb. 30: Byzantinisches Alabasterfenster. Ravenna, Mausoleum der Galla Placidia. Fotografie G. D.-H.

materiellen Irreduzibilität – der seidigen Beschaffenheit des in den Stein gehauenen Basreliefs – des Ornaments, in dem eine »Vereinigung von Form und Stein« sich vollzieht.[25]

Zu dieser Vereinigung von Allgemeinem und Besonderem, wie er sie auch nennt, gehört für Bonnefoy gewiß auch die Implikation des Ornamentalen in die Prozesse des Denkens.[26] Sie geschieht im

Rahmen dieses unablässigen Protests, in dem das Leuchten gegen den Trug protestiert, das Unwahrscheinliche der Verflechtungen gegen die Gewißheit der Konturen, die besondere Form gegen das »Ganze« der figurativen Darstellung. Mir scheint dies wiederum eine andere Art, über die Schwelle zu sprechen: Wenn man an das gewöhnlichste – und daher am wenigsten erforschte – ornamentale Motiv der römischen Grabmalkunst denkt, das Motiv der *Strigilis* (»Riefeln«), wird der strukturelle Zusammenhang zwischen dem Ornament und der Funktion der Schwelle unmittelbar ersichtlich. Bezeichnenderweise betrachtete Vitruv dieses Motiv – zu Unrecht, nebenbei gesagt – als eine Nachahmung der Falten des Gewands, das heißt als ein Bild des Faltenwurfs, der in den antiken Statuen die subtile Berührung, die mögliche Umkehrung vom bekleideten zum nackten Körper andeutete.[27]

Das Motiv der Riefelung (Abb. 31) erscheint wie eine Schwelle par excellence, das heißt wie eine *bewegliche Schwelle*. Oft in Verbindung mit Eckfiguren, mit architektonischen Skandierungen oder mit solchen halbgeöffneten Scheintüren, wie sie auch in dem Leidener Sarkophag zu sehen sind, durchzieht dieses Motiv in rhythmischer Wiederholung die Oberfläche des Steins, gleichsam *um sie zum Leuchten zu bringen*: Denn es überzieht die ebene glatte Fläche mit Vertiefungen und hervorstehenden Graten, mit vertieften Schatten und erhobenen Lichtern, so daß ihre genaue Position, das heißt die Grenze, die exakte Distanz zwischen dem Innen (dem Körper des Toten) und dem Außen (dem Körper des Trauernden) unbestimmbar oder *unwahrscheinlich* wird. So läßt das Motiv der Riefelung unsere Distanz zu dem Toten atmen und wie das Licht vibrieren. Es hält uns auf Distanz zwischen seinem Trug und seinem Leuchten. Es unterwirft uns der Macht des Ornaments wie einer visuellen Ontologie der Schwelle.

Durch welche letzte Wendung gelangt Yves Bonnefoy dahin, die »Grabmäler von Ravenna« mit dem Ereignis eines Schreis zu beschließen? Durch die Wiederkehr einer Kindheitserinnerung, in der

Abb. 31: Römischer Sarkophag. Pisa, Camposanto. Fotografie D. R.

der Schrei eines Vogels sich mit den Erhebungen eines aus Unwahrscheinlichkeiten gebildeten, nebelhaften Raums verband.[28] Der Grat des Ornaments, seine schmerzhafte Freude gelangen hier an die Schwelle der Sprache.[29] Und das Leuchten erlangt eine Dimension der Anrufung. Es ist wie eine Schwelle zwischen Freude und Klage; es erinnert an das Motiv des Vogels in der antiken Grabkunst ebenso wie an seine Rolle in der Symbolik der Auferstehung.[30] So wird es möglich, daß »dieselbe Geste die Abwesenheit bezeichnet und ein Leben in dieser Abwesenheit erhält.« Ein Leben, »das den Tod nicht fürchtet [...] und das sich im Tod seiner selbst bemächtigt«, wie Bonnefoy am Ende schreibt, im klaren Bewußtsein, daß er hier, fern von der Abstraktion des Begriffs – doch nicht allzu fern –, noch immer Hegel parodiert.[31]

(1995)

---

1 Yves Bonnefoy, »Die Grabmäler von Ravenna« (1953), in: ders., *Das Unwahrscheinliche oder die Kunst,* München 1994, S. 11–24.
2 Ebd., S. 11–12.
3 Ebd., S. 12.
4 »Der Tod [...] ist das Furchtbarste, und das Tote festzuhalten das, was die größte Kraft erfordert. [...] Aber nicht das Leben, das sich vor dem Tode scheut und von der Ver-

wüstung rein bewahrt, sondern das ihn erträgt und in ihm sich erhält, ist das Leben des Geistes. Er gewinnt seine Wahrheit nur, indem er in der absoluten Zerrissenheit sich selbst findet.« Georg Wilhelm Friedrich Hegel, »Vorrede« zur *Phänomenologie des Geistes* (1807), *Werke,* Frankfurt a. M. 1970, Bd. 3, S. 36; zitiert und kommentiert von Georges Bataille in »Hegel, la mort et le sacrifice« (1955), in: ders., *Œuvres complètes,* Bd. 12, Paris 1988, S. 331. Zum Motiv der Pyramide vgl. G. W. F. Hegel, *Vorlesungen über die Ästhetik* (1835), *Werke,* Bd. 14, S. 290–296, sowie ders., *Enzyklopädie der philosophischen Wissenschaften im Grundrisse* (1830), *Werke,* Bd. 10, S. 270–271 (§ 458, kommentiert von Jacques Derrida in »Der Schacht und die Pyramide. Einführung in die Hegelsche Semiologie« [1971], in: ders., *Randgänge der Philosophie,* Wien 1988, S. 85–118).

5 Yves Bonnefoy, »Die Grabmäler von Ravenna«, S. 18.
6 Ebd., S. 21.
7 Ebd., S. 1.
8 »Einem Geist des Wachens. Den negativen Theologien. Einer ersehnten Dichtung von Regen, Erwartung und Wind.« Ebd., S. 1.
9 Ebd., S. 15–16.
10 Vgl. Franz Cumont, *Recherches sur le symbolisme funéraire des Romains,* Paris 1942, S. 351–456; ders., *Lux perpetua,* Paris 1949, S. 24–25.
11 Dieser Sarkophag, nach dem Ort seiner Entdeckung der Sarkophag von Simpelveld genannt, wird kurz erwähnt von Franz Cumont, *Lux perpetua,* S. 25, sowie von Erwin Panofsky, *Grabplastik. Vier Vorlesungen über ihren Bedeutungswandel von Alt-Ägypten bis Bernini,* Köln 1964, S. 35.
12 Yves Bonnefoy, »La présence et l'image« (1981), in: ders., *Entretiens sur la poésie,* Paris 1990, S. 191.
13 Zahlreiche römische Grabinschriften beschreiben die Trauer *(deuil)* als eine Arbeit der Schwelle *(seuil):* »Solange ich lebte, war ich seine einzige und geliebte Gattin. Aus meinem erstarrten Mund nahm sein Mund meine Seele. Unter Tränen verschloß er meine gebrochenen Augen. [...] Die innig geliebte Gattin des Aelius Stephanus war zeit seines Lebens Flavia Nicopolis. Sie wird nicht leben, ohne daß ich sie liebe, solange das Leben mir bleibt. Schon habe ich keine Ruhe mehr, bis auf die, die das Bild der Toten mir gewährt *(nisi mortis imago):* In meinen Träumen suche ich sie wiederzufinden, die die Götter mir raubten ...«. *Tombeaux romains. Anthologie d'épitaphes latines,* hrsg. von Danielle Porte, Paris 1993, S. 31, 69.
14 Eine Analyse dieses Zusammenhangs vom anthropologischen Gesichtspunkt bietet die klassische Studie von Jean-Pierre Vernant, »Figuration de l'invisible et catégorie psychologique du double: le *colossos*«, in: ders., *Mythe et pensée chez les Grecs,* Paris 1965, Bd. 2, S. 65–78. In bezug auf den metapsychologischen Gesichtspunkt verweise ich auf die Arbeiten von Pierre Fédida, insbesondere seine jüngste Publikation, *Le Site de l'étranger,* Paris 1995.
15 Yves Bonnefoy, *Im Trug der Schwelle. Gedichte* (1975), Stuttgart 1984, S. 9, 17, 31, 35, 117.
16 Ebd., S. 11.
17 Ders., »Die Grabmäler von Ravenna«, S. 1, 16–17.
18 Ich erinnere hier an Varros Etymologie des Wortes *videre* (»sehen«), das er auf *vis* (»die Kraft«) und damit auf die Gewalt zurückführt. Vgl. Varro, *De lingua latina,* VI,80, hrsg. von Leonard Spengel, Berlin 1885, S. 102–103.

19 Das Wort *Blitz (éclair),* ein Schlüsselwort in Bonnefoys Text über »Die Grabmäler von Ravenna«, findet sich nicht zufällig auch in der phänomenologischen Theorie der Kunst von Henri Maldiney, *L'Art, l'éclair de l'être,* Seyssel-sur-Rhône 1993.
20 Yves Bonnefoy, »Die Grabmäler von Ravenna«, S. 13.
21 Ebd., S. 13.
22 Ebd., S. 16. In der Neuausgabe von *L'Improbable* (Paris 1980) wurde das Adjektiv *joyeuse* (»freudig«) schließlich zu dem einleuchtenderen *soyeuse* (»seidig«) korrigiert.
23 Eine neuere, unveröffentlichte universitäre Arbeit von M. Pomarède-Convert (*Ornamentation et décor dans la Légende de saint François de Giotto,* Université de Paris I, 1992) beschäftigt sich mit den historischen Grundlagen der Verbindung zwischen Ornament und Freude im Mittelalter.
24 Yves Bonnefoy, »Die Grabmäler von Ravenna«, S. 14.
25 Ebd., S. 14–15.
26 In diesem Zusammenhang sei auf die Theorie des Ornamentalen verwiesen, die Jean-Claude Bonne seit einigen Jahren entwickelt unter dem Blickwinkel eines »kognitiven oder spekulativen Prozesses, der sich im Ästhetischen ausdrückt« und der »eine der Formen des symbolischen oder mythischen Denkens« darstellt. Vgl. Jean-Claude Bonne, »De l'ornemental dans l'art médiéval (VIIe-XIIe siècle). Le modèle insulaire«, in: *L'Image. Fonctions et usages des images dans l'Occident médiéval,* hrsg. von Jêrome Baschet und Jean-Claude Schmitt, Paris 1997, S.185–218.
27 Vitruv, *Zehn Bücher über die Architektur,* IV,1,7, hrsg. von Curt Fensterbusch, Darmstadt 1964, S. 171; vgl. Sorlin Dorigny, »Strigilis«, in: *Dictionnaire des Antiquités grecques et romaines,* Bd. 8, Paris 1902, S. 1534–1535.
28 Yves Bonnefoy, »Die Grabmäler von Ravenna«, S. 22.
29 »Der Vogel sang. Um genau zu sein, müßte ich sagen, daß er sprach, heiser auf dem Gipfel seiner Nebel, in einem Augenblick der vollkommenen Einsamkeit.« Ebd., S. 22.
30 Vgl. Franz Cumont, *Lux perpetua,* S. 293–302, 409–411.
31 Yves Bonnefoy, »Die Grabmäler von Ravenna«, S. 24.

19

ÜBER DIE DREIZEHN SEITEN DES *KUBUS*

Die begrabene Seite

Der *Kubus* ist bekanntlich keiner (Abb. 32). Er ist vielmehr ein unregelmäßiger Polyeder, in den Katalogen als ein Zwölfseiter bezeichnet – die schöne Zahl zwölf mag dabei an Mallarmés Würfelwurf erinnern, in dem Moment, da im dunklen Zimmer von *Igitur* die zwölf Schläge der Mitternacht ertönen.

Giacometti hat sich aber nicht damit begnügt, die Anzahl der Seiten eines gewöhnlichen Würfels oder Kubus zu verdoppeln und solchermaßen seine Geometrie zu verkomplizieren. Das Objekt, zunächst in einer Gipsausführung angefertigt, bevor es – lange Zeit später, zwischen 1954 und 1962 – von dem Gießer Susse in Bronze gegossen wurde, ist weit entfernt von der Exaktheit eines geometrischen Anschauungsgegenstands. Seine Flächen weisen zum großen Teil eine leichte Krümmung auf, sie haben trotz ihrer klaren Begrenzungen etwas Ungefähres, und die Hand wollte nicht die zahlreichen, vorsätzlich oder zufällig entstandenen Spuren korrigieren, die sich in seine Oberfläche eingegraben haben. Eine angedeutete Faltung dicht an der Grundlinie läßt vermuten, daß diese Seite im Begriff sei, sich zu verdoppeln, daß die Einheit sozusagen schon der Operation des »1 + 1« Platz mache.

Vor allem aber vergessen die Kommentatoren jene Seite, die in einem gewissen Sinn die erste und die letzte dieses Polyeders ist: die Seite, mit der er auf dem Boden steht. Sie benennt die Operation einer Schicksalszahl, die – nicht nur, weil sie nach unten weist – auf den *gravierenderen,* düstereren Wert der Dreizehn deutet: gewissermaßen ein »12 + 1 = 13«. Wir müssen daher von dieser dreizehnten Seite ausgehen und zu ihr zurückkehren, zu dieser blinden Seite, die offensichtlich die zwölf anderen zusammenhält.

Abb. 32: Alberto Giacometti, *Le Cube,* 1934. Bronze, 94 x 54 x 59 cm. Zürich, Kunsthaus (Fondation Alberto Giacometti). Fotografie D. Bernard, © ADAGP, Paris 1997.

Die Seite der unauffindbaren Bedeutung

Dieser Aspekt der Blindheit oder des Begrabenseins ist auch metaphorisch: Man könnte sagen, daß das Objekt in seiner großen Masse Bedeutungen verschließt, die uns entgehen, die nicht mehr existieren oder die nie existiert haben. Giacometti war der erste, der versuchte – doch erst im Nachhinein, fast dreißig Jahre später – diese Skulptur auf etwas zu reduzieren, das für ihn *keine Skulptur* mehr war, sondern nur ein Gegenstand, ein einfaches, abstraktes Objekt, ästhetisch bis zur Bedeutungslosigkeit, ähnlich wie seine Arbeiten für den Dekorateur Jean-Michel Frank. »Ich war also gescheitert«, urteilte er selbst.[1] Nicht nur war der *Kubus* kein Kubus, sondern die Skulptur war nicht einmal als Skulptur denkbar.

Was war sie dann? Die Kunsthistoriker wissen um die besondere Stellung, die dieses Objekt in der Chronologie des Werkes einnimmt: 1934 – oder Ende 1933 – ist bereits nicht mehr die Zeit der verblüffenden Objekte, in denen der traditionelle Raum der Skulptur sich unablässig neu erfindet und in jeder erdenklichen Weise verformt wird (die Zeit des *Stachel ins Auge* oder der verstörenden *Frau mit durchgeschnittener Kehle*), und es ist kurz vor dem berühmten Bruch mit dem Surrealismus und mit der Avantgarde schlechthin, vor dem, was man allzu eilfertig die »Rückkehr« zur »Wirklichkeit« und zur »Präsenz« genannt hat.

Diese chronologische Zwischenstellung läßt sich verschieden interpretieren. Für gewöhnlich hat man in ihr eine Parenthese gesehen, einen Moment der Schwäche, der einer Logik des »weder – noch« gehorcht: Der *Kubus* besitze weder die phantasmatische Kühnheit der surrealistischen Arbeiten noch die existentielle Tiefe jener späteren Arbeiten, in denen Giacometti sich so unermüdlich um die getreue Wiedergabe eines Gesichts bemühte. Er sei nur eine *Abstraktion* – ein Wort, das in diesem Zusammenhang rasch den Aspekt einer sterilen Verarmung annimmt. So wurde der Arbeit wiederholt – wozu auch das Urteil des Künstlers selbst beitrug – jede Bedeutung abgesprochen: Sie habe keinen »Inhalt«; als rein formale »Stilisierung« habe sie nichts von der essentiellen Eigenart von Giacomettis Kunst – der Präsenz.[2] Wo man ihr ein »kubistisches Vokabular« zuspricht – das im übrigen keineswegs evident ist –, versinkt die Arbeit bald in dem Schatten eines transitorischen Moments ohne nachhaltige Auswirkungen für den Stil.

Als wäre dies die Rettung dieser wahrlich obskuren Arbeit, hat man versucht, ihr um jeden Preis eine *Ikonologie* zu finden, und in einer Art objektiver Ironie fühlte man sich verpflichtet, zur Deutung des *Kubus* auf das Ursprungsmotiv der ikonologischen Forschung – derjenigen Warburgs von 1902, noch vor den berühmteren Studien Panofskys – zurückzugreifen: So wurde er für den Kunsthistoriker zu einem hermetischen Objekt par excellence, zu einem Gegenstand – oder »Werkzeug« – der Astrologie, und folglich zu einem geradezu »mystischen« Objekt.[3] Aus lauter Mangel an Bedeutung wollte man ihn gar zu einer unvollendeten Arbeit erklären, obwohl er vom Künstler signiert ist.

Daher ist es vielleicht an der Zeit, die Logik unseres kunsthistorischen Blicks umzukehren und diese Arbeit nicht mehr mit der Elle des allzu berühmten »Strebens nach Wirklichkeit« zu messen, das Giacometti sich ab 1935 zur Aufgabe gesetzt hatte. Die Wörter *Wirklichkeit* und *Präsenz* erscheinen in diesem Zusammenhang weniger als die adäquaten Kategorien oder die interpretatorischen Schlüssel zu einem Verständnis von Giacomettis Werk, sondern vielmehr als Begriffe, die selbst einer Interpretation bedürfen – da sie vom Künstler selbst kommen, der sie geschickt in Umlauf brachte und seinen großen Exegeten nahelegte – und immer wieder hinterfragt, das heißt, angesichts des sichtbaren Werkes vertieft und kritisiert werden müssen.

Dann wird man den spezifischen Moment des *Kubus* vielleicht nicht mehr als eine Parenthese, sondern als eine Faltung begreifen: als einen Moment, in dem mindestens zwei kontradiktorische Dinge aufeinandertreffen und sich kristallisieren, bevor sie sich wieder trennen. Als einen Moment, der der interessanteren, der reichhaltigeren Logik des »sowohl – als auch« gehorcht: Nicht als eine mehr oder minder fruchtlose Episode in der Geschichte eines Werkes, sondern als den facettenreichen Kristall, das Prisma des gesamten Lebens eines Künstlers, der unablässig sich selbst suchte – in diesem Moment vielleicht mehr als in irgendeinem anderen.

Die Seite der Zeichnung, die ihr Volumen sucht

Giacometti suchte bekanntlich mit der Zeichnung. Und von diesem »großartigen« Werkzeug, wie er selbst es nannte,[4] von diesem nie in Frage gestellten Instrument forderte er alles: »Konstruktion in den Massen, Klarheit der Zeichnung und logische Konstruktion bis in den letzten Quadratzentimeter. Linien oder Arabesken, Profile von Massen im Raum und Profile der Leerstellen, die sich aus der Konstruktion ergeben, und Fülle im Vergleich zu den gegenläufigen Linien ...«[5]

So hat er auch den Polyeder des *Kubus* als eine komplexe, ja erratische polygonale Struktur gezeichnet, bevor er ihn zu der unbezweifelbaren und definitiven Form aus Gips verdichtete. Und dies auf zwei augenscheinlich sehr verschiedene, tatsächlich aber eng zusammenhängende Weisen. Einerseits bot sich das Polygon ihm an als eine erste *Verkörperung* der zu zeichnenden Volumen, insbesondere der Köpfe: So sieht man ihn beispielsweise in einem Porträt Ottilias von 1922, vor allem aber in der gesamten, rigorosen und beharrlichen Serie der Selbstporträts aus den Jahren von 1922 bis 1940, in denen die Polygone sich zu internen Facetten zusammenfügen, in den stets unruhigen Annäherungen an eine Volumetrie des Gesichts.

Die Seite des Käfigs und des transparenten Kristalls

Andererseits erscheint derselbe Polyeder in einer Zeichnung von 1932, als Giacometti in einer Ansicht seines Ateliers unmittelbar neben der *Löffelfrau* ein polyedrisches Objekt plazierte, dessen Linien nicht die Kanten eines kompakten Körpers beschreiben, sondern eher die Stäbe oder Stangen eines Käfigs, in dem ein gequältes Exemplar des vitruvischen Menschen taumelt.

So drängt sich der Eindruck auf, bestärkt durch den Bezug zu anderen Arbeiten wie dem *Käfig,* dem *Palast um vier Uhr früh* oder der 1933 gezeichneten Illustration zu einem Text von René Crevel, daß Giacometti den *Kubus* bereits im vorhinein erträumte: als den transparenten Kristall und das subtile Gefängnis eines außer sich geratenen Körpers, der darin für alle Zeiten – und sei es virtuell – taumelt, stirbt und wieder in seine knöcherne oder fossile Existenz zurückkehrt, geworfen, zersplittert und eingeschlossen.

Die Seite der sich auflösenden Körper

Es scheint, als sei der Kristall – eine Geometrie aus lebendigen Linien, Architektur aus transparenten Flächen – für Giacometti nur denkbar in dem furchtbaren Kontrapunkt eines Körpers, der, in ihm selbst oder ihm gegenüber, sich zerreißt, zerfällt, sich auflöst. Dies zeigt sich in einer Zeichnung von 1935, in der dasselbe polyedrische Objekt *beinahe* in der einzigen Hand einer anthropomorphen Figur schwebt, deren Volumetrie jedoch überall mißhandelt ist, hier bis auf das weiße Papier abgeflacht, dort zu einem schwarzen Abgrund vertieft, zerrissen und zerstückelt. Und schon auf dem *Surrealistischen Tisch* von 1933 begegnete ein kleiner Polyeder dem »zölibatären« (mit einem Auge, einem halben Mund ausgestatteten) Kopf und jener abgetrennten Hand, die vergeblich versucht, irgend etwas zu fassen. Offensichtlich ist der *Kubus* in diesem Zusammenhang nicht weit von der Problematik entfernt, in der der *Unsichtbare Gegenstand* erdacht wurde.

Denn vielleicht gilt für jeden Kristall – für jede Geometrie, nach Giacomettis Ansicht – wie für jeden Körper, daß die Deutlichkeit und die Festigkeit seiner Kanten nur ein *Moment* des Kristalls sind, der sich in steter Gefahr der inneren Diffraktion befindet, und mehr noch, des Zerbrechens, des Zerplatzens, des Auseinanderfallens. Genau dies zeichnete der Künstler 1934 (in der Komposition für das Album Jakovski), kurz nachdem er seinen Polyeder zu einer Statue verdichtet hatte.

So begreifen wir, daß der *Kubus* nur eine Masse bildet, indem er eine *Leere* impliziert, die man übrigens hören kann, wenn man eine seiner Seiten mit dem Finger befragt, so wie man an eine unbekannte Türe klopfen würde. Doch erst im Modus der *sichtbaren Gegenüberstellung* wird diese Leere wirklich spürbar. Zunächst im Modus der Allegorie, in einer Zeichnung von 1933, der Giacometti den Titel *Mondgeschehen* gab: In ihr ist der Körper des Menschen tatsächlich zum »unsichtbaren Gegenstand« geworden, doch seine Abwesenheit ist transformiert in das Gegenüber einer *Maske* – der Leere par excellence, in Abwesenheit des Gesichts – und einer *Masse* – der Fülle auf den ersten Blick, doch einer unruhigen, beunruhigenden, vielleicht unechten Fülle eines Polyeders, der mit einemmal die Dimension des bloßen Objekts überschreitet und die fast schon anthropomorphe Statur einer Grabfigur angenommen hat.

Die Seite der unmöglichen Dimension

Dies ist also der *Kubus:* eine Masse, die uns abrupt gegenübersteht, in einer Weise, die sich von nun an auf keine sichtbare Allegorie mehr zurückführen läßt. Die uns gegenübersteht, uns *anblickt,* während sie zugleich ihre Blindheit zu erkennen gibt. Kompakt und blind, ungeachtet seiner kristallhaften Beschaffenheit: Darin liegt seine Magie, seine Kraft, sein Würfelwurf, mit dem er uns trifft oder nicht trifft, und folglich auch sein fragiles Gleichgewicht. Und darin, in dieser paradoxen Fähigkeit, uns anzusehen, ruht seine essentielle Anthropomorphie.

Die aber, ich wiederhole es, paradox ist. Das heißt, die seine anthropomorphen Bezüge übersteigt und transformiert. Es handelt sich hier um keine bloße »Stilisierung«: Mit seiner Höhe von vierundneunzig Zentimetern ist der *Kubus* weder einfach ein Objekt (er ist viel mehr) noch ein Monument (sondern viel weniger). Weder ein geschliffener Stein noch ein menschlicher Körper. Vielleicht ein phantasmatisches Zwischenstück, in der Gestalt eines beunruhigenden, unmütterlichen Monolithen. Bekanntlich kämpfte Giacometti sein ganzes Leben lang mit der Unmöglichkeit, die genaue *Dimension* dessen zu erfassen, was er zu sehen behauptete. Auch der *Kubus* ist von dieser fundamentalen Unsicherheit erfaßt – zunächst wurde er 1935 auf einen »zeremoniellen« Sockel gestellt, bevor er endgültig in die Position eines nackten, unmittelbar auf dem Boden stehenden Körpers zurückkehrte.

Die Seite der toten Köpfe

Doch was die Objekte und die Körper zu der Paradoxie einer unmöglichen Dimension zwingt, ist, will man Giacometti Glauben schenken, das Eintreten oder das Vorhandensein des Todes in ihnen. Der berühmte Text über den Tod von T. beschreibt die gespenstische Begegnung des Künstlers mit dem Körper eines Toten, der »überall«, der »grenzenlos geworden« war – während sein Kopf »wie ein beliebiger Gegenstand« schien, als Giacometti ihm, anstelle eines Totenkleids, eine Krawatte umband.[6] Lange später – als er selbst schon dem Sterben nah war – gestand der Künstler ein, daß das Wort *Tod* für ihn immer etwas »beinahe Abstraktes« gewesen war.[7]

Der *Kubus*, dieses Objekt ohne vertraute Größe, begegnet uns vielleicht als das Objekt eines latenten Todes. Abstrakt oder nicht – diese Frage stellt sich nicht mehr, da Giacometti selbst sie wiederholt verneinend beantwortet hat. Als James Lord ihn fragte, ob er jemals »eine wirklich abstrakte Skulptur« gemacht habe, antwortete der Künstler: »Niemals, mit Ausnahme des großen Kubus, den ich 1934 bildete und den ich eigentlich als einen Kopf ansah. Insofern habe ich niemals etwas wirklich Abstraktes gemacht.«[8]

Ausnahme *und* Nicht-Ausnahme, abstrakter Polyeder *und* Kopf von einer Dimension, die für einen Kopf unmöglich ist, zeigt der *Kubus* seine monolithische Fremdartigkeit, beunruhigt er allein durch seine Größe. Er ist *wie ein Kopf* konstruiert, doch in einer Subversion des Raumes – und der Bedeutung –, die die Dimension *eines Todes* unterstellt. Der Kopf eines Toten also – aber wessen? In einer Hinsicht drängt sich der formale Bezug zu Giacomettis *Kubistischem Kopf* auf, aufgrund der frappanten formalen Analogien (insbesondere wenn man letzteren von hinten betrachtet) und weil der Bezug zum Schädel als einem hohlen Kristall hier offensichtlich ist. Doch das ist nicht alles.

Die verlorene Seite, die Seite des Vaters

Das Gesicht, das für Giacometti 1933 mit einemmal verschwand, sich in einen Schädel in der Erde verwandelte, war das Gesicht seines Vaters. Sein Auge wachte nicht mehr über dem Werk des Sohnes und über dem Sohn selbst – jenes Auge, dem Giacometti das exklusive, fast heilige Privileg des Wissens über die wahren Dimensionen jeder dargestellten Figur zuerkannte.[9] Giovanni Giacometti starb im Juni 1933, gerade als Alberto in Paris bei Pierre Colle seinen spektakulären *Surrealistischen Tisch* ausstellte.

Dennoch wäre die chronologische Koinzidenz von geringem Gewicht, wenn der Vater des Künstlers nicht zugleich als das Objekt einer unablässigen Arbeit der Figuration *und der Defiguration* in Erscheinung getreten wäre – später fiel diese Rolle dem Bruder zu –, die nicht ohne Bezug zu der spezifischen Arbeit ist, die Giacometti im *Kubus* ausführte. Es dürfte genügen, auf die polyedrische Gestaltung der Masse des in weißen Marmor gehauenen Kopfes von 1927 zu verweisen, oder auf die merkwürdige Zurückhaltung, die ihn im selben Jahr dazu führte, einen *Kopf des Vaters* flach *abzuschneiden*, ihn auf die Existenz einer *Fläche* oder einer Facette zu reduzieren, in die mit tiefen Rillen eine Zeichnung eingraviert ist.

Die Seite der Undurchsichtigkeit und des blinden Kristalls

Doch das verschwundene Gesicht des Vaters hörte nicht auf, aus der Tiefe seiner Totenunähnlichkeit Giacometti *anzusehen*. Der *Kubus* läßt sich daher auch als der Kristall dieser Abwesenheit und Undurchsichtigkeit begreifen, und seine Geometrie bildet den *Ort,* der sich dem Künstler aufdrängte, um – irgendwann einmal – das Gesicht des Abwesenden aufzunehmen.

Die Seite des Schattens und der Erwartung

Es konnte vorkommen, daß Giacometti in einem Gesicht zugleich einen »facettenreichen Kristall, scharf, gewaltgeladen, straff, wuchtig« (was im übrigen auch eine Beschreibung des *Kubus* sein könnte) und eine Neigung zum Ungleichgewicht, zum Schmerz, zum »Abgrund« sah.[10] In seiner Ausführung in Bronze zeigt der *Kubus* uns vielleicht die Unruhe einer ähnlichen Paradoxie: ein flächenhafter oder massiver Schatten, der uns mit seiner ungewöhnlichen Statur auf Distanz hält. Ein »nächtlicher Pavillon«, zu ruhig, um nicht von einer »dunklen Katastrophe erschüttert« zu werden. Tatsächlich empfand Giacometti die nächtliche Ruhe als ein furchtbares »Nichts«, »schlimmer«, ja als »entsetzlich«.[11]

Möglicherweise hält der *Kubus* uns ebenso auf Distanz, wie er seinen Urheber verwirrte, ihn erstarren ließ in der Erwartung – zwischen Trauer und Wunsch –, zu erfahren, wie er, wieder einmal, den Raum neu erfinden müsse.

Die Seite der Melancholie

Und vielleicht sollten wir die erstarrte Gewalt eines solchen Wartens *Melancholie* nennen: weil die Trauer um den Vater eine Bresche öffnete, durch die Giacometti Gefahr lief, sich selbst als Künstler zu betrauern.

Man weiß, daß Giacometti 1933 unter dem Eindruck von Dürers *Melencholia* begann, seinen im Werden begriffenen Polyeder in einer Richtung zu entwickeln, die durch den Tod des Vaters nur beschleunigt und verfestigt werden konnte. Dürers Gestalt mit der *facies nigra* sitzt versunken vor einem geometrischen Objekt, an dessen Stelle der Ikonograph eher einen Schädel erwarten würde. Wenn man jedoch die Seite, die der grübelnden Gestalt zugewandt ist, genauer betrachtet, wird man feststellen, daß sich auf ihr, im Unterschied zu den anderen Seiten, in der Punktierung eine Form abzeichnet – eine Form, die so undeutlich ist (wie ein Kaffeesatz), daß sich nur zögerlich die Idee eines Gesichts, eines Phantoms oder eines Schädels aufdrängt.

Die Seite der Zeichnung, die sich einzugravieren sucht

Um 1938, vielleicht etwas später, wählte Giacometti die obere Seite des *Kubus*, um auf dieser Gipsfläche sein Selbstporträt zu zeichnen – genauer gesagt: um es in sie einzuschneiden, einzugravieren. Wie in fast allen seinen Selbstporträts (aber auch wie bei dem wirklichen Kopf des toten T.) band er der skizzierten Büste sorgfältig eine Krawatte um. Weiter unten zeichnete er noch einmal den *Kubus* selbst, als sei das unpersönliche Objekt in der Lage, sein eigenes Selbstbildnis hervorzubringen.

Hierin zeigt sich die paradoxe Spannung, die diese Skulptur nicht zur Ruhe kommen läßt: zwischen einem rein geometrischen *Ort* und einem stets unruhigen, stets problematischen *Porträt*. Unruhig und problematisch, weil es seinerseits der genealogischen Spannung zwischen einem Vater und einem Sohn unterworfen ist, zwischen einem allzu abwesenden Gesicht und dem Gesicht, das, aus dieser Abwesenheit geboren, zurückbleibt. Wie man weiß, wollte Giacometti in demselben Alter sterben – und starb tatsächlich im selben Alter – wie sein Vater. Als hätte er bis zum Ende seine eigene Größe oder Kleinheit stets an der Dimension des Vaters gemessen.

Die Seite, um mit dem Objekt abzuschließen

Man könnte sich vorstellen, daß Giacometti meinte, nachdem das Selbstporträt eingraviert war, mit dem *Kubus* »abgeschlossen« zu haben, so wie er es gelegentlich von anderen Skulpturen sagte.[12] Er stellte ihn in seinem Atelier zurück hinter eine Reihe anderer Gipsfiguren, wie eine Spur unter vielen von all den heimlichen Versuchen, die er für *fehlgeschlagen* und vom Fehlschlag gezeichnet hielt.[13]

Doch in der Zwischenzeit hatte eine Form sich fixiert. Fixiert durch eine Arbeit, die Giacometti mit der Traumarbeit verglich – eine Transformation, eine Übertragung, eine unablässige Verschiebung, eine Verdichtung (oder Kristallisierung), eine Art »Synthese«, wie er selbst sagte,[14] die jedes Bild zu einem *dialektischen Bild* macht – in der Spannung zwischen einem *Ja* und einem *Nein*, zwischen der Affirmation und der Negation einer Form, deren Vergänglichkeit (die Giacometti widerrief, indem er den Bronzeguß erlaubte) hier nur das Symptom eines heftigen Wunsches ist, zu vergessen.

Die begrabene Seite

Was zu vergessen? Vielleicht: daß er beim Tod des Vaters in eine solche Niedergeschlagenheit und kataleptische Erstarrung verfallen war, daß er nicht zu seinem Begräbnis gehen konnte. Während das geliebte Gesicht unter der Erde verschwand, wurde er selbst zur Statue.

Was jedoch, im *Kubus* wie in anderen Objekten Giacomettis, souverän hervortritt, ist das, was Jean Genet in wenige Worte faßte – daß seine Statuen stets »bei einem Toten wachen«.[15] Vielleicht wurde der *Kubus* zwischen 1933 und 1934 in besonderem Maße zu einem Objekt der Trauer. Genet erzählt auch, daß Giacometti davon träumte, einmal eine Skulptur zu begraben.[16] Vielleicht träumte er insbesondere von dem *Kubus,* nachdem er im Sommer 1934 seinem Vater einen Grabstein von gleicher Größe gesetzt hatte.

(1991)

1 Alberto Giacometti, »Warum ich Bildhauer bin«. Gespräch mit André Parinaud (1962), in: ders., *Gestern, Flugsand. Schriften,* Zürich 1999, S. 266.
2 Vgl. zum Beispiel Jacques Dupin, *Alberto Giacometti,* Paris 1963, S. 43; Reinhold Hohl, *Alberto Giacometti,* Stuttgart 1971, S. 106–107; Valerie J. Fletcher (Hrsg.), *Alberto Giacometti, 1901–1966,* Washington 1988, S. 108.
3 Vgl. Michael F. Brenson, *The Early Work of Alberto Giacometti: 1925–1935,* Diss., Baltimore 1974, S. 176–178 u. 199–200.
4 Alberto Giacometti, »Mein langer Weg«. Gespräch mit Pierre Schneider (1961), in: *Gestern, Flugsand. Schriften,* S. 257.
5 Alberto Giacometti, »Wie man eine Figur macht« (1924), in: *Gestern, Flugsand. Schriften,* S. 148.
6 Alberto Giacometti, »Der Traum, das Sphinx und der Tod von T.« (1946), in: *Gestern, Flugsand. Schriften,* S. 54–55.
7 Alberto Giacometti, *Écrits,* Paris 1990, S. 99.
8 James Lord, *Alberto Giacometti. Ein Portrait,* Berlin 1984, S. 106. In seiner großen Werkbiographie spricht Yves Bonnefoy von der gegenläufigen Bewegung eines »inneren Widerstands« gegen jede Form der Mimesis und einer unablässigen Verschiebung der Abstraktion auf etwas *anderes* hin: »Die Form kann bei Alberto nicht lange abstrakt bleiben, sosehr er sich das zeitweise auch wünschen mochte. Umgehend muß sie wieder zu Leben werden, und das bedeutet um 1934: zu Todesbesessenheit.« Yves Bonnefoy, *Alberto Giacometti. Eine Biographie seines Werkes,* Bern 1992, S. 214.
9 Vgl. David Sylvester, »Aus Gesprächen mit Alberto Giacometti« (1971), in: Alberto Giacometti, *Gestern, Flugsand. Schriften,* S. 283.
10 Alberto Giacometti, »Facettenreicher Kristall« (um 1959), in: *Gestern, Flugsand. Schriften,* S. 205.
11 Alberto Giacometti, »Ich habe keine Angst mehr« (Sommer 1933), in: *Gestern, Flugsand. Schriften,* S. 175.
12 Alberto Giacometti, »Zu der Plastik ›Das Bein‹« (1960), in: *Gestern, Flugsand. Schriften,* S. 126.

13 Alberto Giacometti, »Fragen« (um 1932), in: *Gestern, Flugsand. Schriften*, S. 160. Vgl. auch den berühmten Text von 1933, ebd., S. 42: »Ich kann *nur indirekt* von meinen Plastiken sprechen und hoffen, daß zumindest teilweise verständlich wird, was ihre Entstehung bewirkt hat. [...] Oft kommt es vor, daß ich, nachdem das Objekt fertig konstruiert ist, darin bestimmte Bilder, Eindrücke oder Ereignisse verändert oder verschoben wiederentdecke, die mich (oft ohne mein Wissen) tief berührt haben, Formen, bei denen ich spüre, daß sie mir sehr nahe sind, obwohl ich häufig unfähig bin, sie einzuordnen, weshalb sie mich immer stärker verwirren.«

14 Vgl. Alberto Giacometti, »Kritik« (um 1933/34), »o, a, ua, wo nee« (um 1934), »Formgefühl« (um 1934), »Schaffung einer Synthese« (1935), alle in: *Gestern, Flugsand. Schriften*, S. 178, 184, 187–190.

15 Jean Genet, *Alberto Giacometti*, Zürich 1962, S. 54.

16 Ebd., S. 24.

20

DER ORT TROTZ ALLEM

Die Rückkehr an den Ort

Die Geschichte des Kinos ist voll von allen *möglichen Orten*. Erfundene oder wiedererfundene, wirklichkeitsgetreu rekonstruierte oder verklärte Orte, die sich einprägen, die jedem Film ihren Stempel aufdrücken und unserer Erinnerung einen festen Rahmen bieten. Nennen wir das die Magie des Ortes. Denken wir an die gewaltigen babylonischen Mauern von *Intolerance,* an die schiefen Dächer von *Das Cabinet des Doktor Caligari,* an die unterirdischen Fluchten von *Metropolis,* an die Wolkenkratzer von *King Kong,* an das Spiegellabyrinth von *Die Lady von Shanghai,* an den bedrückenden Palast von *Iwan der Schreckliche* oder an den schwarzen Monolithen von *2001* ... Selbst die sogenannten »natürlichen Kulissen« – die Monumentalporträts vom Mount Rushmore in *Der unsichtbare Dritte* oder die Straßen von Rom in Fellinis *Roma* – werden in den großen Filmen zum Faszinosum eines *dramatisierten Ortes,* empfangen diese Magie, öffnen sich der gesamten Spannbreite des Möglichen, das heißt: der scheinbar grenzenlosen, schillernden, überschwenglichen Macht der Imagination. In diesem Sinne bietet das Kino uns so etwas wie ein immerwährendes Fest der möglichen Räume.

Doch ich muß, da hier vom Ort – und von einigem anderen – die Rede sein soll, auf eine andere Art von Unvergeßlichem zurückkommen, eine, an der man schwerer zu tragen hat. Die vor gut zwanzig Jahren einen Mann dazu brachte, einen Film zu beginnen, begründet durch die Ablehnung oder vielmehr die vitale Unmöglichkeit dieser schillernden Spielregel der kinematographischen Inszenierung. Seine Ablehnung der »Kulissen« und ihrer Magie – kurz gesagt: des von der Handlung durchwirkten Ortes –

hatte ihren Grund nicht in einer ästhetischen Entscheidung, wie Jean-Marie Straub sie getroffen haben könnte, sondern in einer ethischen Notwendigkeit, die seinem Vorhaben inhärent war,[1] jener Wahrheit inhärent, der er sich mehr als allem anderen verpflichtet fühlte. Selbstverständlich hätte er auch etwas anderes als einen Film machen können, um dem Drängen dieser Wahrheit nachzukommen. Und das Filmemachen war nicht unbedingt sein Beruf. Aber der Film war ihm eine unentbehrlich notwendige *Zuflucht,* ein wenig wie für Robert Antelme, dessen Beruf das Schreiben nie gewesen war, es eines Tages eine unentbehrlich notwendige Zuflucht wurde, ein Buch zu schreiben.[2] Der Film bedeutete für diesen Mann also eine Zuflucht, und zugleich eine Verpflichtung – alles andere als ein Fest –, er war der notwendige Weg, um *reale unmögliche Orte,* menschlich und ethisch unmögliche Orte visuell zu verarbeiten, sie als Kulissen zu behandeln oder in solche zu verwandeln.

Diese Orte sind die Lager, die Todeslager. Doch in welcher Weise – in welcher radikalen Weise – sind die Lager für uns »Orte«? Zu welchem Nachdenken über den Ort und zu welcher Visualität des Ortes verpflichten sie uns? Auf diese Frage – und viele andere – mußte Claude Lanzmann über die gesamte Länge seines Films *Shoah* eine Antwort geben, eine filmische Antwort, die bis heute bewundernswert und in ihrem Genre absolut unübertrefflich ist. Was konnte er also mit diesen Orten tun – den Orten der Vernichtung, die nach dem Krieg zum größten Teil zerstört worden sind –, wie konnte er filmisch mit ihnen umgehen? Während der elf Jahre, die die Arbeit an diesem heimatlosen Film dauerte, stand er immer wieder vor der Frage: Wozu *an den Ort zurückkehren?* Paula Biren, eine Überlebende von Auschwitz, die Lanzmann eigens in Cincinnati aufsuchte, um sie zu befragen, sagte ihm:

> »Aber was würde ich sehen?
> Wie soll ich damit fertig werden?
> Wie kann ich dahin zurückkehren, einen Besuch machen?«[3]

Und sie sagt auch, daß der Friedhof in Lodz, wo ihre Großeltern begraben liegen, zerstört und eingeebnet werden soll, daß also ihre Toten aus den Vorkriegsjahren, die dort noch »lokalisierbar« waren, es bald nicht mehr sein würden. Lanzmann, der diese Worte filmte, stellt sie mit einem harten Schnitt der abgründig brutalen Feststellung einer Einwohnerin von Auschwitz gegenüber, Frau Pietyra, die erklärt, weshalb der jüdische Friedhof ihrer Stadt »geschlossen« ist: »Es wird niemand mehr dort begraben.«[4] Wozu also an diesen Ort zurückkehren? Was kann ein solcher Ort uns in einem Film »sagen«, wenn dort *nichts mehr zu sehen ist*? Für Lanzmann, der 1978 dorthin reiste, war Polen und war die gesamte Geographie der Lager anfangs »der Ort des Imaginären schlechthin«[5] gewesen. Seine Suche glich ein wenig der Art, wie Kinder an einen Ort zurückkehren, weil sie unbedingt sehen wollen, wo sie geboren wurden, selbst wenn es dieses *Wo* nicht mehr gibt, wenn es völlig entstellt ist, wenn an seiner Stelle eine Autobahn oder ein Supermarkt gebaut wurde. Doch Lanzmanns Suche galt einem ganz anderen Ziel: Er kehrte an diese Orte zurück, weil er unbedingt sehen wollte – und andere sehen lassen wollte –, wo es war, daß Millionen von seinesgleichen vernichtet worden waren von anderen ihresgleichen.

Doch diese *Rückkehr trotz allem,* trotz des Umstands, daß dort nichts mehr ist, es nichts mehr zu sehen gibt, diese gefilmte und filmende Rückkehr (und Zuflucht) eröffnet uns einen Zugang zu der Brutalität dessen, was ich *den Ort trotz allem* nennen möchte, auch wenn Lanzmann selbst einmal für all dies nur das Wort »Nicht-Ort« fand.[6] Warum sind diese Orte der Vernichtung »der Ort trotz allem«, der Ort schlechthin, der absolute Ort? Weil Lanzmann – der diesen Film nach kompromißlosen Regeln drehte, die eine eingehendere Analyse verdienten –, hier eine furchtbare Beständigkeit dieser Orte entdeckt, die weit über jenes »Imaginäre schlechthin« hinausgeht, das er anfangs im Kopf hatte. Nämlich die Beständigkeit dessen, das, obwohl es zerstört oder entstellt ist, sich dennoch *nicht verändert hat:* »Der Schock rührt nicht nur daher, daß man den schon zur Legende gewordenen Namen – Belzec, Sobibor, Chelmno, Treblinka, und so weiter – nun eine präzise geographische und sogar topographische Realität zuweisen kann, sondern auch und vor allem von der Beobachtung, daß nichts sich verändert hat ...«[7]

Das Wesentliche liegt in dem Umstand, daß Lanzmann nicht davor zurückscheute, genau dies zu filmen: daß nichts sich verändert hat. Das Wesentliche liegt in dem Umstand, daß Lanzmann die passende *Form* gefunden hat, damit diese Beständigkeit, diese Paradoxie sichtbar wird und damit umgekehrt die Paradoxie uns unmittelbar und dauerhaft anschaut: In seinem Film bewahren die zerstörten Orte trotz allem das unzerstörbare Gedächtnis der dort begangenen Vernichtung, deren Ort sie durch die historischen Ereignisse geworden sind und deren Ort sie durch diesen Film für immer bleiben werden. So wie das Eisenbahngleis, wie das Schild, das dem Reisenden mitteilt, daß er nach Treblinka gekommen ist, noch immer *da ist*. Treblinka ist noch immer *da*. Und das heißt, daß die Zerstörung noch immer da ist, oder vielmehr – das ist es, was der Film bewirkt – daß sie *hier* ist, für immer hier, so nahe, daß sie uns berührt, uns in unserem Inneren anschaut, obwohl der Ort selbst sich dem Anschein nach als reine »Äußerlichkeit« darstellt.

Daher ist die Askese, in der Lanzmanns Film diese Orte zeigt, nicht im mindesten imaginär, metaphorisch oder idealistisch.[8] Er erforscht nicht das Wesen eines Ortes, wie Platon es im *Timaios* versuchte – wo der Philosoph bekanntlich aus dem »reinen« Ort letztlich so etwas wie eine Traumerscheinung machte: »die Gattung des Raumes, [...] welche [...] selbst aber, den Sinnen unzugänglich, auch vom Geiste nur sozusagen durch einen Bastardschluß erfaßt und kaum zuverlässig bestimmt wird, die, welche wir auch im Auge haben, wenn wir träumen [...].«[9] Was Lanzmann hier sucht, ist gerade das Gegenteil dessen: Diese Orte sind nicht »rein«, ganz einfach weil die Geschichte schon Sorge dafür getragen hat, sie zu entstellen oder zerstören; sie geben sich nicht durch einen »Bastardschluß«

zu erkennen, sondern durch eine unmittelbare Evidenz, die die Sinneswahrnehmung nicht ausschließt, sondern sie im Gegenteil einfordert, nämlich die Wahrnehmung einer gleichzeitigen Ferne und Nähe, das gemischte Gefühl von Fremdheit und – was es uns noch unheimlicher macht – Vertrautheit; schließlich sind diese Orte auch keineswegs »imaginär« oder traumähnlich, sondern höchst manifest als das immer einzigartige (nie verallgemeinerbare) und immer unbedingte (nie relativierbare) Dokument des Aufeinandertreffens von einer Vergangenheit der Vernichtung und einer Gegenwart, in der diese Vernichtung zwar entstellt ist, sich jedoch »nicht verändert hat«. Niemand oder beinahe niemand ist mehr da, heißt es, nichts oder beinahe nichts ist mehr geblieben, und trotzdem zeigt uns der Film in den unscheinbaren Resten, wie sehr *alles hier, vor unseren Augen, bleibt*. Lanzmanns Leistung liegt darin, daß es ihm gelungen ist, mit visuellen und rhythmischen Mitteln dieses *Hier-vor-uns* unwiderleglich zu manifestieren.

Das Schweigen des Ortes

»Ich habe die Steine gefilmt wie ein Verrückter«, sagte Lanzmann ein anderes Mal.[10] Im Ohr des Zuschauers seines Films, der den Kinosaal erschüttert von all den Worten, all den Berichten, all den Gesichtern verläßt, muß dieser Satz einen merkwürdigen Nachklang haben. Vielleicht muß man ihn im Hinblick auf jene größte Schwierigkeit verstehen, die sich dem Film *Shoah* von Anfang an stellte. Es handelte sich darum, in diesem Film eine radikale Erinnerung zu erzeugen, statt jeden erzählen zu lassen, was sein Gedächtnis bereitwillig hergibt. Es handelte sich darum, die Überlebenden dieser Vernichtung – überlebende Opfer, noch lebende Henker –, noch bevor der Film ihnen Gehör verschafft, zum Sprechen zu bringen, mit einer solchen Präzision, daß das Hervorbringen ihrer Worte vor dem Auge der Kamera fast dem Versuch – der unsinnigen, aber notwendigen Gewalt, der *fürsorglichen* Gewalt – gleichkam, die Steine zum Sprechen zu bringen. Jeder in diesem Film sieht sich von dem kategorischen Imperativ des Films gezwungen, etwas zu sagen, das auszusprechen jedesmal an eine Brisur, einen prinzipiellen Bruch – Wunder, Symptom, Lapsus, Zusammenbruch oder Verwerfung – grenzt, weil jeder in diesem Film, aus jedesmal anders gearteten Gründen, sich als Überlebender wie ein Verrückter vorkommt – oder wie ein Stein.[11] Verrückt vor Schmerz, oder eingeschlossen in seiner eigenen Geschichte wie ein Stein im Bett seines eigenen Flusses.

Lanzmann hat also versucht, Steine zu öffnen, und das Medium des Films bot sich dafür an. Doch er mußte dafür an den Ort zurückgehen, zu dem *Schweigen des Ortes,* und mit filmischen Mitteln die Visualität dieses Schweigens konstruieren, damit der Ort seine Wahrheit aussprechen kann. So war es zum Beispiel mit Simon Srebnik, einem der zwei Überlebenden von Chelmno, mit dem der Film beginnt. Lanzmann hat das Problem anschaulich beschrieben: Was Srebnik erzählen konnte, war zunächst *nichts,* nur sinnloses Durcheinander, Unfähigkeit zu sprechen, versteinertes Schweigen. »Zunächst war da die Schwierigkeit, sie zum Sprechen zu bringen. Nicht daß sie sich weigerten zu sprechen. Manche sind verrückt und unfähig, irgend etwas zurückzuhalten. Aber sie hatten so extreme Erfahrungen gemacht, daß sie sie nicht mehr kommunizieren konnten. Bei meinem ersten Zusammentreffen mit Srebnik, dem Überlebenden von Chelmno (der damals dreizehn Jahre alt gewesen war, das waren sehr junge Leute) gab er mir einen Bericht, der so ungeheuer durcheinander war, daß ich kein Wort verstand. Er hatte dermaßen in diesem Schrecken gelebt, daß er davon innerlich zerstört war. Ich konnte mich da nur allmählich herantasten. Ich bin an den Ort hingefahren, alleine, und mir wurde klar, daß man die Sachen miteinander kombinieren mußte. Man muß wissen und sehen, sehen und wissen, das war unauflöslich miteinander verknüpft. [...] Daher ist das Problem der Orte von kapitaler Bedeutung.[12]

Lanzmann erkannte, daß angesichts der Unmöglichkeit, einen normal vorgetragenen Bericht zu bekommen, die *Frage des Ortes* – des Ortes als interrogativer Schauplatz der Gespräche, als ständige Bedingung des Sprechens und als eine Frage, die in all den Gesprächen in diesem Film immer wieder gestellt, immer wieder präzisiert wird, das heißt also: des Ortes als zentrales Element alles Gesagten –, daß es diese Frage war, die der Film als erste in Angriff nehmen, analysieren und bis an die Grenze des Unmöglichen entwickeln mußte. Es genügt, sich die ersten Minuten von *Shoah* ins Gedächtnis zu rufen, um ein wenig von dem Anspruch, der Logik und der Ästhetik dieser immensen filmischen Konstruktion zu begreifen.

Am Anfang, erinnern wir uns, steht ein *geschriebenes Wort:* der Titel des Films, *Shoah,* dieses fremde Wort, das nicht übersetzt wird und von dem das im selben Bild eingeblendete Motto nur eines verrät – daß es ein unvergänglicher Name ist, denn unvergänglich ist in uns die Vernichtung der Menschen.[13] Stumm steht dieses Wort da, stumm läuft der Vorspann ab, stumm auch der unmittelbar darauf abrollende Text: der nüchterne Bericht von einem Ort namens Chelmno, »der Ort in Polen, an dem die ersten Juden durch Gas umgebracht wurden.« »Von den 400.000 Männern, Frauen und Kindern, die an diesen Ort kamen«, fährt der stumme Bericht fort, »haben zwei überlebt.« Der erste ist Simon Srebnik, dessen Geschichte uns in wenigen Worten vorgestellt wird: sein Vater im Ghetto von Lodz vor seinen Augen erschossen, seine Mutter in einem der Wagen von Chelmno vergast, er selbst, ein Kind von dreizehn Jahren, dem »Arbeitskommando« des Lagers zugeteilt und ebenso wie die anderen dem Tod geweiht. Doch der Text berichtet uns von seinem merkwürdigen Schicksal, daß er »länger als die anderen verschont wurde« dank seiner Stimme, der melodischen Stimme eines unschuldigen Knaben. »Mehrmals in der Woche, wenn die Kaninchen im Hühnerhof der SS gefüttert werden mußten, fuhr Simon Srebnik, von einer Wache beaufsichtigt, den Ner hinauf, auf einem flachen Boot, bis ans Dorfende, zu den Kleewiesen. Er sang polnische Volkslieder, und die Wache brachte ihm im Austausch preußische Soldatenlieder bei. Jeder in Chelmno kannte ihn.« Im Januar 1945, unmittelbar vor dem Eintreffen der sowjetischen Truppen, wurde Simon Srebnik ebenso wie die übrigen »Arbeitsjuden« mit einem Genickschuß exekutiert. Doch »die Kugel ging an den vitalen Zentren vorbei«, und er überlebte.[14]

Schweigend wird uns also dieses furchtbare Fragment der Geschichte präsentiert, das so seltsam und wunderbar endet wie ein orientalisches Märchen. Lanzmann hat von Srebnik nicht verlangt, diese Geschichte selbst zu erzählen (wie andere Dokumentarfilmer es mit Sicherheit getan hätten). Gewiß, die Geschichte wird uns mitgeteilt, aber sie bleibt in Srebnik, sie bleibt seine, sein unberührbarer Stein der Kindheit und des Schweigens. Lanzmann wollte nur eines, das Radikale: nicht daß Srebnik *erzählt,* sondern daß er *zurückkehrt.* Daß er mit ihm an den Ort zurückkehrt, und zuvor an den Fluß, wo er damals sang, wo er sich nun erinnert und für immer – für einen Film der unauslöschlichen Erinnerung – seinen Scheherazade-Gesang wiederholt, der auch ein Fragment der Menschheitsgeschichte ist. Das erste *Bild* des Films ist also, zwischen Allegorie und Wahrheit, zwischen Vergangenheit und Gegenwart, das Bild eines Menschen, der leise (zunächst unhörbar leise) singt, auf einem flachen Kahn, der über den Fluß gleitet. Das erste Bild des Films ist das eines *fernen Gesangs,* eines in Raum und Zeit fernen Gesangs, der sich von der Kamera entfernt, uns aber näherkommt, über das Wasser entgegengleitet, während eine polnische Stimme – ein Bauer aus Chelmno – sagt, daß er sich erinnert.

Dann sind wir am Rand des Ortes: zunächst *ein geschlossenes Gesicht,* das Gesicht Simon Srebniks, der zaghaft, zu neutral, ein wenig hüstelnd, nicht wissend, wo er hinsehen soll an diesem zerstörten Ort seiner eigenen Vernichtung, am Waldsaum entlanggeht. Er hält an, schaut sich noch einmal um und sagt dann, auf Deutsch – die schwerste Wahl, um diese Worte auszusprechen –, die ersten Sätze dessen, was im Verlauf des gesamten Films zu einer Art unendlichem Dialog mit der Realität der Vernichtung werden wird:

> »Es ist schwer zu erkennen, aber das war hier.
> Ja. Da waren gebrennt Leute.
> Viel Leute waren hier verbrannt.
> Ja, das ist das Platz.«[15]

Welcher Platz, welcher Ort? Ein *offener Raum* (Abb. 33), absolut leer, nur durch die vom Gras überwachsenen Umrisse einer Grundmauer markiert, die die Kamera mit einem langsamen Panoramaschwenk einfängt. Vor dem Anblick dieses Ortes fährt Srebniks Stimme fort, obgleich von nun an jeder Satz klingt, als sei es unmöglich, mehr darüber zu sagen:

> »Wer hier hereingekommen, zurück hat er
> schon keinen Weg mehr gehabt.«[16]

Dies ist also der Ort von *Shoah*, der Ort – für uns, heute – der Shoah: die unumgängliche Erforschung dieser »Leere« in ihren unveräußerlichen Spuren, die unumgängliche Suche nach diesem »Niemand« in seinen unzähligen Schicksalen, die unumgängliche Befragung dieses »Nie« in dem, was es für alle Zeiten lehrt. Lanzmann mußte dafür zunächst »an die Orte zurückkehren, alleine«, wie er selbst sagt. Dann mußte er noch einmal an die Orte zurückkehren, um diesmal von den Überlebenden – die er überall gesucht hatte – den einzigen Beweis zu verlangen, den das, was sie erlebt hatten, noch erforderte, nämlich sich dorthin zurückversetzen zu lassen, und sei es nur, indem sie zu einem Ort sagen: »*Ja, das ist der Platz.*« Lanzmann begleitet Simon hinaus auf das offene Feld, das unverändert gebliebene Feld des verschwundenen Lagers, in dem so viele verschwunden sind. Dann läßt er Simon an diesem Ort stehen, nimmt die Kamera zurück und überläßt es seiner Stimme, der melancholischen und verwunderten Stimme, die aus nächster Nähe und fast von innen kommt, dies auszusprechen: Daß die Stille von heute (die »Ruhe« der sichtbaren Landschaft) von gleicher Art ist wie die Stille von gestern (die unvorstellbare »Ruhe« der Toten).

Abb. 33: Claude Lanzmann, aus dem Film *Shoah* (1985).

»Ich glaube nicht, daß ich da hier ...
Das kann ich nicht glauben, daß ich bin hier
noch einmal.
Das war immer so ruhig hier, immer.
Wenn die haben da jeden Tag verbrannt
zweitausend Leute, Juden,
es war auch so ruhig.
Niemand hat geschrien. Jeder hat seine
Arbeit gemacht.
Es war still. Ruhig.
So wie jetzt, so war es.«[17]

Das ist der Ort von *Shoah:* Seine Stille, die nichts unternimmt, um ein Ereignis ohne Zeugen sichtbar zu machen, die nur ein Gespräch mit den Zeugen beginnt, die selbst die Stille und das Schweigen in sich tragen,[18] diese *gezeigte Stille* – die auch eine *montierte Stille* ist, das heißt, in eine bestimmte Form gebracht, konstruiert –, sie ermöglicht es dem Ort, uns anzuschauen und uns das Wesentliche gewissermaßen zu »sagen«. Darum ist die Stille für jeden in diesem Film (egal ob er vor oder hinter der Kamera steht, auf der Leinwand erscheint oder im Saal sitzt, die projizierten Bilder von seinesgleichen vor Augen) so schwer zu ertragen: weil auf dieser Stille *das Unvorstellbare lastet*. Dafür hat der Film beharrlich, buchstäblich, mit visuellen Mitteln diese furchtbare Last angehäuft, die in den Gesprächen immer wieder anklingt: flachgedrückte Körper, die zerfallen, wenn man sie anrührt, wie »Lappen«, zerrieben, »weggeschwommen mit dem Fluß«, »aufeinandergeschichtet«, an der Rampe, »gefallen« wie leblose Dinge, überstreut mit blauvioletten Kristallen, entstellt, eingeäschert oder zusammengepreßt wie Basalt, und so weiter.[19] In *Shoah*, so könnte man sagen, *bewahrt* die gefilmte Stille der Gesichter und der Orte die Vernichtung der menschlichen Körper in sich, übermittelt sie und beschützt sie zugleich. Das heißt, sie schließt sie in sich ein – doch zugleich, weil *Shoah* ein Film des Wissens ist, nicht der journalistischen Neugier und noch weniger einer empathischen Dramatisierung, erklärt er sie, entfaltet sie, macht sie in seiner einzigartig minutiösen und erschütternden Form offenbar. Seine Form? Ich meine seine besondere Beschaffenheit als Film. Seine filmische Qualität als Zuflucht vor der Unmöglichkeit, »normal« eine Geschichte zu erzählen, seine filmische Qualität als visuelle und rhythmische Zuflucht vor der Paradoxie des Ortes und des realen Todes: Alles ist vernichtet, nichts hat sich verändert.

Die Gegenwart des Ortes

Das ist der Ort von *Shoah,* sein unendliches Spiel der Querverweise (denn jeder einzigartige Ort, ganz gleich wie verschlossen er ist, erweckt die Erinnerung an alle anderen), seine unendliche Paradoxie, seine unendliche Grausamkeit, die permanent offengelegt wird in den Fragen, den Berichten und den Bildern, die der Film unablässig entrollt. Da ist zum Beispiel der »Charme« der Wälder von

Sobibor, in denen, wie ein Pole erzählt, »immer noch gejagt« wird.[20] Da ist die unsichtbare Grenze zwischen dem *Lager,* wo Menschen zu Tausenden sterben, und dem *Feld,* wo andere Menschen weiterhin den Acker bebauen, weil es nötig ist und auch weil »man sich an alles gewöhnt.«[21] Da sind Lanzmanns beharrliche, unerträgliche, unvermeidliche Fragen nach dem *Umfang* und den *Grenzen* der Lager, nach der Größe der Gaswagen und Gaskammern, nach der Enge der Auskleideräume, nach den möglichst präzise bezifferten Flächen, die für die Vernichtung der Menschen benötigt wurden, nach der Topographie und der Art des Sands auf dem »Sortierungsplatz« von Treblinka, der »Rampe« von Auschwitz oder dem getarnten, »Schlauch« genannten Gang, der in den Tod führte, nach der Organisation der Eisenbahntransporte oder der Kollaboration von Industriekonzernen – Krupp, Siemens – mit den Todesfabriken.[22]

Und dann sind da die Grausamkeiten des Ortes, die die Zeugen und die Funktionäre der Vernichtung mehr oder minder spontan fallen lassen: wie zum Beispiel die Geste – mit dem Finger über den Hals –, die ein Pole wiederholt, als Lanzmann ihn in die damalige Situation zurückversetzt. Oder wie die Äußerungen, die eine *Erinnerung des Ortes* hervorbringt, die sich leichter erwecken und leichter aussprechen läßt als die Erinnerung an die Bestimmung des Ortes: »Man begriff, daß die Deutschen nicht gerade etwas Menschenfreundliches bauten.« Oder in den Worten von Franz Suchomel: »Das hat so gestunken, daß man es kilometerweit ... Überall. Je nachdem, wie der Wind ging, so war der Gestank.« Oder in den Worten von Franz Grassler, dem Assessor des Nazikommissars des Warschauer Ghettos: »Ich kann mich besser erinnern an meine Bergtouren vor dem Krieg.«[23]

Auch diese Grausamkeiten haben sich nicht verändert. Sie bestehen fort, so wie das leere Feld von Chelmno, wie die Umrisse der Grundmauern scheinen sie in diesen Worten durch, trotz aller Versuche, sie zu unterdrücken oder in dem Willen zum Vergessen verschwinden zu lassen. Die unvergeßlichen *Namen der Orte*, die in den Antworten auf Lanzmanns Fragen genannt werden, genügen, um so etwas wie die undenkliche Figur der ganzen Vernichtung, des ganzen Ungenannten hervorzubringen. Man weiß, wie unaussprechlich der Tod selbst in der Verwaltung der Lager war, wo es verboten war, auszusprechen, was dort geschah, und wo man sich der *räumlichen Metapher* des »Durchgangs« bediente, um es trotzdem zu sagen. Man weiß, daß die Umgebung der Vernichtungsanlagen im Lager Majdanek von den Deutschen »Rosengarten« oder »Rosenfeld« genannt wurde, obwohl dort offensichtlich keine Blumen wuchsen; doch von den Menschen, die dort starben, hießen manche mit Namen Rosen.[24] All diesen paradoxen Bewegungen und all den Grausamkeiten der Orte geht Lanzmanns Film nach. So erfahren wir, daß die Kinos in Warschau geöffnet waren, während mitten in der Stadt das Ghetto brannte.[25] Und Frau Pietyra, die Einwohnerin von Auschwitz, erklärt auf ihre Weise die Paradoxie des »Durchgangs«:

> *»Was ist mit den Juden von Auschwitz geschehen?*
> Sie sind ausgewiesen und umgesiedelt worden,
> aber ich weiß nicht, wohin.
> *In welchem Jahr?*
> Das fing 1940 an, denn ich bin
> 1940 hier eingezogen,
> und auch diese Wohnung gehörte Juden.
> *Aber nach Informationen, über die wir verfügen,*
> *sind die Juden von Auschwitz nicht weit von hier,*
> *nach Benzin und Sosnowiecze, in Oberschlesien,*
> *»umgesiedelt« worden,*
> *das ist wohl das Wort dafür.*
> Ja, weil das ebenfalls jüdische Städte waren,
> Sosnowiecze und Benzin.
> *Und wissen Sie auch,*
> *was später mit den Juden von Auschwitz geschehen ist?*
> Ich glaube, anschließend sind sie im Lager gelandet, alle.
> *Das heißt, sie sind nach Auschwitz zurückgekommen?*
> Ja.

> Hier gab es alle möglichen Leute,
> aus allen Teilen der Welt
> sind sie hierhergekommen,
> sind sie hierhergebracht worden.
> Alle Juden sind hierhergekommen.
> Um zu sterben.«[26]

So wird ersichtlich, inwiefern dieser »geographische, topographische Film«, wie Lanzmann selbst ihn nannte, den Ort zugleich zur Figur, zum Gegenstand und zur »Sache« seines Anliegens gemacht hat. *Figur*, weil er oft den Umweg bildet, über den eine Wahrheit, die sich nicht in Zeichen äußern kann, symptomhaft zutage tritt, und sei es nur in einem Schwenk über eine leere Lichtung im Wald; und was Srebnik nicht unmittelbar sagen kann – erzählen, wie die Seinen verbrannten –, bezeichnet er abrupt, am Ort selbst (so wird auch ersichtlich, daß dieser Umweg tatsächlich keiner war), indem er nach kurzem Zweifel erkennt: »Das war hier.« *Gegenstand*, weil der Ort selbst zu einer der Fragen, einem der Dreh- und Angelpunkte dieses Films wird, zum immer wieder befragten Kontrapunkt zu den Gesichtern der Überlebenden. Aber er ist zugleich auch *die Sache* dieses Films, weil das Blickfeld, das er mit einfachen Mitteln eröffnet – mit nichts anderem als diesen verzweifelt leeren Panoramaaufnahmen oder diesen Kamerafahrten, die zu langsam sind, um sie mit irgendeiner manipulativen Bildführung à la Spielberg oder den »Kamerafahrten von *Kapo*«[27] zu vergleichen –, weil dieses offene Blickfeld seinerseits eine gegenwärtige Grenze um die unvorstellbare (und erst recht nicht »rekonstruierbare«) Realität der Lager zieht. Lanzmanns filmisches »Feld« ist also gerade das Gegenteil der polnischen Felder von Treblinka: Seine Grenze, seine im Abstand von vierzig Jahren errichtete Grenze ist nicht die, an der der Wille endet, sich zum Zeugen des Geschehens zu machen, sondern die, an der ein in unserer Gegenwart befragter, gefilmter Ort uns, Angesicht in Angesicht mit den Gesichtern der Überlebenden, mit dem Schlimmsten konfrontiert, mit dem, was *an diesen Orten stattgefunden hat.* Die Konzentration auf den Ort, die Auseinandersetzung mit dem Ort war in Lanzmanns Augen vermutlich das einzig mögliche Mittel, die einzig mögliche Form, um »dem Schrecken ins Auge zu blicken.«[28]

Wenn es in diesem »Dokumentarfilm« über die Shoah keine Archivbilder gibt, so auch, weil Lanzmann die Orte der Vernichtung stets in einer dialektischen Spannung hält, wie schon erwähnt: »Alles ist vernichtet« (wie könnten wir uns daher diesen Bildern der Vergangenheit *annähern?*), doch »nichts hat sich verändert« (ist nicht das Entscheidende, zu sehen und zu verstehen, *wo diese Orte uns so nahe sind?*). In diesem Sinne scheint mir *Shoah* exakt jenen kritischen Anspruch zu erfüllen, den Walter Benjamin an allgemein jedes Kunstwerk richtete: daß es ein *dialektisches Bild* sein solle, das heißt ein Zusammentreffen des Jetzt mit dem einst Gewesenen hervorbringen, ohne das Gewesene zu mythisieren noch sich ausschließlich des Jetzt zu vergewissern:

> »Nicht so ist es, daß das Vergangene sein Licht auf das Gegenwärtige oder das Gegenwärtige sein Licht auf das Vergangene wirft, sondern Bild ist dasjenige, worin das Gewesene mit dem Jetzt blitzhaft zu einer Konstellation zusammentritt. Mit anderen Worten: Bild ist die Dialektik im Stillstand. Denn während die Beziehung der Gegenwart zur Vergangenheit eine rein zeitliche ist, ist die des Gewesenen zum Jetzt eine dialektische: nicht zeitlicher, sondern bildlicher Natur. Nur dialektische Bilder sind echt geschichtliche, d.h. nicht archaische Bilder. Das gelesene Bild, will sagen das Bild im Jetzt der Erkennbarkeit trägt im höchsten Grade den Stempel des kritischen, gefährlichen Moments, welcher allem Lesen zugrunde liegt.«[29]

So ist *Shoah* ein Film – ein eindeutig *figurativ* angelegter Film –, der sich der *dialektischen* Herausforderung stellt, »ein Film der reinen Gegenwart«[30] zu sein, jedoch nur, um jenes »kritische und gefährliche Moment« zu entwickeln, das ihn zu einer Verkettung von »authentisch historischen Bildern« werden läßt, das heißt zu einem Werk der »Erkennbarkeit«. Bezeichnenderweise erkannte Pierre Vidal-Naquet in dieser »Fiktion des Realen«[31] ein »In-Gang-Setzen der

Erinnerung«, das mit dem historischen Wissen in ähnlich entschiedener Weise umgeht, wie Marcel Proust es in der Form des Romans tat.[32] Diese »Proustsche« Methode aber liegt ganz in der Ausbreitung einer Wahrheit, die erst in der *Zeit der Rückkehr an den Ort* möglich ist: Sie liegt ganz in der Haltung Simon Srebniks, während er sagt: »*Das war hier.*« Dieses *Das war* verbietet uns, die furchtbare Vergangenheit der Lager zu vergessen; es verbietet uns zu glauben, daß die Gegenwart nur der Zukunft Rechenschaft schulde. Und das *hier* verbietet uns, die Vergangenheit der Lager zu mythisieren oder zu sakralisieren, was hieße, sie zu distanzieren und sich in gewisser Weise ihrer zu entledigen. Das ist das dialektische Bild von *Shoah*, sein Anspruch der Gegenwärtigkeit:

> »Das schlimmste Verbrechen, in moralischer wie in künstlerischer Hinsicht, das man begehen kann, wenn man einen Film über den Holocaust macht, ist es, ihn als etwas *Vergangenes* anzusehen. Der Holocaust ist entweder Legende oder Gegenwart, aber keinesfalls ein bloßer Gegenstand der Erinnerung. Ein Film über den Holocaust kann nur ein Anti-Mythos sein, das heißt eine Befragung über die Gegenwart des Holocaust, oder zumindestens über eine Vergangenheit, deren Narben noch so frisch und so lebhaft in die Orte und in das Bewußtsein der Menschen eingeschrieben sind, daß sie sich in einer halluzinativen Zeitlosigkeit zeigt.«[33]

Vermutlich interessierte der Anti-Mythos von *Shoah* sich zunächst kaum für die Geschichte des Kinos, denn er mußte sich mit einer anderen Geschichte auseinandersetzen, einer unendlich furchtbareren Geschichte als der der Augenfeste, die das Kino uns sonst zeigt. Doch die *Form* dieser Auseinandersetzung, in diesen neun Stunden voller Bilder und Worte, mußte zwangsläufig die Entwicklung des Kinos in seinem Bewußtsein, das heißt: in seiner Geschichte verändern.

(1995)

1 Doch es sollte unmittelbar einleuchten, daß jede berechtigte Notwendigkeit eine Entscheidung ist, so wie jeder berechtigten ästhetischen Entscheidung eine ethische Regel (was nicht heißt: eine Moral) zugrunde liegt.
2 Robert Antelme, *Das Menschengeschlecht* (1957), München 1987. Vgl. auch das Dossier über dieses bedeutende Buch in der Zeitschrift *Lignes,* Nr. 21, 1994, S. 87–202.
3 Claude Lanzmann, *Shoah,* Düsseldorf 1986, S. 31–32.
4 Ebd., S. 33.
5 Claude Lanzmann, »J'ai enquêté en Pologne« (1978), in: Bernard Cuau u. a., *Au sujet de Shoah, le film de Claude Lanzmann,* Paris 1990, S. 212.
6 Claude Lanzmann, »Les non-lieux de la mémoire« (1986), in: *Au sujet de Shoah,* S. 280–292.
7 Claude Lanzmann, »J'ai enquêté en Pologne«, S. 213. Vgl. auch ders., »Le lieu et la parole« (1985), in: *Au sujet de Shoah,* S. 299.
8 Claude Lanzmann, »Les non-lieux de la mémoire«, S. 287: »Ich habe keinen idealistischen Film gemacht. Es gibt hier keine großen Fragen und keine ideologischen oder metaphysischen Antworten. Es ist ein geographischer Film, ein topographischer Film.«
9 Platon, *Timaios,* 52b.
10 Claude Lanzmann, »Le lieu et pa parole«, S. 299.
11 So beispielsweise in dem »versteinerten« Lächeln von Mordechaï Podchlebnik zu Beginn des Films: das erschütternde Lächeln des Überlebenden (»Alles ist gestorben, aber man ist nur ein Mensch ...«). Franz Suchomel, der SS-Unterscharführer von Treblinka, ist ein Stein anderer Art, der zuschaut, während die Menschen »wie Kartoffeln« fallen.
12 Claude Lanzmann, »Le lieu et la parole«, S. 294.
13 »Einen ewigen Namen will ich ihnen geben, der nicht vergehen soll« (Jesaja 56,5). Über das Unvergängliche und die Vernichtung vgl. Maurice Blanchot, »Das Unzerstörbare«, in: ders., *Das Unzerstörbare. Ein unendliches Gespräch über Sprache, Literatur und Existenz,* München 1991, S. 181–204.
14 Claude Lanzmann, *Shoah,* S. 17–19.
15 Ebd., S. 20.
16 Ebd., S. 20
17 Ebd., S. 21.
18 Shoshana Felman, »A l'âge du témoignage: *Shoah* de Claude Lanzmann« (1988–1989), in: *Au sujet de Shoah,* S. 55–145.
19 Claude Lanzmann, *Shoah,* S. 28–31, 76–79, 82–84, 169–171 etc.
20 Ebd., S. 25. Er fährt fort: »Es gibt alle möglichen Tiere. [...] Damals machte man hier nur Jagd auf Menschen.«
21 Ebd., S. 41–42.
22 Ebd., S. 49, 55–57, 61–72, 86, 109, 150–152, 154, 167, 180–186, 200–203.
23 Ebd., S. 79, 94, 237.
24 Raul Hilberg, *La destruction des juifs d'Europe* (1961/1985), Paris 1991, S. 762–763.
25 Claude Lanzmann, *Shoah,* S. 264.
26 Ebd., S. 35–36.
27 Vgl. Serge Daney, »Le travelling de *Kapo*«, in: ders., *Persévérance,* Paris 1994, S. 13–19.
28 Claude Lanzmann, »Hier ist kein Warum« (1988), in: *Au sujet de Shoah,* S. 279.

29 Walter Benjamin, *Das Passagen-Werk, Gesammelte Schriften,* Bd. V, Frankfurt a. M. 1982, S. 578.
30 Claude Lanzmann, »Le lieu et la parole«, S. 297.
31 Ebd., S. 301.
32 Pierre Vidal-Naquet, »L'épreuve de l'historien: réflexions d'un généraliste« (1988), in: *Au sujet de Shoah,* S. 208: »Zwischen der verlorenen Zeit und der wiedergefundenen Vergangenheit steht das Kunstwerk, und die Probe, auf welche *Shoah* den Historiker stellt, bedeutet nichts anderes, als daß der Film ihn verpflichtet, zugleich Wissenschaftler und Künstler zu sein, da er sonst einen Teil der Wahrheit, nach der er sucht, unwiederbringlich verloren gibt.« Vgl. auch ders., *Les Juifs, la mémoire et le présent,* Paris 1991, Bd. 2, S. 221: »Es handelt sich darum, die Erinnerung in Bewegung zu versetzen, auf dem Feld der Historie im Grunde das zu tun, was Proust im Roman geleistet hat. Das ist schwierig, aber *Shoah* hat gezeigt, daß es nicht unmöglich ist ...«
33 Claude Lanzmann, »De l'Holocauste à *Holocauste,* ou comment s'en débarasser« (1979), in: *Au sujet de Shoah,* S. 316.

Nachweis der Erstveröffentlichungen

1 »Das Paradox der Phasmiden«, in: *Antigone. Revue littéraire de photographie*, Nr. 13, 1989, S. 30–36

2 »Gleichartig und gleichzeitig«, unveröffentlicht (1986)

3 »Die geteilte Einsamkeit«, in: *Théatre de la Bastille – Revue*, Nr. 13, 1992, S. 45–46

4 »Kontaktbilder«, Einführungstext zur Ausstellung *L'Image-contact*, Galerie Michèle Chomette (Paris), 1997

5 »Wiederkehr einer Form«, unveröffentlicht (1996–1997)

6 »Der Erfinder des Wortes ›Photographieren‹«, in: *Antigone. Revue littéraire de photographie*, Nr. 14, 1990, S. 23–32

7 »Superstition«, in: *Antigone. Revue littéraire de photographie*, Nr. 8, 1987, S. 22–52

8 »Das Blut der Spitzenklöpplerin«, in: *Comédie francaise*, Nr. 123–124, 1983, S. 17–22

9 »Ein entzückendes Weiss«, in: *Un Siècle de recherches freudiennes en France, 1885/86 – 1985/86*, Toulouse 1986, S. 71–83 (Text bearbeitet von André Jarry nach der Aufzeichnung eines Gesprächs im Centre Pompidou, Paris; für den Wiederabdruck überarbeitet und korrigiert)

10 »Lob des Diaphanen«, in: *Artistes*, Nr. 24, 1984, S. 106–111

11 »Die Parabel der drei Blicke«, in: *Le Regard du dormeur*, Rochechouart, Musée départemental d'Art contemporain, 1987, S. 13–18

12 »Die Paradoxien des Seins zum Sehen«, in: *L'Ecrit du Temps*, Nr. 17, 1988, S. 79–91

13 »Der Schrank des Gedächtnisses«, in: *FMR*, XI, Nr. 54, S. 107–126

14 »Ein Blatt der Tränen, ein Spiegel der Qualen«, in: *Nouvelle Revue de psychoanalyse*, Nr. 49, 1994, S. 238–240

15 »Geschenk des Papiers, Geschenk des Gesichts«, in: *Po&Sie*, Nr. 67, 1994, S. 95–105. Wiederabgedruckt in *Poétique du texte offert*, hrsg. von J.-M. Maulpoix, Fontenay-aux-Roses 1996, S. 57–75

16 »Eine Heuristik der Unersättlichkeit«, in: *Po&Sie*, Nr. 58, 1991, S. 32–42. Amerikanische Übersetzung in: *MLN*, CVI, Nr. 4, 1991, S. 765–779

17 »In den Falten des Offenen«, Notizen (in deutscher Sprache) für den Katalog *Glaube, Liebe, Hoffnung*, hrsg. von C. Geissmar-Brandi und E. Louis, Wien, Kunsthalle – Graphische Sammlung Albertina, 1995, S. 140–141, 150–151, 253–257, 460–461 Französische Fassung in: *Contretemps*, Nr. 2, 1997, S. 238–249

18 »Im Leuchten der Schwelle«, unveröffentlicht (1995)

19 »Über die dreizehn Seiten des Kubus«, in: *Alberto Giacometti – Sculptures, peintures, dessins*, Paris, Musée d'Art moderne de la Ville de Paris, 1991, S. 43–46

20 »Der Ort trotz allem«, in: *Vingtième Siècle – Revue d'histoire*, Nr. 46, 1995, S. 36–44